Musikpädagogische Schriften
der Hochschule für Musik und Theater München

Herausgegeben von
Wolfgang Mastnak, Hans-Ulrich Schäfer-Lembeck und Stephan Schmitt

Band 2

Hans-Ulrich Schäfer-Lembeck (Hg.)
Leistung im Musikunterricht

Leistung im Musikunterricht
Beiträge der Münchner Tagung 2008

Unter Mitarbeit von Klaus Mohr
herausgegeben von Hans-Ulrich Schäfer-Lembeck

Weitere Informationen über den Verlag und sein Programm unter:
www.allitera.de

Bibliografische Information der Deutschen Nationalbibliothek:
Die Deutsche Nationalbibliothek verzeichnet diese Publikation in der Deutschen Nationalbibliografie; detaillierte bibliografische Daten sind im Internet über http://dnb.d-nb.de abrufbar.

November 2008
Allitera Verlag
Ein Verlag der Buch&media GmbH, München
© 2008 Buch&media GmbH, München
Umschlaggestaltung: Kay Fretwurst, Freienbrink
Herstellung: Books on Demand GmbH, Norderstedt
Printed in Germany · ISBN 978-3-86520-343-4

Inhalt

Vorwort 7

Einleitung 11

Franz Niermann
Leistungen gehören kommuniziert 15

Brigitte Lion
Verdeckte Botschaften – Paradoxien und unerwünschte Wirkungen im
System Schule 32

Christine Stöger
»Wag the dog« – das Lernen im Dienste der Leistungsbewertung? 41

Heinz Geuen
»Das kann ich schon!« – Leistungsbewusstsein als Element individueller
Lernweggestaltung im Musikunterricht 55

Christian Rolle
Argumentationsfähigkeit: eine zentrale Dimension musikalischer
Kompetenz? 70

Christopher Wallbaum
Ästhetische Freiheit in der Schule lehren und prüfen. Über Verhinderungs-
und Ermöglichungsräume 101

Andreas Lehmann-Wermser
Kompetenzorientiert Musik unterrichten? 112

Anne Niessen
Leistungsmessung oder individuelle Förderung? Zu Funktion und Gestaltung
von Aufgaben im Musikunterricht 134

Stefan Orgass
›Entwicklung von Problemlösungskompetenzen‹ als schlechte Trivialisierung der Aufgabe des Musikunterrichts. Überlegungen zu einem musikpädagogischen Leistungsbegriff 153

Hinweise zu den Autorinnen und Autoren 226

Der Kürze halber werden in mehreren Beiträgen die Bezeichnungen Lehrer, Schüler usw. als Synonyma für weibliche und männliche Personen verwendet.

Vorwort

Nicht zuletzt nach den PISA-Studien[1] sowie den darauf folgenden Erhebungen wird für alle Schulfächer und deren Didaktiken in einer neuen Intensität die Frage gestellt, was als Ziele, was als (auch greifbare) Ergebnisse des Unterrichts in den einzelnen Fächern der allgemeinbildenden Schulen angesehen, was fachspezifisch Kompetenzen und was Standards genannt werden kann. Die Diskussion über Bildungs- und Qualitätsstandards auch im Schulfach Musik, die Frage, was sinnvoll im Blick auf die allgemeinbildende Schule musikbezogen Kompetenz genannt werden kann, hat seitdem in zunehmendem Maße (aber verstreut und nicht sehr ausführlich) in verschiedensten Bereichen der Musikpädagogik begonnen. Nicht allein im wissenschaftlichen Fachgespräch, sondern auch in mit musikpädagogischen Fragen beschäftigten Gremien der Bildungs- und Schulpolitik sowie der Schulorganisation ist der angesprochene Kontext von aktueller Bedeutung.[2] Doch nicht allein für Wissenschaft und Administration, auch in der konkreten Arbeit im Musikunterricht an allgemeinbildenden Schulen stellt sich immer wieder und ganz konkret die Frage, was als *Leistung im Musikunterricht* bezeichnet werden kann oder angestrebt werden sollte; auch für diesen Arbeitszusammenhang wäre die Erarbeitung abgesicherter, wissenschaftlich fundierter Aussagen wichtig, wünschenswert und nützlich.

Zielte also die Beschäftigung mit dem Thema *Leistung im Musikunterricht* bei der Münchner Tagung einerseits auf Präsentation, Austausch und Verständigung wissenschaftlich begründender Sichtweisen, mithin auf Beiträge zur musikpädagogischen Theoriediskussion, so wurde damit andererseits zugleich eine Relevanz für die konkrete Gestaltung der Praxis von Musikunterricht intendiert. Um dieser Perspektivierung zu entsprechen, wurde bei der Konzipierung der Tagung darauf geachtet, dass das Thema nicht allein in Richtung auf wissenschaftliche Theoriebildung zur Bearbeitung kommt, sondern dass auch die anwendungsbezogene Perspektive bei den angestrebten Verständigungen be-

---

[1] Sie werden auch *Schulleistungsuntersuchungen* genannt.
[2] In Bayern z. B. wurde in diesem Jahr in der Beschäftigung mit neuen Formen der Oberstufe und des Abiturs im Kontext des achtstufigen Gymnasiums auch für das Fach Musik zum Thema, was als Standard, als Kompetenz oder als Leistung bezeichnet und zur Richtschnur schulisch-organisatorischer Maßnahmen genommen werden kann.

rücksichtigt ist. Daher enthielt die vom 12. bis 14. Juni 2008 in den Räumen der Hochschule für Musik und Theater München durchgeführte Tagung eine Mischung unterschiedlicher Arbeitsformen: Am ersten und am dritten Tag fanden Gespräche und Diskussionen der an verschiedenen bundesdeutschen und österreichischen Musikhochschulen und Universitäten tätigen Wissenschaftler unter sich statt.[3] Sie boten am zweiten Tag, im ersten Abschnitt des öffentlichen Teils der Veranstaltung kurze, auf Fokussierung bedachte, lediglich zehnminütige Vorträge, die von den über einhundert (größtenteils extra angereisten) Teilnehmerinnen und Teilnehmern aus der Schulpraxis und aus dem Schulmusikstudium angehört, durch Fragen ergänzt, kommentiert und andiskutiert wurden. Im zweiten Abschnitt des Tages teilte sich dieses Plenum auf, um mit den in Teams gruppierten Gastdozentinnen und Gastdozenten in thematisch unterschiedlich akzentuierten Seminaren zu arbeiten. Hier bestand Gelegenheit, verschiedene Aspekte der Tagungsthematik aus den je eigenen Perspektiven und Erfahrungen heraus zu behandeln. In den Seminaren wurden unter dem Titel *Vom Lehren zum Lernen* Konsequenzen für den Umgang mit Leistung im Schulalltag thematisiert, wurde über *Aufgaben im Musikunterricht als Lernchance (für Lernende und Lehrende)* nachgedacht und unter der Frage *Wie zeigt sich ästhetische Kompetenz?* die Leistungsbeurteilung in der gymnasialen Oberstufe in der Spannung zwischen der Freiheit ästhetischer Musikpraxis und verbindlichen Standards ins Gespräch gebracht und mit konkreten Überlegungen für eine Aufgabenkultur im Musikunterricht verbunden. Schließlich wurden die Ergebnisse der Seminare im Plenum präsentiert und diskutiert.

Komplettiert wird das Tagungsprojekt nunmehr durch Vorlage dieses Tagungsberichts, in dem einer interessierten Fachöffentlichkeit die Überlegungen zum Thema, die auf der Tagung auf Kerngedanken komprimiert vorgetragen worden waren, nunmehr in einer schriftlichen und ausführlicher gefassten Form für eine weitere Beschäftigung zur Verfügung gestellt werden.

Sehr herzlich gedankt sei an dieser Stelle den neun Kolleginnen und Kollegen aus bundesdeutschen und österreichischen Musikhochschulen und Universitäten, die bereit waren, der Einladung nach München Folge zu leisten und ihr Interesse an der Tagungsthematik in Arbeit umzusetzen. Dabei waren sie so freundlich und so couragiert, sich einem ungewohnten, ja strengen Setting der Veranstaltung auszusetzen, sich dort in vielfältigen Aktivitäten einzubringen

---

[3] Diese Gespräche sind gewissermaßen noch nicht beendet, insofern für das Jahr 2009 eine Weiterführung vereinbart ist.

Vorwort

und schließlich auch (dazu noch sehr zeitnah) eine ausführliche schriftliche Fassung ihrer Überlegungen zu verfertigen und für die nunmehr hier vorgelegte Sammlung zur Verfügung zu stellen.

Zu danken ist auch der Hochschule für Musik und Theater München, zunächst dem Leitungskollegium und besonders dem Präsidenten, Herrn Prof. Dr. Siegfried Mauser, der die Durchführung dieser Veranstaltung wohlwollend unterstützt und durch seinen Einsatz für die Genehmigung eines Etats letztlich überhaupt ermöglicht hat. Dank sei ebenso Herrn Prof. Dr. Stephan Schmitt, der als Vizepräsident die Freundlichkeit hatte, für die Leitung des Hauses den zweiten Tagungstag zu eröffnen und zu begleiten. – Dankbar zu erinnern ist auch daran, dass eine größere Gruppe von Damen und Herren der Hochschule aus Verwaltung, Haustechnik und Studentenschaft durch ihre Mitarbeit die Veranstaltung ermöglicht und zu ihrem Gelingen beigetragen haben. – Insgesamt hätte sie aber in dieser Form wohl kaum ohne die Umsicht und die Ausdauer von Herrn Klaus Mohr stattfinden können, der als Geschäftsführer des ausrichtenden *Musikpädagogischen Instituts für Lehrerfortbildung und Unterrichtsforschung (MILU)* der Hochschule für Musik und Theater München erneut beispielhaft gewissenhaft und engagiert Planung und Durchführung der Tagung mitverantwortet hat. Zu danken ist ihm außerdem für seine stets zuverlässige und kompetente Mitarbeit bei Lektorat und Redaktion dieses Berichtsbandes.

München, im September 2008
Der Herausgeber

Einleitung[1]

Als Leistung im Musikunterricht könnte z. B. bezeichnet werden, wenn ein Schüler die Namen der Stammtonreihe oder der Streichinstrumente sagen, ein Lied vorsingen oder in einem Bläserklassenarrangement die zweite Trompetenstimme spielen kann; Leistung könnte es auch genannt werden, wenn die Stationen eines Lernzirkels diszipliniert und eifrig absolviert werden, wenn stilistisch und formal gebunden oder wenn frei improvisiert wird, wenn in einer Klasse jeder ein Lied komponiert hat oder wenn eine Lerngruppe einen Vokalsatz musizieren kann, wenn Wahrnehmungen, Stellungnahmen gefasst werden oder mit Interesse, Gewinn und Freude diskutiert wird, warum Rellstab 1839 beim Betrachten von Schumanns Kinderszenen »in der That in Verlegenheit geräth«;[2] eine Leistung wäre es vielleicht auch, wenn ein Musikbeitrag beim Schulfest gelingt, wenn in irgend einer Weise musikalisch Kontakte mit den türkischen Nachbarn im Quartier glücken oder wenn die Produktion einer CD als musikalischer Stadtführer geplant und realisiert wird oder wenn Schulchor, Orchester oder Musicalgruppe freudig bejubelte Aufführungen hinbekommen.

Die genannten Beispiele befinden sich (mehr oder weniger) in Übereinstimmung mit der Definition von »Leistung«, wie sie in fast gleichem Wortlaut an verschiedenen einschlägigen Stellen[3] pädagogischer Fachliteratur zu finden ist: Hier wird Leistung der Vollzug und das Ergebnis einer Tätigkeit genannt, die

---

[1] Der hier wiedergegebene Text enthält den Aufriss des Themas der Tagung, wie er den Referentinnen und Referenten mit der Einladung übergeben worden war.

[2] LUDWIG RELLSTAB: *Iris im Gebiete der Tonkunst* 10, Nr. 32. Berlin 1839, S. 126/127 (zit. n. BERNHARD APPEL: *Ein produktives Missverständnis*, in: *Die Musikforschung*. 40. Jg. 1987, S. 109). Oder wenn eine vergleichbare Äußerung von August Reißmann bearbeitet wird, der dieselbe Sammlung von Stücken 1865 unter dem Titel »oppositionelle Kompositionen« rubrizierte (s. ebd., S. 111).

[3] WOLFGANG KLAFKI: *Sinn und Unsinn des Leistungsprinzips in der Erziehung* [1974], zit. n.: DERS.: *Neue Studien zur Bildungstheorie und Didaktik*. Weinheim 1985, S. 174; HARTWIG SCHRÖDER: *Didaktisches Wörterbuch*. 3. Auflage. München 2001, S. 217; WERNER SACHER: *Leistungen entwickeln, überprüfen und beurteilen. Grundlagen, Hilfen und Denkanstöße für alle Schularten*. 3., überarbeitete und erweiterte Auflage. Bad Heilbrunn 2001, S. 1, zit. n.: ANNE NIESSEN, in: WERNER JANK (Hg.): *Musik-Didaktik. Praxishandbuch für die Sekundarstufe I und II*. Berlin 2005, S. 137.

mit Anstrengung verbunden ist und mit Gütemaßstäben in Verbindung gebracht wird. Allerdings war nur bei einigen der Ergebnisse der oben als »Leistungen« bezeichneten verschiedenen musikalischen oder musikbezogenen Handlungen direkt zu erkennen, dass »Gütemaßstäbe« im Spiel, noch seltener, welche es genauer waren. Gänzlich unerwähnt blieb, wer diese Maßstäbe handhabte und in Geltung setzte und warum er das tat. – Im Einzelnen dürfte eine Einigkeit darüber, welches die Leistung beim Nennen der Namen der Stammtonreihe ist, relativ schnell zu erreichen sein. Schon schwieriger könnte z. B. ein Versuch von Klärungen sein, ob, inwieweit oder wann im oben angedeuteten Fall in einer 6. Klasse das Spiel einer zweiten Trompetenstimme in jenem Bläserklassenarrangement als Leistung erfasst, rückgemeldet oder bewertet werden kann und welches dabei die Maßstäbe sind, die hier oder über die eine Situation hinaus als gültig anerkannt werden können. Und schließlich gut vorstellbar, dass in Bezug auf das eine oder andere der Beispiele in Zweifel gezogen würde, ob das Bezeichnete überhaupt eine Leistung genannt werden kann oder dass vielleicht angemerkt würde, dass hier eine weit gehende, jenseits »normaler« Situationen von Musikunterricht angesiedelte Auffassung von »Leistung« angelegt worden sei. – Dass hier nicht alle Sichtweisen gleich sind, macht es erforderlich, sich über Schnittmengen bezüglich zentral eingeschätzter Aspekte auszutauschen sowie über dabei als wichtig erachtete Gründe. Sinnvoll scheint auch eine Verständigung darüber, inwieweit Erweiterungen der jeweiligen Blickfelder für angebracht oder gar nötig gehalten werden. Und vermutlich dürfte bei der Suche nach Antworten auf die Frage, was Leistungen im Musikunterricht sein könnten (oder vielleicht sogar sollten), unvermeidlich sein zu bedenken, welche Gütemaßstäbe, Qualitätskriterien in Geltung genommen werden könnten oder welche als fachbezogene Leistungsstandards zu bezeichnen wären. Dabei dürfte weder auf die Diskussion von konkreten Beispielen noch auf Klärungen bezüglich jener »Gütekriterien« noch auf Orientierungen in Bezug auf Zielbestimmungen für den Musikunterricht verzichtet werden können.

Rechtliche Rahmensetzungen bestimmen für den Unterricht an allgemeinbildenden Schulen, dass »Schülerinnen und Schüler in angemessenen Zeitabständen entsprechend der Art des Fachs schriftliche, mündliche und praktische Leistungen«[4] erbringen. Wenn das so ist und wenn zusätzlich das Schulfach Musik aus (musik-)pädagogischen Gründen auf Leistungen nicht verzichten kann oder will[5],

---

[4] Bayerisches Gesetz über das Erziehungs- und Unterrichtswesen (BayEUG) vom 01.08.2003; Art. 52 (1), z. B.

[5] »In keinem Schulfach kann auf Dauer auf Leistungen verzichtet werden, weil das dilettantische Auf-der-Stelle-Treten jede Freude am Unterricht abtötet.« KLAUS FÜLLER: *Bewertungskriterien im Musikunterricht der Sekundarstufe I*, in: K. H. EHRENFORTH (Hg.): *Musiker-

ist ein speziell fachlich-pädagogischer Blick notwendig, aus dem heraus konkretisiert wird, welche speziell musikalischen Leistungen es dann sind, die in den Unterricht und in die Schule passen. Dies wird auch von Gesetzgebern eingeräumt, wenn es z. B. heißt, dass »Art, Zahl, Umfang, Schwierigkeit und Gewichtung der Leistungsnachweise« sich »nach den Erfordernissen« der jeweiligen Schulart und Jahrgangsstufe »sowie der einzelnen Fächer«[6] richten. Leistung wird demnach also als etwas Fachliches bestimmt und als etwas (musik-)pädagogisch zu Konkretisierendes.

Kein Zweifel, dass diese Konkretisierung weder durch Gesetze, Verordnungen oder Theorien dekretiert werden kann, sondern von jeder einzelnen Musiklehrerin, von jedem einzelnen Musiklehrer geleistet werden muss. Selbst wenn dabei auf schlichte Art versucht würde die Denkfigur umzusetzen, im schulischen Unterricht Lehrstoff einzuüben,[7] so hieße das jedesmal, dass eine Lehrerin (oder ein Lehrer) bestimmte didaktische und methodische Maßnahmen und Verfahren, die sie von anderen unterscheidet, wählt, weil diese ihr in Bezug auf unterrichtliche Ziele oder im Hinblick auf Leistungen im Unterricht geeignet erscheinen. Indem die unterrichtende Person den Unterricht gestaltet, Handlungen (Kommunikations- und Interaktionsvorgänge) mit dem Fachlichen oder in Bezug auf das Fachliche initiiert, nutzt sie didaktisch-methodisches wie fachliches Erfahrungswissen oder diesbezügliche Theorien, die ihr zur Verfügung stehen (ohne dass sich aus solchen quasi automatisch Verfahren ableiten würden, die jenseits der jeweils konkreten Situation jedes Mal das Musiklernen, das Einüben des Lehrstoffes oder auch das Erzeugen von Leistungen im Musikunterricht gewährleisten könnten). Und umgekehrt können die jeweils vollzogenen unterrichtlichen Konkretisierungen in Bezug auf solches Wissen / Theorien beschrieben werden, auch wenn diese nicht im Blick waren. Anders ausgedrückt ließe sich sagen, dass die einzelne Lehrkraft ihre Handlungen in Bezug auf Vorstellungen bezüglich Unterrichtsergebnissen, Leistungen oder in Bezug von Lernen und von Bildung dimensionieren oder an diesbezügliche Theorien anschließen kann. Umgekehrt wäre genauso zu formulieren, dass – in einer quasi komplementären Bewegung – vorhandene Theorien auf ihre Anschließbarkeit und Tauglichkeit in

---

ziehung als Herausforderung der Gegenwart. (Kongressbericht Bundesschulmusikwoche Braunschweig 1980). Mainz 1981, S. 162ff., S. 166.

[6] BayEUG Art. 52 (1).

[7] Schulordnung für die Gymnasien in Bayern, 27. Auflage vom 23. Januar 2007; § 52 zu Hausaufgaben: »Um den Lehrstoff einzuüben und die Schülerinnen und Schüler zu eigener Tätigkeit anzuregen, werden Hausaufgaben gestellt, die von Schülerinnen und Schülern mit durchschnittlichem Leistungsvermögen in angemessener Zeit erledigt werden können.«

Bezug auf unterrichtliche Situationen hin zu prüfen und eventuell durch neu zu entwickelnde zu ergänzen sind.

Aus pädagogisch-theoretischer Sicht scheint klar, dass jene Konkretisierung im Unterricht von der einzelnen Lehrkraft vollzogen wird und dass das Lehren und Lernen nicht per Gesetz und Verordnung geregelt werden kann. Offensichtlich wird das auch von Parlamenten und Kultusverwaltungen so gesehen, denn in von dort gegebenen Rahmungen wird nicht nur in Bezug auf die speziell fachlich zu bestimmende Art der Leistung, sondern auch hinsichtlich der Bewertung und der Zensuren eine spezielle Zuständigkeit von Lehrerinnen und Lehrern festgestellt. So heißt es z. B., dass »die gesamten Leistungen einer Schülerin bzw. eines Schülers unter Wahrung der Gleichbehandlung aller Schülerinnen und Schüler in pädagogischer Verantwortung der Lehrkraft bewertet«[8] werden. – Das, was als Leistung bezeichnet und dann bewertet wird, ist also Teil eines Lehrerhandelns *in pädagogischer Verantwortung*. Wenn Verantwortung bedeutet, zu einer Handlung zu stehen, prinzipiell bereit zu sein diese zu rechtfertigen, die Folgen für eigene oder fremde Handlungen zu bedenken oder zu tragen, dann heißt pädagogische Verantwortung, dass das eigene konkrete unterrichtliche Handeln (auch in Bezug auf Leistung) in weiteren Zusammenhängen zu bedenken ist – im vorliegenden Kontext z. B. in Bezug auf Probleme von Messbarkeit oder andere schul-, lern- und bildungstheoretische Aspekte.

Um für die Umsetzung solcher musikpädagogischer Verantwortung Anstöße zu liefern, sollen eine Reihe von Aspekten unter dem Titel *Leistung im Musikunterricht* zur Besprechung gebracht werden. – Gerade weil unterschiedliche Auffassungen denkbar und vielfältige Blickpunkte und Blickrichtungen zu berücksichtigen sind, scheint ein fundierender Gedankenaustausch, scheint der Versuch von Verständigungen sowohl in Hinsicht auf unterrichtliche Umsetzungen wie auf Theoriebildung wichtig und lohnend.

---

[8] Art. 52 (3) BayEUG.

Franz Niermann

Leistungen gehören kommuniziert

Im Kontext der dynamischen Weiterentwicklung von Schule und Unterricht spielt die Frage nach erbrachten Leistungen und ihrer möglichen Bewertung eine große Rolle. Sie gliedert sich ein in eine Reihe anderer Impulse, die zum Wandel des Systems Schule beitragen wie die Werte-Debatte, der grundsätzlich veränderte Begriff von Lern-Kultur, die stark sich wandelnden Beziehungen zwischen Lehrerinnen bzw. Lehrern und Schülern bzw. Schülerinnen, die Suche nach Formen des angemessenen Umgangs mit Gewalt in der Schule, die Diskussionen um »PISA« usw. Die Europäische Kommission hat 2007/2008 ein groß angelegtes Konsultationsverfahren über die »Schulen für das 21. Jahrhundert« durchgeführt. Der Diskussionsprozess, der sich darin spiegelt, verweist darauf, dass tatsächlich weit reichende Wandlungen des Schulsystems in Europa sowie der Formen und Zielvorstellungen des Lernens und Lehrens zu erwarten sind.[1]

Für den Prozess der Umgestaltung des Bildungswesens sind die globalen wirtschaftlichen, gesellschaftlichen und kulturellen Veränderungen in der Welt maßgebend; in Europa wird versucht, im Rahmen der so genannten Lissabon-Strategie dieser Entwicklung Richtung und Schubkraft zu geben. Sie geht davon aus, dass Europa in den kommenden Jahren zum »wettbewerbsfähigsten und dynamischsten wissensgestützten Wirtschaftsraum der Welt«[2] werden soll. Dabei wird unter Wissen weniger das Verfügen über Daten und Fakten verstanden als vielmehr die Möglichkeit, Erkenntnisse, deren Zusammenhänge und ihre gesellschaftliche Bedeutung praktisch zu nutzen. Individuelles und gesellschaftliches Selbstbewusstsein, Kreativität und Innovationsbereitschaft sind dabei von essentieller Bedeutung.

---

[1] Informationen über diesen Diskussionsprozess finden sich auf dieser Website: http://ec.europa.eu/education/news/news492_en.htm, die Ergebnisse sind hier dokumentiert: http://ec.europa.eu/education/school21/results_en.html. Die Stellungnahme für das Schulfach Musik ist auf der EAS-Website abrufbar: http://www.eas-music.net/index.php?id=3&content=195&lang=de.

[2] http://europa.eu/scadplus/glossary/lisbon_strategy_de.htm (zuletzt geprüft am 02.08.2008)

In diesem Kontext spielt der Leistungsbegriff eine große Rolle. Er soll in allen gesellschaftlichen Bereichen, aber auch in der Schule neu gefasst werden, und zwar vor allem positiv. Manche Vorstellungen um den Leistungsbegriff herum erkennen wir heute als eher veraltet, von anderen glauben wir, dass sie zukunftsträchtig sind. Die Fachliteratur zu diesem Thema ist umfassend und wächst rasant. Als ein Beispiel sei das 2008 erschienene Buch von Felix Winter genannt: »Eine neue Lernkultur braucht einen anderen Umgang mit den Schülerleistungen«.[3]

Im Musikunterricht spiegelt sich alles, was generell zum Thema Leistung und Leistungsbewertung debattiert wird, besonders scharf konturiert. Sollte nicht vieles von dem, was den Musikunterricht in seiner Substanz ausmacht, aus der Leistungsfrage herausgehalten werden, zum Beispiel alles rund um das Musizieren, das Musikhören und den Musikgeschmack? Oder müssen wir es umgekehrt sehen: Wird nicht gerade in diesen Bereichen so viel wertvolle Arbeit geleistet, die viel mehr wertgeschätzt werden sollte?

Die intensiv geführte Debatte um Leistungen in der Schule kreist zumeist viel zu schnell um Fragen der Leistungsbewertung und -beurteilung. Hierbei geht es immer wieder um die Gegenpole von Zensurenbeurteilung einerseits und offeneren Formen der Leistungsdarbietung und -bewertung andererseits, wie sie häufig mit dem Begriff Portfolio verknüpft werden. Beides greift zu kurz, sowohl die vorschnelle Verknüpfung von Leistung mit ihrer Beurteilung als auch die alternative Gegenüberstellung von Zensuren und Portfolio.

Im Folgenden gehe ich von der Hypothese aus, dass ein Angelpunkt für einen verbesserten Umgang mit Leistungen die Kommunikation über sie ist. Das werde ich auf verschiedenen Ebenen erläutern und dann einige Methoden und Tools nennen, welche die Kommunikation über Leistungen im Schulalltag erleichtern und verbessern können.

Ich beginne mit zwei spielerischen Gedankenfiguren.

Wem gehören die Leistungen?

Dieses kleine Gedankenspiel mag auf eigene Weise untermauern, wie selbstverständlich wichtig (wenn auch schwierig) es ist, über Leistungen angemessen miteinander zu sprechen.

Man kann juristisch herangehen und in Leistungen wie beim Copyright die

[3] Winter 2008.

Urheberschaft, das Eigentum, den Besitz betonen: Wer hat was geleistet? Wem gehört die Leistung, die ihm oder ihr niemand wegnehmen darf?

Leistungen, die im schulischen (Musik-)Unterricht erbracht werden, gehören der einzelnen Schülerin bzw. dem einzelnen Schüler.

Und der Schulklasse als Gruppe, in deren Kontext diese Leistungen erbracht wurden.

Die Leistungen des Lehrers bzw. der Lehrerin gehören ihm bzw. ihr und sind gleichzeitig Teil der Gruppenleistung.

Eine Einzelperson (Schüler einerseits, Lehrerin andererseits) kann nicht – oder nur in problematischen Teilaspekten – die in einem Lernkontext entstandenen Leistungen feststellen, messen und bewerten. Dies kann im Wesentlichen nur von der Kommunikation in der Gruppe geleistet werden.

Anschließend mag, wenn es sein muss, der Lehrer eine Zensur oder andere Form von Beurteilung draufsetzen. Das ist eine eigene Sache – und eine Entscheidung durch den Lehrer. Seine Entscheidung hat subjektiven Charakter; eine objektive Zensurengebung gibt es nicht.

Moralisch argumentierend könnte man sagen, es »gehört sich nicht« (im Sinne von »es ist unanständig«), Schülerleistungen durch eine Zensur zu beurteilen – und gar zu behaupten, das sei eine objektive Bewertung –, ohne vorher angemessen darüber kommuniziert zu haben.

Stellen wir uns eine Schülerin vor, die mit starkem emotionalem Ausdruck ein Solo bei einem Musical gesungen hat und mit strahlendem Gesicht den Applaus entgegennimmt. Oder, um ein anderes plakatives Beispiel zu nehmen, den Schüler, der eine Präsentation über HipHop mit anschaulicher Information darbietet, mit Beispielen, die ihm am Herzen liegen, der vielleicht zu eigens eingespielten Rhythmen einen selbst gemachten Text »quasselt«. Was muss das für ein Gefühl sein, dafür unvermittelt mit einer »objektiven« Zensur belegt zu werden? Das ist »nicht in Ordnung«; es kann leicht so wirken, wie wenn die Leistung dem Schüler weggenommen, wie wenn sie ihm entrissen würde. Mag es auch eine gute Note sein: sie bleibt völlig unter dem Niveau dessen, worum es der Schülerin bzw. dem Schüler gegangen ist. In jedem Falle »gehört sich« hier eine respektvolle Kommunikation.

Der Paradigmenwechsel »Vom Lehren zum Lernen«

Im Zusammenhang mit dem über Jahrzehnte sich vollziehenden und derzeit recht dynamischen Wandel des Systems Schule kann man vom Paradigmenwechsel »Vom Lehren zum Lernen« sprechen. Dieses neue Paradigma wird häufig auch als »Neue Lernkultur«[4] apostrophiert, für die ein »erweiterter Lernbegriff«[5] maßgeblich sei. Im herkömmlichen Paradigma ist der Lehrer bzw. die Lehrerin die Zentralfigur für die Lernprozesse der Schülerinnen und Schüler. Dieses Prinzip – Der Lehrer lehrt die Schüler – ist kritisch auch »Belehrungskultur«[6] genannt worden. Das neue Paradigma verändert die Rollen und die Lehr- / Lern-Prozesse grundlegend: Schülerinnen nehmen – mit Hilfe der Lehrerinnen – ihr Lernen selbst in die Hand.

Für die Beteiligten bedeutet das sehr viel; wir sehen, wie es beiden Seiten schwerfällt, sich in ihren neuen Rollen zurechtzufinden – und dies dauert voraussichtlich noch lange Zeit. Denn die Rollen sind vielfältiger und differenzierter geworden. Lehrerinnen und Lehrer bieten Informationen, Sachwissen, Erkenntnisse und Wertehaltungen an,[7] sie steuern und betreuen Prozesse, sie stellen sich selbst selbstbewusst und selbstkritisch als Leitfiguren und Vor-Bilder zur Verfügung, sie prüfen und bewerten, sie geben immer wieder das Heft aus der Hand, ziehen sich auf eine Assistentenfunktion zurück und überlassen den Schülerinnen die Federführung für ihr Lernen usw.[8] Schülerinnen und Schüler sind in zunehmendem Maße mit ihren bereits gemachten Erfahrungen gefragt, sie finden Wege und Formen, ihre Kompetenzen mit ins Spiel zu bringen und die der Anderen mit einzubeziehen, sie haben Entscheidungen zugunsten ihres eigenen Lernens zu treffen, sie haben auf ungewohnte Weise das vom Lehrer Angebotene sich zu eigen zu machen usw.

Hier stellt sich zwangsläufig auch die Leistungsfrage neu: Der Paradigmenwechsel »Vom Lehren zum Lernen« verlangt die Entwicklung einer positiven Leistungskultur als Teil der Lernkultur. In dem Maße, wie der Perspektivenwechsel »Vom Lehren zum Lernen« gelingt (von »Der Lehrer lehrt die Schüler«

---

[4] Vgl. zu diesem Begriff die Erläuterungen und ausführlichen Literaturhinweise in: WINTER, S. 4 ff.

[5] Der »erweitere Lernbegriff« wird gut zusammengefasst in: BOHL 2006, S. 20.

[6] Vgl. z. B. KLIPPERT 2006, S. 7. – Im Rahmen der Kritik der »alten« Lernkultur im Unterschied zur »neuen« finden sich aber auch wichtige Differenzierungen, z. B.: »Zudem ist bekannt, dass Schüler mit ungünstigen affektiven und kognitiven Voraussetzungen eher aus dem informationsvermittelnden, lehrerzentrierten Unterricht Nutzen ziehen, während Schüler mit guten Lernvoraussetzungen eher von offenen, wenig strukturierten Lernumgebungen mit Wahlmöglichkeiten profitieren.« (GUDJONS 2006, S. 31).

[7] In der neuen Lernkultur kann auch der lange Zeit in Verruf geratene Frontalunterricht einen guten neuen Stellenwert bekommen. Vgl. hierzu z. B.: MEYER / MEYER.

[8] Wie sehr die neuen Rollenanforderungen an die Lehrerinnen und Lehrer, auch einmal »das Heft aus der Hand zu geben«, von Misstrauen und Angst begleitet sind, wird anschaulich herausgearbeitet in einem Aufsatz von COHN et al. S. 100–102.

zu »Schüler nehmen – mit Hilfe des Lehrers – ihr Lernen selbst in die Hand«), muss er auch gelten für den Umgang mit Leistung: von »Der Lehrer beurteilt die Schülerleistung« zu »Schüler schätzen – mit Hilfe der Lehrer – ihre Leistungen im kommunikativen Prozess selber ein.« – Und noch weiter gehende Implikationen stellen sich neu dar, wenn wir im letzten Satz die stark wirksame Bedeutung der Geschlechter explizit formulieren: »Schüler ... mit Hilfe der Lehrerinnen ...«, Schülerinnen ... mit Hilfe der Lehrer ...«, »Schülerinnen ... mit Hilfe der Lehrerinnen ...«.

Interessanterweise wirken in diesen Prozess der Wandlung der Lehr-/Lernkultur pädagogische Orientierungen hinein, die uns vor weitere Probleme stellen und damit neue Chancen der Entwicklung eröffnen. Zwei seien hier exemplarisch benannt:

- Standards

  Im Unterschied zu herkömmlichen Lehrplänen und Curricula werden Bildungs- oder Leistungsstandards[9] – auch »Learning Outcomes« – im Sinne der »Out-put-Orientierung« formuliert. Damit werden primär nicht mehr der Unterricht bzw. seine Inhalte und Methoden in den Blick genommen (»Input-Orientierung«), sondern das, was am Ende an möglichen Ergebnissen und Leistungen herauskommen sollte.

  »Bildungsstandards drücken eine normative Erwartung aus, auf die die Schule hinarbeiten soll. (...) Bildungsstandards legen nicht fest, was guter Unterricht ist. Sie beeinflussen den Unterricht indirekt durch einen pädagogischen Orientierungsrahmen und den Blick auf Lernergebnisse (Outcomes).«[10]

  Im Kontext der »Standards« oder »Kompetenzen« stellt sich die Frage des Umgangs mit Leistung und deren Bewertung auf völlig neue Weise.[11]

- Informelles Lernen

  Mehr und mehr drängt in der Debatte um »Kompetenzen« und »Leistungen« der Begriff des »Informellen Lernens« ins Blickfeld: Vieles von dem, was Schülerinnen und Schüler lernen, ist im institutionalisierten schulischen Unterricht »nicht vorgesehen«. Es speist sich aus Lernvorgängen, die sich neben

---

[9] Vgl. OSTERMEIER, C. und PRENZEL, M.: »Generell versteht man unter ›Standard‹ einen Maßstab, einen Anker, eine Norm, ein Kriterium oder eine bestimmte – vorab festgelegte – Leistung.«

[10] KLIEME, ECKHARD et al 2003.

[11] Vgl. hierzu auch die entsprechenden Beiträge im vorliegenden Buch.

dem unterrichtlichen Geschehen oder überhaupt außerhalb sozusagen ergeben, oft ungezielt, ungeplant und unsystematisiert, und doch nicht weniger wirkungsvoll. Im schulischen Unterricht, ganz speziell im Fach Musik, spielen die Ergebnisse des »informellen Lernens« eine große Rolle, insbesondere da bei der Feststellung von Leistungen und Kompetenzen nicht mehr der Unterrichtsinhalt zur Debatte stehen soll, sondern das, was am Ende – wie auch immer – herausgekommen ist.[12]

Leistungen im Schulsystem

Viele Elemente des Lernens und des Umgangs mit Leistung in der heutigen Schule stammen aus der noch andauernden Zeit vor dem genannten Paradigmenwechsel. Hierzu gehören Aspekte, die in der einschlägigen Literatur zur Genüge untersucht wurden und hier im Hinblick auf eine neue Lernkultur kurz zusammengefasst werden können.

Leistung neu denken

Der Begriff der Leistung ist weitgehend negativ besetzt; er ist oft konnotiert mit pejorativen Termini wie »Leistungsdruck«, »Leistungsgesellschaft«, »Leistungsschwäche«, »Leistungsverweigerung« usw. Die Tatsache, dass im Prinzip jedes Kind darauf aus ist und Freude daran hat, etwas zu lernen und zu leisten, wird im Kontext Schule oft ausgeblendet oder gar ins negative Gegenteil verkehrt. Im Sinne der neuen Lernkultur erscheint es unabdingbar, den Leistungsbegriff neu zu denken und positiv zu verankern.

Fehler als Problem und als Chance

Ein destruktiver Umgang mit Schwächen und Fehlern steht traditionell im Vordergrund schulischen Lernens; generell sind sie negativ besetzt, »zu vermeiden«, »auszumerzen«, »zu überwinden« usw. Es gibt zwei positive Alternativen: grundsätzlich an tatsächlichen Ressourcen konstruktiv ansetzen (und Schwächen und Fehler eher links liegen lassen) oder: Fehler selber positiv besetzen, indem z. B. der Kontext gewürdigt wird, in dem er sich zeigt, und dabei der »Fehler

---

[12] Zum Thema des informellen Lernens im Kontext der Musik sei besonders hingewiesen auf LUCY GREEN.

als Leistung«[13] verstanden werden kann. Solche positiven Sichtweisen auf Fehler haben es in der Schule nach wie vor schwer.

Leistungsdarstellung

Es gibt kaum einen kultivierten Umgang mit eigener positiver Leistungsdarstellung; die eigenen Leistungen selbstbewusst darzustellen, hat – ähnlich wie »Eigenlob« – etwas merkwürdig Anrüchiges. Dabei ist hier der entscheidende Ansatzpunkt zu einer verbesserten Kommunikation über Leistung zu finden.[14]

Leistung nicht vorschnell mit ihrer Beurteilung verknüpfen

Die allzu schnelle und zumeist lineare Verknüpfung von Leistung mit Leistungsmessung und -bewertung bzw. -beurteilung ist für eine verbesserte Kommunikation über Leistung auf jeden Fall eher hinderlich als förderlich. Ein erster produktiver Schritt ist das bewusste und behutsame Innehalten in Bezug auf das Zensieren. In dem Maße, wie die Kommunikation über Leistung angemessenen Raum erhält und besser gelingt, wird die Benotung relativiert und bekommt so möglicherweise einen anderen, besseren Stellenwert.

Prüfung versus Leistung

Die Verknüpfung von Prüfung und Leistung erscheint uns völlig selbstverständlich, Leistungsüberprüfungen gehören für uns Lehrer schlicht zur Alltagsarbeit. Genau besehen ist diese Verknüpfung höchst problematisch. Was sich an Leistungsfähigkeit und wirklich erbrachten Leistungen in Prüfungssituationen zeigen kann, ist zumindest äußerst fraglich. In einem aktuellen Dokument des österreichischen Bildungsministeriums mit dem Titel »Schulgipfel, Verantwortungspartnerschaft Bildung« wird hierzu auf radikale Weise Stellung bezogen. Im Kapitel »Lern- und Prüfungskultur – Leistungsbegriff in der Bildung« heißt es, eine Prüfung sei »definitiv keine adäquate Möglichkeit des Darstellens von Wissen« und generell erst recht kein brauchbares Instrument des Feststellens, Messens und Bewertens von Leistungen.[15]

---

[13] FUNKE-WIENEKE, S. 50–52.
[14] Vgl. WINTER 1997, S. 34ff.
[15] Vgl. SCHMIED sowie GUDJONS 1997 und OTTO 1997.

Franz Niermann

Zensurengebung – ein künftig tragfähiges System?

Das System der Zensurengebung wird in der Fachliteratur und generell unter Pädagogen mit immer mehr Nachdruck als ein leistungsfeindliches System gesehen. Dass sich tatsächlich nur wenige Lehrerinnen und Lehrer vorstellen können, ohne das Beurteilungssystem mit Schulnoten auszukommen, ändert daran nichts; und realistischerweise können wir davon ausgehen, dass es die Zensuren auf nicht absehbare Zeit weiterhin geben – und dass die Kritik daran weiter wachsen wird. Es erscheint wichtig zu bedenken, wie problematisch die Zensuren sind, weil sich dabei umso nachdrücklicher die Notwendigkeit einer Verbesserung der Kommunikation über Leistungen jenseits der Benotung ergibt.

Es sei noch einmal das bereits zitierte österreichische Schulgipfel-Papier herangezogen. Hier wird rigoros konstatiert:[16]

- Noten sind kein geeignetes Rückmeldeinstrument;
- Zensuren zeigen nur scheinbar auf Leistungen;
- sie sind hoch beliebig;
- sie variieren regional sehr stark;
- es ist fraglich, ob das System der Zensurengebung für die Zukunft überhaupt rettbar ist;
- eine angemessene Prüfungskultur ist – jenseits der Frage der Zensurengebung – entsprechend einer zeitgemäßen Lernkultur neu zu entwickeln.

Leistungen im Musik- und generell im Kunst-Unterricht

Alle diese Aspekte, welche die Schule generell betreffen, haben sich, wie oben bereits kurz angedeutet, stets besonders eklatant und mit eigener Schärfe im Musikunterricht gestellt:

- Kunst generell, besonders auch Musik und musikalische Tätigkeit, ist zwar im Kulturbetrieb immer stark mit Leistung verbunden, aber im Rahmen von Schule werden Musik und Leistung oft als unvereinbar empfunden.
- Es gibt offensichtlich eine besonders große Diskrepanz zwischen der persönlichen und emotionalen Nähe zur Musik bzw. zum Musizieren und der Leistungsfeststellung und -bewertung im Musikunterricht.
- Vieles im Bereich der sozialen Kompetenz – etwa musikalisches Zusammenspiel, Tanz, aber auch Fragen des Umgangs mit musikalischen Vorlieben und Musikgeschmack – hat im Fach Musik eine andere, insgesamt größere Be-

---

[16] Vgl. SCHMIED, ebd.

deutung als in anderen Fächern, ist aber bei der Zensurengebung schwer zu berücksichtigen.
- Die weitaus größten Bereiche der musikbezogenen Schüleraktivitäten werden bei der Zensurengebung nicht oder kaum berücksichtigt. Zur Zensurengebung beziehen sich Lehrer oft primär auf das »objektiv« Greifbare: Wissen im Bereich von Musikgeschichte, Formenlehre und Musiktheorie, Instrumentenkunde usw.
- Musiklehrer und -lehrerinnen weichen der Aufgabe, durch Zensuren Leistungen zu bewerten, oft dadurch aus, dass sie durchweg eher gute Noten geben. Viele von ihnen vergeben z. B. nie ein »Mangelhaft«, manche generell nur ein »Sehr gut«. – Dadurch wird eine positive und differenzierte Orientierung auf Leistungen ausgehebelt – oder sie führt ein unbeleuchtetes Eigenleben neben der offiziellen Bewertung durch Zensuren. Tatsächliche Leistung im Musikunterricht führt dadurch häufig so etwas wie ein Schattendasein.

Musiklehrerinnen und Musiklehrer scheinen noch stärker als Lehrende anderer Fächer vor die Aufgabe gestellt zu sein, angemessene Formen der Leistungsdarstellung und des Gesprächs darüber zu entwickeln.[17]

Ebenen der Kommunikation über Leistungen in einer Schulklasse

Wenn, wie hier unterstellt, der entscheidende Ansatzpunkt zur Entwicklung einer Leistungskultur in der Kommunikation liegt, stellt sich die Frage, auf welchen Ebenen sie im schulischen Alltag einzuführen, zu trainieren und zu etablieren ist.

Erwartete und unerwartete Leistungen

Die Kommunikation fördert zutage, was im Kontext einer Arbeitsphase »tatsächlich« geleistet wurde – nach Einschätzung der Einzelnen in Auseinandersetzung mit der Gruppe einschließlich des Lehrers. Bezugspunkte der Feststellung, Darstellung, Gewichtung und Bewertung von Leistungen im (Musik-)Unterricht sind nicht primär die Erwartungen der Lehrerin bzw. des Lehrers. Erbrachte Leistungen, die zur Debatte stehen, können sich sowohl auf die Erwartungen des Lehrers beziehen als auch davon mehr oder weniger

---

[17] Es gibt im Hinblick auf den Musikunterricht und andere kunstbezogene Fächer einige Literatur zur Leistungsfrage. Z. B.: BUSCH, MALMBERG, OTTO/PETERS, SCHMITT und LOHMANN.

unabhängig erarbeitet und in die Arbeit der Gruppe eingebracht worden sein. Die »nicht vorgesehenen« Leistungen brauchen eine besondere Zuwendung im gemeinsamen Gespräch.

Potential in der Unterschiedlichkeit der Leistungsvorstellungen

Die unterschiedlichen Auffassungen vom dem, was Individuen als ihre Leistungen einschätzen und wie sie diese als Beiträge für die Gruppe wertgeschätzt haben möchten, differieren zumeist stark. Hierin steckt ein großes Potential für das Erkennen und Anerkennen von Leistungen.

Die Auffassungsunterschiede motivieren die Beteiligten, in der Kommunikation zu argumentieren, Kriterien für ihre Einschätzung der Qualität der Leistungen vorzubringen und sich auf ein »Aushandeln« der Sichtweisen einzulassen.

Letztlich können zwei Ebenen der Entscheidung nebeneinander Platz haben, die es immer geben wird und die mit Hilfe der Kommunikation durchschaubar und akzeptabel werden: Auf der einen Seite ist der Einzelne der Souverän für die Entscheidung, welche Einschätzung für ihn oder sie Gültigkeit hat. Auf der anderen Seite wird die Lehrerin bzw. der Lehrer eine formal gültige Entscheidung, z. B. durch eine verbale Beurteilung oder eine Zensur, zu treffen haben.

Wechselnde Settings

Hilfreich sind häufige Wechsel des Erarbeitens und Diskutierens von Leistungsdarstellung und -einschätzung in individueller Arbeit, in wechselnden Kleingruppen und in der Schulklasse als gesamter Gruppe – mit Einbeziehung des Lehrers oder zum Teil auch ohne ihn.

Die Mehrfach-Rolle der Lehrperson

Der Lehrer und die Lehrerin brauchen spezifische Kompetenzen. Diese korrespondieren notwendigerweise mit ihrer Mehrfach-Rolle, die in der Kommunikation mit der Lerner-Gruppe beleuchtet gehört:
- Lehrer sind im schulischen Unterricht selber Lerner und sie bringen in den Lehr-/Lern-Prozess besondere eigene Leistungen ein.
- Aufgrund ihrer individuellen Sozialisation tragen sie eine spezifische Brille, mit der sie ihre eigenen Leistungen und diejenigen ihrer Schüler und Schülerinnen sehen.

- Sie sind Repräsentanten der jeweiligen Schulkultur und, damit verbunden, einer spezifischen Lern- und Leistungskultur.
- Sie sind bezahlte Beauftragte der Gesellschaft und damit Anwälte der von den »gesellschaftlichen Kräften« vorgetragenen Leistungsanforderungen und -erwartungen.

Der Platz für die Anforderungen »von außen«

Die Leistungsanforderungen und -erwartungen der Gesellschaft, von außen in die Lernsituation der Gruppe hineingetragen in Form von Lehrplänen, Curricula, Standards, Kompetenzbeschreibungen usw., brauchen in der kommunikativen Auseinandersetzung einen guten Platz: deutlich präsent, aber nicht die Einschätzung der tatsächlich erbrachten Leistungen beherrschend.

Erforderliche kommunikative Kompetenzen

Eine solche Kommunikation braucht entsprechende Kompetenzen der Schülerinnen wie auch der Lehrerinnen (s. o.), die sich auf eben diesem Wege entwickeln können, beispielsweise
- das Wissen um die Spezifik des eigenen Lernens;
- die Selbstverantwortung sowie die Bereitschaft und Fähigkeit, Lernergebnisse begründet und nachvollziehbar als Leistungen zu präsentieren und zur Verfügung zu stellen;
- die Bereitschaft und Fähigkeit, die womöglich ganz anderen Leistungen der Anderen zu respektieren und wertzuschätzen;
- das Anliegen, Erfolg – als der subjektiven Entsprechung von Leistung – zu haben.

Methoden, Handwerkszeug, Tools

Von maßgeblicher Bedeutung für das Gelingen der Kommunikation als Grundlage einer positiven Leistungskultur sind die verwendeten Methoden und das benutzte Handwerkszeug der Kommunikation. Solche stehen in der pädagogischen Literatur in großer Zahl und weitgehend guter Qualität zur Verfügung.

Wenn man die Fachliteratur hierzu studiert, ist man beeindruckt, wie weit die verschiedenen Methoden ausgearbeitet sind. Das geht so weit, dass sich manchmal der Eindruck aufdrängt, hier entsteht eine ganz eigene Welt mit groß angelegten, eigens erforderlichen Kompetenzen, die schwierig und aufwändig zu erwerben sind, und mit eigenen Zeiträumen, die das sachbezogene Lernen allzu sehr zu überwuchern drohen. Ich bin nicht sicher, ob es gut ist, den Umgang mit diesen Methoden so hoch professionell und elaboriert zu kultivieren, indem sie z. B. differenziert werden nach Objektivität, Reliabilität und Validität.[18] Oder ob es nicht schon ganz Wesentliches bringt, mit Hilfe dieser oder jener Methode gute Gespräche über Leistungen zu führen. Einige seien hier stichwortartig beleuchtet; die in der Fachliteratur am meisten diskutierten und favorisierten Methoden finden sich am Ende dieser Beispiele-Liste.

Klärung der Leistungserwartungen

Von der Lehrerin kann erwartet werden, dass sie die durch ihre Mehrfachrollen herein getragenen Leistungsanforderungen und -erwartungen klar darstellt und einleuchtend vermittelt. Es sollte kommunikativ geklärt werden, inwieweit und wie von den Schülerinnen diesen Anforderungen Rechnung getragen werden kann – oder nicht.

Im Wesentlichen sind es drei Kategorien, auf die sich die Leistungserwartungen beziehen: den Prozess, die Produkte und die Präsentation.

Lernkontrakte

Im Vorfeld von größeren Unterrichtsphasen oder -einheiten können Vereinbarungen ausgehandelt werden, was gelernt und wie es bewertet werden soll. – Hierfür gibt es in der Fachliteratur genaue Ausarbeitungen, wie so etwas angelegt werden kann.[19]

Gestaltete wechselseitige Rückmeldungen

Wechselseitige, von Respekt getragene Rückmeldungen (Lehrerin ➝ Schüler; Schülerin ➝ Lehrer; Schüler ➝ Schülerin …) können als permanentes Arbeitsprinzip eingeführt, trainiert und etabliert werden; das Ziel ist eine entwickelte Feedback-Kultur.

---

[18] Vgl. z. B. bei BOHL, die »testtheoretischen Gütekriterien« (S. 86) oder die dort ausgearbeiteten »Diagnostischen Grundlagen« für Beurteilungsverfahren, die Differenzierung von Inferenzen, die Fehlerquellenanalysen, Skalierungsformen usw. (S. 58ff.)
[19] Vgl. z. B. WINTER 2008, S. 215–224.

Gestalt-Modell

Aus der Gestaltpädagogik gibt es eine Technik der Selbstklärung in Aspekten, die einem grundlegend wichtig sind; sie soll kurz skizziert werden; das Thema könnte lauten: »Ich und meine Leistungen im derzeitigen Musikunterricht«.

Das Modell arbeitet mit zwei konzentrischen Kreisen, im zentralen Kreis steht das Thema. Der Raum zwischen den konzentrischen Kreisen wird in vier Felder unterteilt; in jedes dieser Felder wird ein Aspekt zum zentralen Thema eintragen; dies kann auf beschreibende, erläuternde Weise geschehen.

Auf einem anderen Blatt mit derselben Kreise- und Felder-Struktur wird in den kleinen zentralen Kreis das Thema bzw. der stichwortartig benannte Inhalt eines der vier Felder vom ersten Blatt eingetragen. In die vier freien Felder werden dazu passend jeweils bedeutsam erscheinende Aspekte notiert, diesmal nicht beschreibend, sondern die hiermit verbundenen Gefühle benennend.

Nach dieser Einzelarbeit folgt Partnerarbeit: Zwei Schülerinnen teilen sich gegenseitig mit, was sie geschrieben haben; darüber kommen sie ins Gespräch.

An die Partnerarbeit schließt sich ein stringent moderiertes Gespräch im Plenum an: Welche Aspekte standen in Euerm Partnergespräch im Vordergrund? Auf dieser Grundlage kann die Diskussion in weitere Fragestellungen münden: wie schätzen wir unsere bisherige Arbeit ein? Was wollen wir für die nächste Zeit bedenken?

Die Arbeit mit diesem Modell geht von der Selbstklärung in Bezug auf die eigenen Leistungen aus und fördert die Fähigkeit zur respektvollen Kommunikation über die erbrachten Leistungen und ihre Qualität in der ganzen Gruppe.

Boxenstopp

Diese Methode stellt vor allem die gemeinsame Arbeit nach einer gewissen Zeit, z. B. einer mehrwöchigen Unterrichtssequenz oder nach einem Vierteljahr, sowie die miteinander erbrachten Leistungen in den Vordergrund; die individuellen Leistungen werden ins Ganze integriert, aber nicht einzeln bewertet.

Die Wände des ganzen Unterrichtsraums werden ausgekleidet mit großen Papierbögen, auf denen man im Stehen bequem schreiben kann (optimal sind Pinnwände und Pinnwandstifte). Die einzelnen Papierbögen repräsentieren je eine Unterrichtsstunde bzw. eine inhaltlich gut abgrenzbare Unterrichtseinheit. Hierzu werden Thema, Datum und wenige Stichworte als Überschrift eingetragen.

Alle Schülerinnen und Schüler schreiben die einzelnen Papierbögen oder Pinnwände voll, etwa in diesem Sinne: »In dieser Einheit hat mich das ... besonders interessiert.« »Bei diesem Inhalt bzw. bei dieser Methode konnte ich gut aktiv mitmachen.« »Dabei habe ich das … beigetragen / gelernt / geleistet.« Und: »In dieser Einheit fiel mir das … schwer.« »Hier kam ich mit meinen Fähigkeiten nicht recht zum Zuge.« »Dabei fühlte ich mich gelangweilt und nicht recht angesprochen.« usw. – Gegenseitige Kommentare sind erlaubt bzw. sogar erwünscht.

Nachdem die Papierbögen vollgeschrieben wurden, zeigen sich die Ergebnisse weitgehend in der Anonymität; es ist nicht so wichtig, wer was geschrieben hat. Die Notizen sind dann Gegenstand der Besinnung und der Diskussion über die gemeinsamen Arbeitsprozesse der letzten Zeit und über die als Gruppe erbrachten Leistungen.

Leistungspräsentation

Praktisch alles, was Schülerinnen und Schüler getan und sich erarbeitet haben, können sie auch darstellen und präsentieren. Dies kann individuell oder in Kleingruppen geschehen. Schüler brauchen dafür aber unbedingt eine gute Anleitung und viel Training; denn das Entwickeln angemessener Formen der Präsentation ist eine anspruchsvolle Arbeit.

Es gibt gute und anschauliche Fachliteratur zu Formen der Leistungspräsentation sowie zu deren Bedeutung für die Weiterentwicklung der Lern- und Leistungskultur insgesamt. Beispielhaft sei hier verwiesen auf das entsprechende Kapitel im Buch »Leistungsbewertung« von Felix Winter. Dieser Autor hebt deutlich hervor, dass durch die Präsentation neben der Darstellung des Erarbeiteten und dessen Wahrnehmung durch die Anderen ganz besonders die Kommunikation über Leistungen angeregt »und zum Teil neu organisiert« werden kann.[20]

Arbeits- / Reflexions- / Lerntagebücher

Arbeits-, Reflexions- oder Lerntagebücher begleiten die Arbeitsprozesse rund um den regulären schulischen Unterricht einschließlich der individuellen Hausarbeiten und werden insbesondere bei Projekten gern eingesetzt. Sie dokumentieren den Verlauf des Lernens sowie seine Zwischenresultate und Ergebnisse. Sie spiegeln aber auch die persönliche Auseinandersetzung mit eigenen Lernwegen, Fragen, Schwierigkeiten, Blockaden, den »Lernverhältnissen«[21], Interessen, Zielen, Erfolgen, Erkenntnissen und Bewertungen wider.

[20] Vgl. ebd., S. 275–283.
[21] Vgl. Haug.

Solche Lerntagebücher sind individuell ganz frei zu gestalten, persönliche Formulierungen sind besonders günstig. Als Materialien können sie protokollartige Dokumentationen, kopierte Textblätter, Fotos, Skizzen usw. einschließen.[22]

Auch hier ist wieder der Nutzen der Arbeitstechnik für die Kommunikation in der Lerngruppe hervorzuheben.

Es gibt umfangreiche Fachliteratur zu diesem Handwerkszeug der neuen Lernkultur; stellvertretend sei wiederum auf das Buch von Winter verwiesen.[23]

Portfolioarbeit / Arbeitsjournal

»Portfolio« hat sich am nachhaltigsten als ein Begriff für eine reflexive Umgangsweise mit Arbeitsprozessen, für die Dokumentation von Lernergebnissen sowie zur Kommunikation über Leistungen durchgesetzt. Es symbolisiert gleichzeitig den deutlichsten Gegenpol zur üblichen Zensurengebung. Am radikalsten hat sich bereits seit den 90er-Jahren des 20. Jahrhunderts der Österreicher Rupert Vierlinger für die »direkte Leistungsvorlage (Portfolios) statt Ziffernzensuren und Notenfetischismus« engagiert.[24] Die meisten Autoren aber versuchen bei der Darlegung von Arbeitsmöglichkeiten mit dem Portfolio doch eine Brücke zur Zensurengebung zu schlagen.

Das Portfolio eignet sich nicht nur, die Lerninhalte und Lernerfahrungen sowie die eigene persönliche Entwicklung in diesen Lernprozessen zu reflektieren und zu evaluieren, es ist gleichzeitig auch ein Handwerkszeug, sich eine systematische Lernstrategie zu erarbeiten.

Im Detail gibt es vielseitige Möglichkeiten von Portfolios; einige seien hier kurz skizziert:
- Das »Fach-Portfolio« dient dem Sammeln von Ergebnissen, Produkten, Leistungsbelegen aus dem (Musik-)Unterricht.
- Das »Portfolio als Leistungsmappe« ist ein Vorzeigeportfolio oder Prüfungsportfolio. Produkte aus den Lernprozessen werden gesammelt und geordnet, um sie als Kennzeichnung der eigenen Lernentwicklung vorzulegen; hierzu kann z. B. die Dokumentation der eigenen Beiträge im Rahmen eines Projekts gehören.
- Das »Portfolio zur Dokumentation der Lernbiografie« enthält Zeugnisse und andere Zertifikate wie Auszeichnungen und Bescheinigungen, ferner auch die Beschreibung von Lernerfahrungen und -erfolgen.

---

[22] Vgl. MALMBERG.
[23] Vgl. WINTER 2008, S. 254–275.
[24] VIERLINGER.

Manchmal werden auch andere Begriffe benutzt, die im gleichen Grundprinzip je nach Zweck und Nutzen einen anderen Aspekt betonen, z. B. Arbeitsjournal oder Arbeitsportfolio, Vorzeigeportfolio, Entwicklungsportfolio, Prüfungsportfolio, Bewerbungsportfolio usw.[25]

In jedem Fall, und das soll hier als das Entscheidende hervorgehoben werden, eignen sich Portfolios hervorragend, um der Kommunikation über individuelle und gemeinsame Leistungen Grundlage, Inhalt und Substanz zu geben. Wenn auf diese Weise das Gespräch über Geleistetes kultiviert werden kann, stellt sich die Frage der Zensurengebung in neuem Lichte dar und die neue Lernkultur bekommt viel Schubkraft durch eine so entwickelte Leistungskultur.

Literatur

BAMBACH, H. / BARTNITZKY, H. / ILSEMANN, C. VON et al. (Hg.) (1996): *Prüfen und Beurteilen. Zwischen Fördern und Zensieren.* (= Friedrich Jahresheft XIV). Seelze

BOHL, THORSTEN (2006): *Prüfen und Bewerten im Offenen Unterricht.* Weinheim / Basel

BUSCH, BARBARA (2005): *Der Leistungsbegriff als Impuls für die musikpädagogische Forschung?*, in: Diskussion Musikpädagogik 28, S. 48–56

COHN, ANNELIE / ZUR OEVESTE, MECHTHILD / TYMISTER, HANS JOSEF: *Die Angst vor der Selbständigkeit der Schüler. Erfahrungen mit der Wochenplanarbeit*, in: MEYER, MEINERT A. et al., S. 100–102

FUNKE-WIENEKE, JÜRGEN (1996): *Der Fehler als Leistung. Wie Kinder ihr Handeln selber steuern*, in: BAMBACH et al. (Hg.), S. 50–52

GREEN, LUCY (2008): *Music, Informal Learning and the School. A New Classroom Pedagogy.* Hampshire (England)

GUDJONS, HERBERT (1996): *Das Unbewusste und die Macht der Prüfungen. Vom Initiationsritus zur geheimen Disziplinierung*, in: BAMBACH et al. (Hg.), S. 115ff.

DERS. (2006): *Neue Unterrichtskultur – veränderte Lehrerrolle.* Bad Heilbrunn

HAUG, FRIGGA (2003): *Lernverhältnisse. Selbstbewegungen und Selbstblockierungen.* Hamburg

HELMS, SIEGMUND / SCHNEIDER, REINHARD / WEBER, RUDOLF (Hg.) (2002): *Handbuch des Musikunterrichts.* Band 1 Primarstufe. Kassel

http://ec.europa.eu/education/news/news492_en.htm

http://ec.europa.eu/education/school21/results_en.html

---

[25] Besonders gute Auseinandersetzungen mit dem Handwerkszeug Portfolio finden sich in BOHL, S. 144–154 und in WINTER 2008, S. 187–215.

http://europa.eu/scadplus/glossary/lisbon_strategy_de.htm
http://www.eas-music.net/index.php?id=3&content=195&lang=de. (alle Internetseiten zuletzt geprüft am 02.08.2008)
Journal für Lehrerinnen- und Lehrerbildung, 2(1), 2002, S. 55–60.
KLIEME, ECKHARD/AVENARIUS, HERMANN/BLUM, WERNER/DÖBRICH, PETER/GRUBER, HANS/PRENZEL, MANFRED et al. (2003): *Zur Entwicklung nationaler Bildungsstandards. Eine Expertise*. Hg. vom Bundesministerium für Bildung und Forschung. Berlin. (= Bildungsforschung, 1). Online verfügbar unter: www.bmbf.de/pub/zur_entwicklung_nationaler_bildungsstandards.pdf (zuletzt geprüft am 02.08.2008)
KLIPPERT, HEINZ (2006): *Vorwort* in: MÜLLER, S. 7
LOHMANN, WERNER (2002): *Leistungserfassung – Leistungsbeurteilung – Leistungsbewertung*, in: HELMS, SIEGMUND et al. (Hg.), S. 63–69
MALMBERG, ISOLDE (2003): *Das Reflexionstagebuch. Eine Möglichkeit der Begleitung prozessorientierten Lernens im Musikunterricht. Am Beispiel eines Projekts um Musik des 20. Jahrhunderts und Fotografie*, in: Musikerziehung H. 1
MEYER, HILBERT/MEYER, MEINERT A. (1997): *Lob des Frontalunterrichts. Argumente und Anregungen*, in: MEYER, MEINERT A. et al. (Hg.), S. 34–37
MEYER, MEINERT A./RAMPILLON, UTE/OTTO, GUNTER et al. (Hg.) (1997): *Lernmethoden – Lehrmethoden. Wege zur Selbständigkeit*. (= Friedrich Jahresheft 15). Seelze
MÜLLER, FRANK (2006): *Selbständigkeit fördern und fordern. Handlungsorientierung und praxiserprobte Methoden für alle Schularten und Schulstufen*. Weinheim/Basel
OSTERMEIER, C./PRENZEL, M.: *Standards in der Lehrerinnen- und Lehrerbildung*, in: Journal für Lehrerinnen- und Lehrerbildung 2(1), S. 55–60
OTTO, GUNTER/PETERS, MARIA (1997): *Beurteilen – wo es besonders schwer scheint? Bewertung von Prozessen und Produkten in einem Leistungskurs Kunst*, in: BAMBACH, H. et al. (Hg.), S. 22–23
OTTO, GUNTER (1996): *Der Prüfer – auch ein Prüfling. Prüfungen werden inszeniert*, in: BAMBACH et al. (Hg.), S. 108–109
SCHMIED, CLAUDIA (2008): *Schulgipfel »Verantwortungspartnerschaft Bildung«*. Online verfügbar unter: http://www.bmukk.gv.at/medienpool/15792/schulgipfel_071213.pdf (zuletzt geprüft am 02.08.2008)
SCHMITT, RAINER (1983): *Kriterien zur Bewertung von Schülerleistungen im Musikunterricht*, in: Musik & Bildung 6, S. 396–398
VIERLINGER, RUPERT (1999): *Leistung spricht für sich selbst. Direkte Leistungsvorlage (Portfolio) statt Ziffernzensuren und Notenfetischismus*. Heinsberg
WINTER, FELIX (1996): *Schülerselbstbewertung. Die Kommunikation über Leistung verbessern*, in: BAMBACH et al. (Hg.), S. 34ff.
DERS. (2008): *Leistungsbewertung. Eine neue Lernkultur braucht einen anderen Umgang mit den Schülerleistungen*. Hohengehren

Brigitte Lion

Verdeckte Botschaften – Paradoxien und unerwünschte Wirkungen im System Schule

Einleitung
Paradigmenwechsel in der Lehr-Lernbeziehung

Engagierte Arbeitsgruppen, die sich für eine Reform der Oberstufe die Köpfe zerbrechen und deren Ideen in Aktenschränken versperrt auf unbestimmte Zukunft warten, weil die zur Realisierung nötigen Stundenkontingente inzwischen dem Sparstift zum Opfer gefallen sind, schlechte Zeugnisse für die Leistungsergebnisse tausender Schülerinnen und Schüler, die in den Pisastudien öffentlich werden, nicht enden wollende Kritik an angeblich schlecht ausgebildeten Lehrerinnen und Lehrern bzw. inkompetenten Schulleiterinnen und Schulleitern – der Glaube an die Entwicklungs- und Reformfähigkeit unseres Schulsystems scheint bis in die Grundfesten erschüttert. Derzeit erleben wir eine umfassende Krise unseres Erziehungs- und Bildungssystems: der innerste Kern, nämlich die Frage: was soll und kann Schule leisten, um junge Menschen für ein selbständiges, erfolgreiches Leben vorzubereiten, ist erschüttert.

Die Kernaufgabe selbst, Wissen zu vermitteln, ist ins Wanken geraten. Wir sprechen von einem Paradigmenwechsel, der die einst gefestigte Beziehung zwischen Lehrenden und Lernenden im Innersten erschüttert: denn das, was es zu lernen gilt, das Wissen, ist selbst zum Gegenstand der Unsicherheit geworden. Die lange gesicherte Unterscheidung falsch / richtig, wie Luhmann sie für das Erziehungssystem beschrieben hat,[1] ist bei einer unabsehbaren Komplexität von pluralistischen Sichtweisen und Zugängen untauglich geworden und widerspricht sich ununterbrochen selbst. Sie produziert statt der gewünschten Klarheit paradoxerweise das Gegenteil von dem Erwünschten, sie führt sich selbst ad absurdum.[2] Die Bürokratie erzeugt Effekte von Chaos statt der gewünschten Ordnung, das Kontrollsystem produziert »kabarett-

---

[1] LUHMANN 2002, hg. von LENZEN, S. 198.
[2] Vgl. NEUBERGER in LION 2008, S. 81.

reife« Ergebnisse ohne qualitative Aussagekraft, anstelle von gelungenen Fördermaßnahmen steigt die Anzahl der nicht schreib- und lesetüchtigen Grundschulkinder.

Ein Vertrauensverlust mit Folgen

Nicht ohne Grund erlebt der Beruf »Lehrer« derzeit eine Statuskrise. Das asymmetrische Verhältnis zwischen einer Person, die weiß und sagen kann, worum es geht und welchen Wert dieses Wissen hat und einer anderen Person, die, darauf vertrauend, den vorgeschlagenen Weg einschlägt und ihre Motivation für das Lernen auf dieser gesicherten Beziehungssituation aufbaut, trägt nicht mehr. In einer Gesellschaft, die sich nicht mehr auf die Gewissheit der Tragfähigkeit eines Wissenserwerbs verlassen kann, um darauf die Existenz aufzubauen, wird das Verhältnis Wissen/Nichtwissen zu einer elementaren, immer wieder neu zu stellenden Frage.[3] Wer ein Leben lang mit dem Nichtwissen konfrontiert sein wird, muss neu lernen und umlernen, kann dem Lehrenden nicht mehr den Stellenwert einer Leitfigur geben, im Gegenteil: wir sitzen vielmehr alle im selben Boot der wenig Wissenden und das, was wir nicht wissen und wie wir damit zurecht kommen, gewinnt an Bedeutung, alle befinden sich in einem lifelong learning-Prozess.

Der Lehrende tritt also in den Hintergrund. Von einer neuen Rolle ist die Rede: von Lernbegleitung, Moderation und so fort, aber dies täuscht über diesen grundsätzlichen Vertrauensverlust hinweg: Lehrende werden in einer Gesellschaft von Lernenden vor den Augen aller zu Nicht-Wissenden.

Der Aufbau neuer Vertrauensbeziehungen

Wenn daher die klare Rollenverteilung Wissende/Nicht-Wissende aufgelöst ist und den Lernenden diese Art der Vertrauensgrundlage abhanden gekommen ist, was tritt an deren Stelle? Das Vertrauen, das neu aufgebaut werden muss, orientiert sich nun stärker als bisher an den einzelnen Personen. Es geht um das Vertrauen in sich selbst und dafür ist die Stärkung der einzelnen Person notwendig. Sie und ihr Potential, ihre Entwicklungsfähigkeit rücken ins Zentrum des Geschehens.

Die Persönlichkeitsentwicklung umfasst immer zwei Richtungen: von au-

---

[3] BAECKER 2007, S. 345.

ßen, als Erziehung, will sie verändern. Von innen, durch sich selbst, wird sie »von der Motivation getragen, immer mehr zu dem zu werden, was man ist.«[4] Die Person braucht, um erfolgreich lernen zu können, Initiativkraft und Motivation von innen. Gelingt dies in der Schule nicht, erleben wir Desinteresse und Kraftlosigkeit. Die Klassenräume sind mittlerweile voll mit denjenigen, die die Selbstmotivation in einem durch neue Vorschriften und Kontrollmaßnahmen verrückt gewordenen System nicht mehr aufbringen. Ihnen gegenüber stehen hilflos gewordene Lehrkräfte, müde und am Ende ihrer Weisheit, wie man noch mehr Stoffmengen methodisch attraktiv vermitteln könnte. Was bedeutet diese paradoxe Wirkung einer nicht enden wollenden Schulreform, wenn sie das Grundproblem einer fehlenden Motivation nicht beseitigen kann?

Erziehung hat immer schon mit Paradoxien zu kämpfen,[5] denn sie will Lernbedürfnisse von außen bewirken, die von innen, von der Person selbst, unterstützt werden müssen, will sie erfolgreich sein.

Wenn das Lernen immer mehr von der Initiative der Personen abhängig ist, tritt die Kommunikation über das Lernen an die wichtigste Stelle: die Aufnahmefähigkeit und die Aufnahmebereitschaft werden über Kommunikationsprozesse transportiert, die die Kraft entfalten müssen, eine funktionierende Wechselwirkung zwischen Inhalten mit aktiver, kontinuierlicher Beteiligung durch die Lernenden in Gang zu setzen. Die Kommunikation vermittelt nun zwischen den Individuen und den Lernsituationen und wird dann in soziale Kompetenz, Konfliktkompetenz und emotionale Kompetenz umgewandelt.

Dies hat Konsequenzen für die schulischen Aufgaben und für den Umgang mit Leistungsforderungen: Die einzelnen Personen brauchen genügend Unterstützung auf der Beziehungsebene. Denn auf der Beziehungsebene lautet der Appell in erster Linie: »Ich will anerkannt werden.« Ohne konsequente Botschaften der Akzeptanz kann kein Individuum den Willen zur selbständigen Auseinandersetzung mit sich und der Welt entwickeln. Wer zu viele Misserfolge und Kritik erfährt, verschließt sich und baut Schutzmauern auf. Eine solche Lerngeschichte bereitet den Weg zu Sichtweisen, in denen Menschen ihr Leben als von ihnen selbst als unveränderbar und schicksalhaft deuten. Das Gefühl des Akzeptiert-Seins ist unersetzliche Grundlage für Kritikbereitschaft und Kritikfähigkeit. Da Lernen das selbständige Tun und Wollen benötigt, ist der Aufbau von Lernbereitschaft ohne konsequente Auseinandersetzung auf der Beziehungsebene schwer

---

[4] Ebd., S. 350.
[5] BAECKER 2000, S. 48-58.

möglich und in einer Zeit, in der die Inhaltsebene selbst andauernd zur Diskussion steht, ist das Lernklima und ein wertschätzender Umgang miteinander wichtiger Nährboden für verändertes Lernen.

Paradoxe Wirkungsumkehr durch Kontrolle von außen

Wenn die Person in den Mittelpunkt des Lerngeschehens rückt, steigt die Bedeutung von Angeboten, die die Person befähigen, ihr Wissen und Nichtwissen laufend selbst bewerten zu können und daraus sinnvolle Konsequenzen ziehen zu können. Denn nur wenn aus dem, was wir nicht wissen, ein Weg der eigenständigen Gestaltung wächst, lohnt es sich, weiter zu lernen. Das Gegenteil von lernen wäre dann ein sich abfinden mit Chancenlosigkeit und die Schlussfolgerung, versagt zu haben.

Neben der Sozialkompetenz wird daher die Fähigkeit zur Reflexion bedeutsam. Wie soll ein junger Mensch später sein Nichtwissen identifizieren können und erkennen, wo und wie er / sie sich weiterentwickeln kann, wenn Selbstbewertung nicht konsequent von Anfang an eingeübt wird? Eine nötige Konsequenz aus dem bisher Gesagten ist daher der neue Stellenwert von Selbstbewertung und Selbststeuerung gegenüber dem traditionellen Umgang mit Leistungsbewertung durch Notensystem und Prüfungsvorschriften.

Obwohl alle mit der Schulreform befassten, pädagogisch interessierten Verantwortlichen von der Richtigkeit des eben Gesagten überzeugt sind, nehmen die Maßnahmen zu einer Vereinheitlichung und verschärften Form von externer Kontrolle zu. Die Fachliteratur und die Fachtagungen sind voll mit methodischem Angebot zu selbstgesteuerten Lernprozessen und deren Auswertung, gleichzeitig entwickeln aber die Behörden weitere Kontrollbestimmungen zur Leistungsmessung. Die Botschaft, man müsse Schülerinnen und Schüler als Individuen mit unverwechselbaren Besonderheiten wahrnehmen und ihrer Entwicklung Raum geben, wird ergänzt durch eine zweite Botschaft, durch Standards und Kernstofffixierung und Zentralabitur eine Vergleichbarkeit zu schaffen, die Übergänge von einem zum nächsten Schulsystem ermögliche. In der Praxis des Schulalltags führt dies zu einer »paradoxen Wirkungsumkehr«, ein Ausdruck von Ortfried Schäffter.[6] Der ernsthaft verfolgte Weg einer individuellen Förderung verschärft gerade durch seine konsequente Einhaltung den Leistungsdruck durch die Vorgaben von außen. Die kleinen Fortschritte auf der individuellen Zielerreichung durch Selbstkontrolle werden durch die Vorgaben der Fremdkontrolle unbedeutend und zunichte gemacht.

---

[6] SCHÄFFTER 2001, S. 33.

Zusammenfassend kann hier festgehalten werden: die Vielfalt einander widersprechender Aufgaben führt im Schulsystem derzeit zu einer Wirkung, in der sich die vorhandenen Widersprüche, sobald sie konkreten Lösungen zugeführt werden, in das Gegenteil ihrer Absichten verkehren.

Doppelbotschaften und ihre paradoxen Wirkungen

Wenn alles, was man lernt, lediglich vorläufig ist (denn für wie lange und für welchen nächsten Schritt nützt es den einzelnen?), steigt die Bedeutung des Experiments, die Bedeutung von Projekten. Denn sie führen zu schnellem Erfolg.[7] Gleichzeitig wird aber durch den Anspruch, nachhaltige Lernergebnisse zu bewirken, die eben im Projekt gewonnene, punktuelle Leistung sofort wieder entwertet: nicht nur das Projekt ist kurz, auch die Freude am Erreichen währt nicht lange und die Betroffenen kommen um ihr Gefühl einer sicheren und andauernden Fähigkeitsausübung.

»Die Form der Lehre ist stets der eigentliche Stoff«, betont Fritz Simon[8] und weist damit auf die Bedeutung der in der Lernstruktur enthaltenen impliziten Botschaften, die mitgelernt werden. Die Kurzzeitform eines Projekts ist mit den längerfristigen Lernformen wie etwa dem Erlernen einer Fremdsprache oder der Fähigkeit Sinnzusammenhänge von historisch gewachsenen Prozessen zu begreifen nur solange kompatibel, als sie im Alltag nicht gegeneinander ausgespielt werden. Zusammenhänge zwischen der Kunstform der Oper, den Aufklärungsgedanken und der französischen Revolution können dann nachvollzogen werden, wenn genügend Zeit zur Verfügung steht, Projektformen und Alltagsunterricht sinnvoll zu verknüpfen. In der Alltagspraxis wird oft das eine gegen das andere ausgespielt, Lehrende, die sich für seriöse Kontinuität in ihrer Unterrichtsarbeit einsetzen, geraten in Konflikt mit Lehrenden, die ein Projekt nach dem anderen organisieren. Bald steht auf den Fahnen der einen »modern und zeitgemäß« und auf denen der anderen »altmodisch und reformfeindlich«.

Der Konflikt kommt in der folgenden Erzählung einer Musiklehrerin zum Ausdruck, deren neue Direktorin vor lauter Eifer, alle Förderangebote zu Reiseprojekten für ihre Schülerinnen und Schüler zu ermöglichen, bewirkte, dass der Alltagsunterricht mit seiner nötigen Kontinuität und Konsequenz nicht mehr stattfinden konnte.

[7] BAUMAN 2003.
[8] SIMON 1995, S. 153.

In vielen Schulen wurde das ehemals wöchentlich abgehaltene Fach »Chor« durch eine Projektwoche im Herbst ersetzt. »Wenn keine Schularbeiten sind«, wie argumentiert wurde. Höhepunkt dieser Projektwoche war eine Musicalaufführung. Der kurzfristige und schnell erreichte Erfolg täuscht darüber hinweg, dass dabei an den Stimmen Raubbau getrieben wird und in solch einer Zeit- und Arbeitsorganisation an eine konsequente Schulung der Stimmen nicht mehr zu denken ist.

»Die Lehrer sind so müde«, sagte ein schwedischer Kollege bei einem Netzwerktreffen von EU-Partnerländern. Möglicherweise ist ein wesentlicher Grund in dieser gehäuften Situation von einander widersprechenden Doppelbotschaften zu sehen. Zu erleben, wie im Alltag der Schule die hier beschriebene Wirkungsumkehr stattfindet, wie das Bemühen um das eine das andere produziert, trägt entscheidend dazu bei, dass Lehrende sich trotz großen Einsatzes als Sisyphosarbeitende und daran Scheiternde wahrnehmen.

Eine weitere Doppelbotschaft, die in der derzeitigen schulischen Alltagssituation zu der hier beschriebenen Wirkungsumkehr beiträgt, ist der Umgang mit Fehlern. Weshalb ist es so schwierig, in der Schule konsequent die so nötige Botschaft zu transportieren, dass Fehler zum Lernen dazugehören? Die Scheu vor dem Fehler wird in einem System, das sich im Umgang mit Leistung und Leistungsbeurteilung ständig selbst widerspricht, nicht glaubwürdig vermittelt. Im heimlichen Lehrplan lautet der Appell nach wie vor: Fehlervermeidung, denn die Noten sind wichtiger als das Können! Diese Paradoxie macht sich immer dann breit, wenn Lehrerinnen und Lehrer versuchen, die Doppelbotschaft von fördern versus selektieren in ihrer Praxis sinnvoll zu lösen. Je mehr Zeit und Geduld man den einzelnen und ihren individuellen Lernwegen widmet, desto höher wird allmählich der Druck, ihnen die geforderten Leistungen abzuringen. Besonders im Fach Musik führt dies zu wenig repräsentativen Prüfungsthemen, wenn ein ganzes Jahr lang das Singen, Tanzen und Musizieren gepflegt worden war und am Ende ein Test die Kenntnisse von Formenlehre und Biographiedaten in ein Punktesystem rechnet.

Unsichtbare Strukturen und ihr Einfluss auf Handlungsweisen im Unterrichtsalltag

Die Wirkungsumkehr, wie sie auf den letzten Seiten beschrieben worden ist, gehört zu den unsichtbar wirkenden Phänomenen, die das System im Alltag produziert. Weshalb wird dieser Mechanismus nicht deutlicher sichtbar und wie kann man im Alltag damit besser zurechtkommen?

Strukturen legen Sichtweisen nahe. Wie Appelle wirken sie auf die im System lebenden Individuen. So legt eine 45 Minuten dauernde Lerneinheit mit 35 Personen und einem Verantwortlichen, repräsentiert in der Person / Rolle des Lehrers oder der Lehrerin, bestimmte Verhaltensweisen nahe: etwa die so beliebten, wenn auch nicht sehr effizienten Suggestivfragen von Lehrenden an die ganze Klasse, die suggerieren, alle könnten gleich schnell auf die erwünschte Antwort stoßen. Manchmal werden diese Fragen sogar mit bereits halb begonnenen Antwortsätzen kombiniert: »Wie heißt der Komponist, der die Schicksalssinfonie komponiert hat? Beet…«. So wenig diese Methode tatsächlich didaktisch bringt, sie wird aufgrund der Struktur der Lerneinheit am häufigsten ausgeübt. Auffallend ist dabei auch, dass sich die Lehrenden nach kürzester Zeit des Berufsausübens dieser Verhaltensweise nicht mehr bewusst sind. Eine weitere Verhaltensweise, die unsichtbar bleibt, weil sie zu sehr durch die Strukturen eingeübt ist, ist eine ständig bewertende Sprache. Bei einer Großgruppe mit 35 Personen muss man blitzschnell Urteile fällen, um mit der sich ständig entfaltenden Gruppendynamik zurande kommen zu können. Diese schnelle Urteilsbildung ist nun sowohl Fähigkeit wie auch enormes Hemmnis.

So ist etwa ein besonderes Merkmal professionellen Feedbacks eine Beschreibung von Fähigkeiten und Leistungen in neutraler Form, um dadurch konstruktiv dem Gegenüber zu ermöglichen, sich selbst ein Urteil über Können und nicht Können zu bilden. Ist aber die Rückmeldung bereits ein klares Urteil im Sinn von gut / schlecht, ist der Raum für selbständige Urteilsbildung entsprechend erschwert, gegenüber einer Autorität (wie Lehrende sie gegenüber ihren Schülerinnen und Schülern darstellen) sogar verunmöglicht. Da dieses ständig bewertende Verhalten zu den blinden Flecken der Berufsausübenden zählt, steht die von ihnen geforderte Feedback- und Fehlerkultur in einem Widerspruch zu ihrer im Alltag gepflegten Kommunikationssprache. Ein Feedback ist dann eine versteckte negative Bewertung oder eher ein wohlmeinender Rat.

Ausblick

»Das in seinen Automatismen eingeschlafene Sein« nennt der poetische Philosoph Bachelard[9] den Zustand, innerhalb von vertrauten Routinen nicht mehr wahrzunehmen, welche Irritationen uns beunruhigen sollten und aufwecken könnten.

Die hier beschriebenen Routinen enthalten Widersprüche, die den betroffenen Menschen in ihrem Schulalltag zwar nicht zur Gänze entgehen, jedoch ist

---

[9] BACHELARD 2008, S. 24.

die Art, wie sie zustande kommen, um so bemerkenswerter, als sie zu paradoxen Wirkungen führt.

Die Erkenntnis, dass bei dialektisch angelegten Widersprüchen durch einseitige Übertreibung des einen Faktors sein anderer Pol aktiviert wird, ist nicht neu. Jedoch ist das gehäufte Auftreten der Widersprüche im Schulsystem ein wesentlicher Grund, weshalb die derzeit gewünschte Entwicklung nicht nur kein geradliniger Weg ist, sondern von zahlreichen Rückschritten begleitet ist.

Wir leben in einer Zeit, in der durch Paradigmenwechsel wie etwa dem eingangs beschriebenen Wechsel vom Lehrenden zum Lernenden die alten und die neuen Botschaften gleichermaßen wirken. Hinzu kommt ein weiterer Mechanismus, nämlich die Tendenz, die hier auftretenden Probleme mit einzelnen Personen bzw. Personengruppen zu identifizieren, die Probleme werden sozusagen personifiziert.

Eine intensive Auseinandersetzung mit den häufigsten Widersprüchen kann den Einzelnen wieder entlasten, indem wir erkennen, dass alle Betroffene sind. Das Ringen um gute Lösungen und gangbare Wege ist ebenso erkennbar wie die vielen gescheiterten Versuche und die vorhandenen Erfolge. Statt auf diese irritierenden Erfahrungen mit Widersprüchen so zu reagieren, dass man auf die Suche nach den Schuldigen geht, empfiehlt es sich, stattdessen, eine »Denkpause«[10] einzuschalten und dabei auszuhalten, dass man keinen vorgezeigten Lösungsweg erhält. Vielmehr müssen immer von neuem individuelle Wege gesucht werden.[11]

Mit den Spannungen als dem notwendigen Ausdruck von Widersprüchen leben zu lernen, sie zu kommunizieren und fähig zu werden, das Potential zur Irritation nützen zu können, das ihnen innewohnt, trägt entscheidend zu einer neuen Kompetenz bei: einem Widerspruchsmanagement, in dem letzten Endes die Bereitschaft mit den veränderten Bedingungen des Lernens zurecht zu kommen, zum Ausdruck kommt.

Literatur

Baecker, Dirk (2000): *Die Universität als Algorithmus*, in: Laske, Stephan / Scheytt, Tobias / Meister-Scheytt, Claudia et al.: *Universität im 21. Jahrhundert. Zur Interdependenz und Organisation der Wissenschaft.* München / Mering

Baecker, Dirk (2007): *Nie wieder Vernunft. Kleine Beiträge zur Sozialkunde.* Heidelberg

Ders. (2007): *Studien zur nächsten Gesellschaft.* Frankfurt a. M.

---

[10] Schäffter 2001, S. 191.
[11] Peccei 1997, S. 65.

BACHELARD, GASTON (2007): *Poetik des Raumes*. Frankfurt a. M.
BAUMAN, ZYGMUNT (2003): *Flüchtige Moderne*. Frankfurt a. M.
DERS. (2004): *»Flüchtige Moderne«*. Sonderheft ANSE-Konferenz. Weinheim
LION, BRIGITTE (2008): *Dilemma im universitären Alltag. Irritationen und Spannungen im Spiegel von Gesellschaft und Organisation*. München / Mering
LUHMANN, NIKLAS (1997): *Die Gesellschaft der Gesellschaft*. Frankfurt a. M.
DERS. (2002): *Das Erziehungssystem der Gesellschaft*. (Hg. v. DIETER LENZEN). Frankfurt a. M.
NEUBERGER, OSWALD / VOLMERG, BIRGIT / LEITHÄUSER, THOMAS et al. (1995): *Nach allen Regeln der Kunst: Macht und Geschlecht in Organisationen*. Freiburg im Breisgau
PECCEI, AURELIO (1997): *Das menschliche Dilemma. Zukunft und Lernen*. Wien / München / Zürich / Innsbruck
SCHÄFFTER, ORTFRIED (2001): *Weiterbildung in der Transformationsgesellschaft. Zur Grundlegung einer Theorie der Institutionalisierung*, in: ARNOLD, ROLF (Hg.): *Grundlagen der Berufs- und Erwachsenenbildung*, Bd. 25. Baltmannsweiler
SIMON, FRITZ B. (1995): *Die Kunst, nicht zu lernen*. Heidelberg
WEINGARDT, MARTIN (2004): *Fehler zeichnen uns aus. Transdisziplinäre Grundlagen zur Theorie und Produktivität des Fehlers in Schule und Arbeitswelt*. Kempten
WEINERT, FRANZ E. (1999): *Aus Fehlern lernen und Fehler vermeiden lernen*, in: ALTHOF, WOLFGANG (Hg.): *Fehlerwelten. Vom Fehlermachen und Lernen aus Fehlern*. Opladen
DERS. (2001): *Leistungsmessungen in Schulen*. Weinheim / Basel
WIMMER, RUDOLF (1999): *Wider den Veränderungsoptimismus. Möglichkeiten und Grenzen einer radikalen Transformation von Organisationen*, in: Soziale Systeme. Zeitschrift für soziologische Theorie. H. 1, S. 5
DERS. (2004): *Organisation und Beratung. Systemtheoretische Perspektiven für die Praxis in und von Organisationen*. Heidelberg

Christine Stöger

»Wag the dog« – das Lernen im Dienste der Leistungsbewertung?

I. Wag the dog oder wenn der Schwanz mit dem Hund wedelt ...

... ist der Titel eines US amerikanischen Films,[1] in dem sich Ursache und Wirkung umkehren. Um von einem Skandal rund um den Präsidenten abzulenken, werden über die Medien Ereignisse vorgespielt, die schließlich die Realität beeinflussen, sie also lenken. Die mediale Inszenierung, die üblicherweise als Folge von Ereignissen gedacht wird, entwickelt sich so zur Ursache für beträchtliche politische Wirkungen.

Lässt sich dieses Prinzip nicht auch auf den Zusammenhang von Lernen und seine Bewertung anwenden? Es scheint, dass die Rituale des Bewertens in der Schule und überhaupt im Bildungsbereich ein starkes Eigenleben entwickelt haben, das wiederum auf das Lernen zurückwirkt, es vielleicht sogar maßgeblich bestimmt. Was und wie bewertet wird, steht nicht selten im Widerspruch zu allgemein anerkannten pädagogischen Intentionen.

Die Institution selbst erzeugt solche Widersprüche. Dies zeigt sich an dem folgenden Beispiel besonders drastisch:

Für die zentralen Abschlussprüfungen an einer Hauptschule Nordrhein-Westfalens wurden versehentlich die Aufgaben der Realschulprüfung ausgegeben. Die Schülerinnen und Schüler bearbeiteten die Prüfungsaufgaben, und zwar sehr erfolgreich. Als nun der Fehler erkannt wurde, reagierte die Institution mit der denkbar ungünstigsten Lösung. So schien es nicht möglich, den Schülerinnen und Schülern den Realschulabschluss zu bescheinigen, es war nicht einmal denkbar, ihnen den erfolgreichen Abschluss der Hauptschule aufgrund dieser Leistungen zu bestätigen. Vielmehr wurde die Prüfung als Formfehler abgetan und von den Betroffenen eine Wiederholung mit den ihnen eigentlich zugedachten Hauptschulprüfungsaufgaben verlangt.[2]

---

[1] Der Film stammt aus dem Jahr 1997, Regie: Berry Levinson.
[2] Dieses Beispiel stammt aus den Abschlussprüfungen im Sommer 2008 in Nordrhein-Westfalen.

Es ist gut vorstellbar, wie verheerend die hier ausgesandten Botschaften wirken. Anstatt Leistung zu feiern, kann nicht sein, was nicht sein darf. Die Institution hat sich in ihren eigenen Regeln verfangen und opfert dafür die eigentlichen Aufgaben.

Widersprüche zwischen Ritualisierungen im Umgang mit Leistung und pädagogischen Intentionen verlagern sich aber auch in die einzelnen Personen: Man könnte also im Prinzip kreatives Gestalten im Musikunterricht sehr wichtig finden und für die Zensurengebung doch hauptsächlich auf gut abfragbares Wissen zurückgreifen. Man könnte selbst finden, dass eine gewisse Prüfungssituation ein wenig realistisches Anforderungsszenario bedeutet und dennoch angesichts der starken Selbstverständlichkeit nicht darauf verzichten. Die Widersprüchlichkeit von Ritualen verhindert also nicht ihre Pflege.[3]

Bewertungsformen sollten eigentlich im Dienste des Lernens stehen. Die Verkehrung dieses Prinzips zeigt sich noch an anderer Stelle. Interessanterweise scheinen mit der Zeit die eingebürgerten Formen wie Vorgaben zu wirken und nicht mehr wie eben eine stark verbreitete Ausformung von gesetzlichen Bedingungen. Im Film »Treibhäuser der Zukunft« wird der Schulleiter der »Bodensee-Schule« gefragt, wie denn die Schulgesetze zu seinen radikalen Umstrukturierungen des Schullebens stünden, die schließlich auch einen anderen Umgang mit dem Thema Leistung bedeuteten. In seiner Antwort bringt er zum Ausdruck, dass er bisher noch auf keine Grenzen gestoßen sei. So würde z. B. der Begriff »Klassenarbeit« nirgends im Gesetz stehen.[4] Demnach wäre zu fragen: Wie groß ist eigentlich der mögliche Spielraum und kennen ihn die Protagonisten überhaupt?

II. Hilfreiche Strategien zur Würdigung von Leistungen

Leistungsbeurteilung ist im Weiteren keineswegs auf die Zensurengebung reduziert zu sehen, sondern meint grundsätzlich alle Formen der Rückmeldung, Auswertung und Bewertung. Das Lernen ins Zentrum zu stellen und nicht den Ritualen der Leistungsbewertung unterzuordnen, ist angesichts der eben beschriebenen Dynamiken ein Widerstandsprogramm. Dazu erscheinen mir folgende Strategien hilfreich:

---

[3] Wie die Institutionen solche Widersprüche erzeugen, ist im Beitrag von Brigitte Lion in derselben Publikation anschaulich dargestellt.

[4] Alfred Hinz, Schulleiter der Bodensee-Schule St. Martin, Friedrichshafen, in: Kahl.

1. **Die Pflege eines weiten und dynamischen Leistungsbegriffs**

Mit der Rede von der neuen Lernkultur wird auch eine Umstellung auf einen weiten Leistungsbegriff propagiert.
- Das *Prozesshafte der Leistung* wird gegenüber dem Produkt stärker betont.
- Die *Darstellungsmöglichkeiten* von Leistungen werden geöffnet: Dabei ist immer wieder zu fragen, was eigentlich die Präsentation einer Leistung über die verbale Wiedergabe hinaus bedeuten könnte. Man denke an den Begriff »Performance«, der im Englischen sowohl für Leistung als auch für Aufführung steht. In der Debatte um eine Erweiterung der Präsentationsformen ist das Portfolio-Konzept[5] besonders hervorzuheben.
- Über das Kognitive hinaus werden *emotionale Aspekte der Leistung* gesehen und ihre Wirkung stärker berücksichtigt: Freude, innerliche Befriedigung und die Motivationskraft durch das Erbringen von Leistungen spielen mit eine Rolle.
- Schließlich wird die *dynamische Qualität von Leistung* hervorgekehrt, ihre Abhängigkeit von der Situation, den Umständen und vom Aushandeln und Kommunizieren der Kriterien, das immer wieder neu und explizit geschehen müsste.

Wenn man Leistung so weit fasst, wird plötzlich das, was bisher ein besonders herausfordernder Sonderfall war, nämlich der Umgang mit kreativen Leistungen, zum Normalfall.

2. **Stärkung von Formen der Selbstauswertung gegenüber der Fremdbewertung**

Wenn eine Umorientierung vom Lehren auf das Lernen geschehen soll, wie kommt dann eigentlich das Lernen in die Verantwortung der Schüler und Schülerinnen? Die Diskussion um die neue Lernkultur hat u. a. zur Folge, dass das Lernen selbst zum Gegenstand der Betrachtung wird, denn das Lernen soll gelernt und eigentlich auch beurteilt werden.

Die Schüler selbst müssen gut verstehen, wie ihr Lernen funktioniert, was ihnen hilft, welche Zeiten und Räume dafür günstig sind, wie sie Fortschritte erkennen. Sie sollten diese Bewusstheit auch zum Ausdruck bringen und für sich nützen können. Das gezielte Nachdenken über das Lernen – schriftlich und

---

[5] Eine schöne, aktuelle Zusammenfassung des Standes der Portfolioarbeit findet sich in der Publikation von BRUNNER / HÄCKER / WINTER.

mündlich – die Fähigkeit, Rückmeldungen zu geben und auch nehmen zu können, wird in diesem Fall von entscheidender Bedeutung sein.

Formen der Selbstauswertung sind durchaus in Gebrauch – sie finden vor allem dort Verwendung, wo Freiarbeit vorgesehen ist, etwa beim Stationenlernen. Es scheint mir aber, dass ihre Bedeutung entscheidend steigen müsste, wenn sich Schüler für ihr Lernen maßgeblich verantwortlich fühlen sollen. Wenn die Auswertung eigener Leistungen systematisch gepflegt und die Maßstäbe dabei gemeinsam entwickelt werden, ist die Bewertung durch den Lehrenden keine Überraschung mehr.

Als Beispiel für eine Form der Selbstauswertung könnte der am Ende des Artikels beigefügte Kompetenzbogen dienen.[6] Er ist als mögliche Sammlung von Leistungselementen zu verstehen, die auch Interessen und Erfahrungen mit einbeziehen und sogar Raum für all das lassen, was den Betreffenden selbst als Leistung erscheint und dem Lehrer möglicherweise entgeht. Er ist vor allem ein Versuch, die Eignerschaft von Leistung bei den Schülern und Schülerinnen zu stärken. Die Umgangsweisen mit diesem Kompetenzbogen können vielfältig sein. Er braucht sicher eine einführende und immer wieder aufgegriffene Verständigungsphase. Er könnte in bestimmten Abständen von den Schülern selbst ausgefüllt, in Teams besprochen, mit Hinweisen vom Lehrenden versehen werden. Er könnte immer wieder ein Orientierungspunkt in der Arbeit einzelner Unterrichtsstunden sein und sich dadurch nach und nach in seiner Bedeutung und den darin sedimentierten Ansprüchen konkretisieren.

3. Die Auswertung an den Anfang denken

Experten für Evaluation in allen erdenklichen Bereichen außerhalb der Schule betonen immer wieder, dass die Auswertung mit der Planung eines Projekts oder sonstigen Vorhabens beginnt. Auf den Unterricht übertragen bedeutet dies, dass die Vorstellung, man würde erst einmal unterrichten und danach sehen, wie die Leistungen bewertet werden, nicht nur wenig zielführend ist, sondern Teil des Problems in diesem Feld. Hier geht es nicht darum, von Anfang an die Prüfung im Auge zu haben und Lernen endgültig unter ständige Kontrolle zu stellen, sondern vielmehr um die Profilierung und die Transparenz dessen, was der zukünftige Arbeitsprozess bringen könnte, welche Dimensionen dabei erfasst werden sollen.

---

[6] Er wurde von Tobias Dehler im Rahmen seiner Examensarbeit an der Hochschule für Musik Köln zu Offenen Lernformen im Musikunterricht entworfen und wird derzeit an einer Gesamtschule in Düren in der Nähe von Köln in der Klassenstufe 5 erprobt.

So brauchen zum Beispiel eigene Recherchearbeiten der Schüler und Schülerinnen zu einem musikalischen Thema die Auseinandersetzung mit der Frage, wobei es darauf eigentlich ankommt und was eine gewisse Expertenschaft darin bedeutet. Welche Informationen sind repräsentativ für den Stand des Wissens, was ist gesichert, was relevant? Präsentationen von Wissen und Können durch die Schüler in der Klasse, um ein weiteres Beispiel zu nennen, erfordern die Einigung über Qualitätsstandards, um die Unterrichtszeit gut zu nützen. Ist die Darstellung mündlich und über sonstige Medien anschaulich? Zeigt sie Vernetzungen zu anderen Gegenstandsbereichen auf? Lädt sie zu weiterführenden Fragen ein? Gibt es vielleicht eine Verständigung über die aktive Einbeziehung der Gruppe?[7]

All dies sind bereits entscheidende Auswertungsfragen, die je nach Situation und Gruppe unterschiedlich ausfallen können, aber in jedem Fall den selbständigen Arbeitsprozess steuern helfen. Je fortgeschrittener Schüler und Schülerinnen sind, desto wichtiger wird deren Teilhabe an der Entwicklung von Qualitätskriterien.

Die Klärung von Bewertungskriterien zu Beginn entlastet die Lernenden. Wenn dies nicht geschieht, werden dennoch, aber ungünstigerweise unausgesprochen mit jedem Unterrichtsimpuls, Botschaften über das Bild von Leistung und ihrer Bewertung ausgegeben. Wie oft sind Schüler darauf angewiesen, den Code hinter den Unterrichtshandlungen selbst zu entschlüsseln? Dass das Leistungsverständnis und die Kriterien verborgen sind, merkt man vielleicht erst an Nachfragen. Ein Kompetenzbogen wie der oben angedeutete ist damit kein Anhängsel, sondern ein Begleiter. Er eröffnet die Möglichkeiten des Lernens schon zu Beginn, schafft Orientierung, hilft beim Innehalten und hält trotzdem noch Raum für das Unerwartete und die Eigeninterpretation bereit.

4. Bewertungsformen brauchen Fantasie wie jeder andere Aspekt des Unterrichts

Viele übliche Bewertungsformen sind weder bei Schülern noch bei Lehrern beliebt. Sie tendieren dazu, als notwendiges Übel angesehen zu werden. Wer prüft schon gerne. Vielfach stehen sie isoliert neben der sonstigen Unterrichtsarbeit, sind methodisch nicht integriert und da in ihrer Form stark vorgeprägt

---

[7] Das Konzept »Lernen durch Lehren« setzt stark auf die Verantwortlichkeit für den Inhalt und seine Präsentation bei den Schülern und lebt selbstverständlich von der Klärung entsprechender Anforderungen von Anfang an. Als Einführung in dieses Prinzip könnte der Beitrag von MARTIN, S. 3ff., dienen.

(Klassenarbeit, mündliche Wiederholung, Test) auch nicht unbedingt Anlass für Gestaltungsphantasie. Sie sind also zumeist auch nicht herzeigbar. Das dokumentiert sich beispielsweise in der Praxis von Musterstunden. Referendare und Referendarinnen haben – zumindest ist dies in Deutschland immer noch zu beobachten – einen gewissen idealtypischen Stundenaufbau zu verfolgen, der grob gesagt von einer Themeneröffnung oder einer möglichst motivierenden Fragestellung über die Erarbeitungsphase zu einer Zusammenfassung mit Impuls für die Sicherung der Lernergebnisse reicht. So endet jede Stunde mit einem Übungs- und Auswertungsimpuls, aber keine beginnt mit einem solchen.

Die Auseinandersetzung mit der so genannten neuen Lernkultur bringt auch eine Hinwendung zu Auswertungsformen, die über das Sprechen und Schreiben hinausgehen, die integrativ sind und analytische, kreative und kommunikative Kompetenzen in einem Fach verbinden, die dialogisch angelegt sind und einen Rückmeldefluss anregen und die schließlich mit methodischer Phantasie von Anfang an mitkonzipiert sind.

In diesem Sinne verfolgte eine Kollegin im Rahmen einer Fortbildungsveranstaltung eine Zeit lang das Ziel, Bewertungsformen bewusst neu zu gestalten und damit zu experimentieren. Podiumsdiskussionen, verfilmte Rollenspiele, musikalische Präsentationen live und in Tondokumenten, Hörtagebücher und vieles mehr sind dabei entstanden. Die sonst geforderte methodische Vielfalt hat sich verstärkt auf die »Aufführung« der Leistungen ausgeweitet und damit die Konzentration auf das gebracht, was ihr eigentlich wichtig war.

Es geht nicht darum, die eingeführten Beurteilungsformen zu verbannen. Sie sind aber daraufhin zu befragen, was an ihnen in der jeweiligen Schule als unverrückbare Vorgabe aufscheint, was adaptierbar wäre und inwieweit das Feld solcher phantasievoller Rückmelde- und Bewertungsformen ausgebaut werden könnte. Herzeigbare Leistungen brauchen präsentable Szenerien.

5. Die Konzentration auf das Eigentliche oder gegen den »heimlichen Lehrplan« von Prüfungsritualen

Schüler lernen auf jeden Fall. Viel Lernen spielt sich aber auf einer Hinterbühne ab und ist nicht intendiert. Der »heimliche Lehrplan« wirkt vor allem in Prüfungssituationen, die hoch emotionalisiert und biographisch bedeutsam sind. Man könnte vermutlich Bücher darüber schreiben, wie Schüler bei Multiple-Choice-Tests mit Wahrscheinlichkeiten rechnen, wie sie Techniken entwickeln, das herauszufinden, was der Lehrer wissen will und wie er es wissen will.

Diese Hinterbühne wird es immer geben. Aber das Ausmaß an Energie und die

Ablenkung vom Eigentlichen ist beeinflussbar. Unter diesem Gesichtspunkt wäre eine Leitfrage als Lehrer oder Lehrerin, welchen heimlichen Lehrplan provoziere ich und wie kann die Konzentration auf das Eigentliche gefördert werden?

6. Realistische Präsentationsformen

Prüfungsrituale können vielfach zu einer Art paralleler Wirklichkeit werden. Sie entfalten eine Eigendynamik und einen Selbstzweck, der auch die Vorbereitungsphase in Geiselhaft nimmt. Zur Veranschaulichung mögen Beispiele aus dem Musikhochschulleben dienen.[8]

Studierende des Lehramts Musik beschließen ihre künstlerische Ausbildung im Hauptfach mit dem Vortrag eines 30-minütigen Programms in einem kleinen Unterrichtsraum vor einer Kommission von drei Dozenten bzw. Dozentinnen. Sie verfassen vier Stunden lang in ihrer Handschrift – eine mittlerweile ganz ungewohnte Tätigkeit für diese Länge – eine Arbeit zu einem ihnen möglichst unbekannten Thema. Sie erhalten eine Frist von drei Monaten, um ein Thema, das sie sich ebenfalls nicht selbst gewählt haben, in einer schriftlichen Examensarbeit umzusetzen. Welchen Realitätswert haben solche Prüfungsformen und worauf zielen sie ab?

Eigentlich sollte es doch selbstverständlich sein, eine künstlerische Präsentation vor einem Publikum zu feiern – im Bereich Jazz und Populäre Musik ist dies auch jetzt schon gelebte Praxis. Das Auffinden einer Fragestellung, die Entwicklung eines Themas ist eine Grundlage des Forschens im weitesten Sinn. Genau dies wird aber durch die Verordnung von Themen verhindert. Viele andere negative Begleiterscheinungen solcher Prüfungspraxis ließen sich noch erörtern. Am schwersten wiegt aber, dass die zukünftigen Lehrer und Lehrerinnen mit einer Bewertungskultur aufwachsen, die sie entsprechend den Anforderungen moderner Pädagogik eigentlich in ihrer eigenen Praxis später überwinden müssten.

Auch für Hochschulen und Universitäten gilt, dass sie häufig an Beurteilungsritualen festhalten, die im Rahmen der gesetzlichen Vorgaben veränderbar wären. So lässt die aktuelle Prüfungsordnung für Nordrhein-Westfalen durchaus Raum für alternative Formen offen. Es wäre also möglich, andere Präsentationsformen zu entwickeln, z. B. Statements mit Podiumsdiskussion, kleine wissenschaftliche Vorträge, vielleicht mit künstlerischen Demonstrationen und

---

[8] Diese Beispiele stammen aus der Prüfungspraxis, die zumindest derzeit noch weitgehend an der Hochschule für Musik Köln üblich ist. Sie sind Ausdruck für eine Prüfungskultur, die in Deutschland leider eher der Norm als der Ausnahme entspricht.

auch Projekte, die künstlerische, wissenschaftliche und pädagogische Leistungen verbinden und Einzelprüfungen bündeln.[9]

Je realistischer die Form einer Leistungspräsentation ist, je situierter, je im positiven Sinne komplexer sie sein darf, desto mehr besteht die Chance auf eine positive Identifizierung.

7. Auswertung als Anlass für Kommunikation

Der Pädagoge Felix Winter bringt in dem »Handbuch Portfolioarbeit« aus dem Jahr 2006 seine Bedenken über die unbefriedigende Kommunikation rund um Leistungen in der Schule zum Ausdruck:

»Nachdem sie gerade eine Note erhalten haben, reden viele Schüler nicht gern mit ihren Lehrern. Diejenigen, deren Arbeit sehr gut beurteilt worden ist, wollen sich zunächst vor allem einmal darüber freuen (…). Von der Note ›befriedigend‹ an geraten die Schüler meist in Rechtfertigungsdruck im Hinblick auf ihre realen oder vermeintlichen Fehler. Oft sind sie auch enttäuscht oder gar verletzt. Sie mutmaßen nicht selten, dass man sie nicht mag, und nehmen Zuflucht zu Erklärungen, die ihren Selbstwert schützen sollen.«[10]

Das ist keine Einzelbeobachtung. Ich will sie noch ergänzen durch die spezielle Form verordneter Kommunikationsverweigerung über Leistungen, wie sie rund um Examensprüfungen am Ende des Lehramtsstudiums kultiviert werden.

Studierende gehen in ihre letzten Prüfungen und nach ihrem Vollzug herrscht erst einmal Stille. Die Gutachten sind offiziell nicht zugänglich. Klausuren und Examensarbeiten verschwinden im Hochsicherheitstrakt der Prüfungsarchive. Sie sind mit den Rückmeldungen dort erst einmal schwer zugänglich. Sollte jemand Einblick nehmen wollen, bedeutet dies üblicherweise ein Problem. Selbst

[9] An der Hochschule für Musik Köln absolvieren gerade die ersten Lehramtsstudierenden solche »Integrativen Projektprüfungen«. Sie können in einem selbst entwickelten, im weitesten Sinne pädagogischen Projekt bis zu fünf Einzelprüfungen aus den Bereichen künstlerische Fächer, Musikwissenschaft und Musikpädagogik zusammenfassen. Sie suchen sich dafür eine Zielgruppe innerhalb oder außerhalb der Schule, führen das Projekt durch, halten es schriftlich und mit Ton- und Bilddokumenten fest und reflektieren es anschließend in einem Kolloquium mit einer gemischten Kommission. Auf diese Weise entstehen Gesprächskonzerte, interdisziplinäre Kompositionsprojekte, multimediale musikalische Präsentationen mit Beteiligung des Publikums und vieles mehr. Die Entwicklung eines Projekts braucht eine frühe Vorbereitung im Hauptstudium und wirkt in die Fokussierung der Studieninhalte hinein. Darüber hinaus sind Dozenten der verschiedensten Fächer mit einer Anwendungsdynamik konfrontiert, die sie ganz neu herausfordert.
[10] WINTER 2008a, in: BRUNNER/HÄCKLER/WINTER, S. 19ff.

die bloßen Zensuren werden im Normalfall lange zurück gehalten. Welche Botschaften über den Umgang mit Leistungen werden hier vermittelt? Verhält es sich nicht mit Abiturarbeiten ähnlich?

Hier wirkt Leistungsbeurteilung wie eine Sackgasse, ein toter Punkt, während sie doch einen weitertreibenden Effekt entwickeln sollte. Neue Methoden der Leistungsbeurteilung und insbesondere das Propagieren einer ausgebauten Beratungs- und Feedbackkultur an Schulen und Hochschulen sind dieser Entwicklungsdynamik verpflichtet.[11]

III. Musikunterricht – ein Sonderfall der Leistungsbewertung?

Der Umgang mit Leistung ist ein zentrales Moment jeder pädagogischen Arbeit. In ihrer Bewertung spiegelt sich die pädagogische Kultur einer Institution wider und sie ist ein Indikator dafür, ob ein Paradigmenwechsel vom Lehren zum Lernen ernst gemeint ist. Auf die Probleme herkömmlicher Leistungsbewertung wurde in der pädagogischen Literatur wiederholt hingewiesen. Sie wird sogar als retardierendes Moment für die pädagogische Innovationsfähigkeit und für die Schulentwicklung insgesamt angesehen.[12]

Musikunterricht wird seit seiner Einpflanzung in den schulischen Fächerkanon von ihren Vertretern als latent bedrohte Spezies wahrgenommen. Seine innerinstitutionelle Rolle wurde unter anderem an etwas gemessen, das man die Kapitalkraft der Leistungsbeurteilung nennen könnte. Was bedeutet die Zensur im Verhältnis zu anderen Fächern? Welche als wichtig und weniger wichtig angesehenen Beurteilungsformen werden angewandt? Wird Musik einbezogen, wenn es um hoch selektionswirksame oder prominente Prüfungen geht, z.B. Abitur, Leistungsstanderhebungen, internationale Leistungsstandardtests?

Musik erscheint historisch gesehen wie ein Seiteneinsteiger in den Leistungsbeurteilungszirkus der Schule. Als Fach hat es sich die Rituale mehr oder weniger zu eigen gemacht. Vielfach zeigt sich aber auch eine Form der Unterwanderung und bewussten Relativierung des Systems, etwa durch eine Zensurengebung zwischen 1 und 3. Relevante Daten über die Verfahrensweisen von Musiklehrenden sind jedoch noch nicht verfügbar. Um dieses Thema ist es in der Musikpädagogik auffallend still. Alleine der Blick hinter die Kulissen dieser Zurückhaltung würde eine eigene Forschungsarbeit erfordern.

---

[11] Hinweise dazu finden sich etwa in WINTER 2008 und BOHL.
[12] Vgl. SCHRATZ.

Vor diesem Hintergrund spielt dieses Fach eine Sonderrolle. Die Formen der Leistungsbewertung sind insgesamt in der Diskussion und in den Grundzügen für alle Fächer gleichermaßen reformbedürftig. Musik hat allerdings wie andere künstlerische Fächer die Gelegenheit, bestimmte Aspekte ihres Gegenstandes besonders zu beleuchten. So bietet es sich an, den Umgang mit kreativen Prozessen und Produkten sowie die Entwicklung ästhetischer Urteilsfähigkeit zu üben. Hier zeigen sich zum Beispiel im Bereich der Bildenden Kunst oder in der Deutschdidaktik (»Kreatives Schreiben«) vielversprechende Ansätze.

Um dem »Wag-the-Dog«-Effekt gezielt entgegenzuwirken, könnte man Bewertungsformen auf die folgenden Effekte hin befragen:

- Tragen sie dazu bei, Leistungen entdecken zu helfen und für die Betreffenden sichtbar zu machen im Gegensatz zum Erzeugen schablonisierter und erwartbarer Handlungen? So wird im Musikunterricht das Benennen von Notennamen oder Intervallen häufig mit musikalischer Literalität verwechselt. Analog zur Sprache ist aber zu beobachten, dass Kinder viel mehr über ein Musikstück verstehen als sie vor allem in Fachsprache zu sagen vermögen. »Abfragen« müsste also auch komplexere Fähigkeiten erfassen können.
- Unterstützen Bewertungsformen die Würdigung von Leistungen im Gegensatz zur Fehlerorientierung, die in Bildungsinstitutionen immer noch stark präsent ist? Das Lernpotenzial, das in all jenen Handlungen liegt, die vorerst »falsch« wirken, ist enorm und seine Entdeckung lohnt sich.[13]
- Lassen Beurteilungsformen die Vielfältigkeit des Gegenstandes zu, anstelle einer Tendenz zur Einengung durch das Raster der Leistungsbeurteilung? Traditionelle Bewertungsformen tragen eine starke Tendenz zur Taxierung in »richtig« und »falsch« in sich. Viele wünschenswerte Inhalte des Musikunterrichts bedürfen jedoch komplexer Werkzeuge, die auf den Aufbau von Kriterien, auf musikalische und sprachliche Ausdrucksfähigkeit und auf die Fähigkeit zur Einbeziehung des Lernkontextes angewiesen sind. Der Umgang mit kreativen Aufgaben ist nur ein besonders hervorstechendes Beispiel dafür.[14]

---

[13] Alleine die Übertragung eines einfachen Rhythmus' in Symbole ist eine Reise in die Welt des Hörens von Kindern. Manche achten vor allem auf die einzelnen Tondauern und versuchen eine Darstellung der Verhältnisse, anderen sind die Pausen besonders wichtig und sie geben ihnen Raum, andere betonen die Klangfarbe des Gehörten, wieder anderen ist die Akzentuierung besonders aufgefallen und ihre zeichnerischen Darstellungen versuchen diese Facette einzufangen. Wenn man vor allem das Verhältnis der Tonlängen thematisieren wollte, könnten die anderen Lösungen falsch erscheinen. Diese Fülle könnte aber auch Ausgangspunkt für die Entfaltung von musikalischen Parametern aus der Ganzheit der Musik sein.

[14] Siehe dazu auch einige Hinweise in STÖGER.

- Werden Beurteilungen als Impuls erlebt und eröffnen sie Perspektiven oder führen sie zur oben erwähnten Sprachlosigkeit durch den Verschlusscharakter, den gerade die Zensurengebung und die Rituale um sie herum häufig hervorrufen?
- Vor allem aber müsste erkennbar sein, ob Rückmeldungen über Leistungen Lust auf weitere Leistungen machen.

Es erschiene mir durchaus lohnend, die Chancen der Peripherieposition des Faches Musik, die so oft beklagt wird, aktiv zu nützen, das allgemeine Unbehagen über die Passung von Leistungsbeurteilungsritualen mit dem Musikunterricht bewusst zu sehen und ein Experimentierfeld zu eröffnen, das der Schule insgesamt wieder zugute kommen könnte.

Literatur

BOHL, THORSTEN (2005): *Prüfen und Bewerten im Offenen Unterricht*. Weinheim / Basel. 3. Auflage

BRUNNER, ILSE / HÄCKER, THOMAS / WINTER, FELIX (Hg.) (2008): *Das Handbuch Portfolioarbeit. Konzepte – Anregungen – Erfahrungen aus Schule und Lehrerbildung*. Seelze. 2. Auflage

KAHL, REINHARD (2004): *Treibhäuser der Zukunft. Wie in Deutschland Schulen gelingen*. Film. Archiv der Zukunft

MARTIN, JEAN-POL (2002): *Lernen durch Lehren (LdL)*, in: Die Schulleitung – Zeitschrift für pädagogische Führung und Fortbildung in Bayern, H. 4, S. 3–9

SCHRATZ, MICHAEL (1994): *Das retardierende Moment. Wie die Leistungsbeurteilung den pädagogischen Fortschritt hemmt*. Informationen zur Deutschdidaktik 18, H. 2, S. 17ff.

STÖGER, CHRISTINE (2006): *Leistungsbeurteilung im Musikunterricht*, in: AfS-Magazin 22, S. 4–9. Online abrufbar unter : http://www.afs-musik.de (zuletzt geprüft am 02.08.2008)

WINTER, FELIX (2008): *Leistungsbewertung. Eine neue Lernkultur braucht einen anderen Umgang mit den Schülerleistungen*. Hohengehren. 3. Auflage

WINTER, FELIX (2008a): *Etwas, worauf man stolz sein kann*, in: BRUNNER u.a. (Hg.) (2008), S. 19ff.

Christine Stöger

**Kompetenzbogen Musik
von**

_____

_____

(Datum)

Das weiß ich ...	stimmt voll und ganz	↔			stimmt überhaupt nicht
Ich kenne mich gut aus mit Musik, Musikern und Komponisten aus vergangenen Jahrhunderten.	☐	☐	☐	☐	☐
Ich kenne mich gut aus mit Musik aus anderen Ländern und anderen Kulturen.	☐	☐	☐	☐	☐
Ich kenne mich gut aus mit Musik aus der heutigen Zeit, mit heutigen Musikern und heutigen Komponisten.	☐	☐	☐	☐	☐
Ich kenne mich gut aus mit unterschiedlichen Instrumenten, kenne ihren Klang und weiß, wie die Töne entstehen.	☐	☐	☐	☐	☐

Das kann ich ...	stimmt voll und ganz	↔			stimmt überhaupt nicht
Ich habe gute Ideen, wie man Musik selber machen kann.	☐	☐	☐	☐	☐
Ich kann Musik gut aufschreiben, auch so, dass Andere sie verstehen.	☐	☐	☐	☐	☐
Wenn ich Noten sehe, kann ich mir zumindest ungefähr vorstellen, wie die Musik klingen soll.	☐	☐	☐	☐	☐
Ich kann so über Musik sprechen, dass die Anderen verstehen, was ich meine.	☐	☐	☐	☐	☐
Ich kann Musik, die ich höre, gut in etwas Anderes übersetzen, z. B. in ein Bild, einen Tanz oder etwas anderes.	☐	☐	☐	☐	☐
Ich traue mich, meine Stimme als Instrument einzusetzen. Ich benutze sie zum Singen und zum Improvisieren.	☐	☐	☐	☐	☐
Es fällt mir leicht, Instrumente musikalisch einzusetzen. Dazu gehört auch, dass ich sie zum Improvisieren benutze.	☐	☐	☐	☐	☐

Lernen im Dienste der Leistungsbewertung?

Ich kenne viele unterschiedliche Lieder, die ich auswendig singen oder auf einem Instrument spielen kann.	☐	☐	☐	☐	☐
Wenn ich Musik höre oder in Noten sehe, entdecke ich viele Regeln, wie der Komponist die Musik gemacht hat.	☐	☐	☐	☐	☐
Für manche Musik hat sich der Komponist eine Vorlage gesucht (z. B. ein Bild, eine Geschichte, etc.). Ich entdecke meist viele Gemeinsamkeiten oder Unterschiede zwischen der Vorlage und der Musik.	☐	☐	☐	☐	☐
Ich kann Anderen gut Dinge erklären.	☐	☐	☐	☐	☐
Ich finde meistens die richtige Form, meine Ergebnisse zu präsentieren.	☐	☐	☐	☐	☐
Es fällt mir leicht, mit Anderen zusammenzuarbeiten.	☐	☐	☐	☐	☐
Ich kann gut Texte schreiben, z. B. Songtexte, Gedichte, Geschichten, Aufsätze, Lexikonartikel etc.	☐	☐	☐	☐	☐
Ich kann gut forschen, z. B. über frühere Jahrhunderte, fremde Länder oder Musiker und Komponisten.	☐	☐	☐	☐	☐
Ich kann gut mit dem Computer umgehen, z. B. aufnehmen, Noten schreiben etc.	☐	☐	☐	☐	☐
Ich kann gut mit anderen technischen Geräten umgehen, z. B. Aufnahmegeräte, Mischpult etc.	☐	☐	☐	☐	☐
Ich kann gut planen und organisieren, z. B. Klassenkonzerte, Vorträge oder eigene Unterrichtsstunden.	☐	☐	☐	☐	☐

Das interessiert mich ...	stimmt voll und ganz		↔		stimmt überhaupt nicht
Ich höre mir gerne Musik an, die ich nicht kenne.	☐	☐	☐	☐	☐
Ich höre mir gerne Musik an, die Andere aus der Klasse gemacht haben.	☐	☐	☐	☐	☐
In meiner Freizeit höre ich gerne Musik, die mir gefällt.	☐	☐	☐	☐	☐
Ich komponiere gerne selber Musik.	☐	☐	☐	☐	☐
Ich mache gerne selber Musik, z. B. auf Instrumenten oder mit meiner Stimme.	☐	☐	☐	☐	☐
Ich diskutiere gerne über Musik, auch darüber, ob ich sie gut oder schlecht finde.	☐	☐	☐	☐	☐

Christine Stöger

Expertenwissen ...	stimmt voll und ganz		↔		stimmt überhaupt nicht
Ich kann gut Noten lesen, aufschreiben und am Instrument umsetzen.	☐	☐	☐	☐	☐
Ich kann gut Partituren lesen, darin einzelne Stimmen verfolgen und »voraushören«.	☐	☐	☐	☐	☐
Ich kenne mich aus mit Gattungen und Stilistiken klassischer Musik und kann die wichtigsten gut unterschieden.	☐	☐	☐	☐	☐
Ich kenne mich aus mit musikalischen Epochen und kann die wichtigsten gut unterschieden.	☐	☐	☐	☐	☐
Ich kenne mich aus mit Stilistiken populärer Musik und kann die wichtigsten gut unterschieden.	☐	☐	☐	☐	☐
Ich bin gut in klassischer Harmonielehre.	☐	☐	☐	☐	☐
Ich bin gut in Jazz- und Popharmonielehre.	☐	☐	☐	☐	☐
Ich bin gut in Gehörbildung.	☐	☐	☐	☐	☐
Ich bin gut in Formenlehre.	☐	☐	☐	☐	☐
Ich kann ein oder mehrere Instrumente richtig gut spielen.	☐	☐	☐	☐	☐
Ich kann gut singen.	☐	☐	☐	☐	☐

Diese Erfahrungen habe ich gemacht ...	
Wenn ich Musik höre, passiert es manchmal, dass	
Wenn ich mit Anderen zusammen Musik mache, passiert es manchmal, dass	
Wenn ich selber Musik komponiere, passiert es manchmal, dass	

Was mir sonst noch für meinen Kompetenzbogen wichtig ist ...	
Dinge, die ich in diesem Halbjahr gemacht habe.	
Dinge, die ich gut kann, die aber nicht auf dieser Liste stehen.	
Dinge, die ich demnächst unbedingt machen will.	

© Tobias Dehler, Köln 2008

Heinz Geuen

»Das kann ich schon!« –
Leistungsbewusstsein als Element individueller Lernweggestaltung im Musikunterricht

I. Anmerkungen zur Ambivalenz des Leistungsbegriffs im Bildungsdiskurs

Leistung, »Leistungsprinzip« und Leistungsmessung sind Kategorien, die im Bildungsdiskurs der zurückliegenden Jahrzehnte eine vielschichtige und ambivalente »Karriere« hinter sich haben. So weist Eiko Jürgens darauf hin, dass insbesondere im Kontext der Diskussion um die »Leistungsgesellschaft« der Kategorie Leistung eine gesellschaftliche Ordnungsfunktion zukomme: Individuelle Leistung sei zumeist eng mit äußeren Maßstäben verbunden, Leistungsgerechtigkeit schlage sich in Verteilungschancen nieder und Leistungsbeurteilung sei vor allem ein Indikator für Erfolgschancen.[1]

Die Genese dieses sozio-ökonomischen Leistungsbegriffes im Bildungswesen ist noch vergleichsweise jung. Für Bildungskonzepte bis zum Ende des 19. Jahrhunderts spielt er jedenfalls keine zentrale Rolle, so dass sein (erziehungs-)wissenschaftlicher Werdegang, wie Karlheinz Ingenkamp herausstellt, erst um 1930 beginnt. Die Vorstellung, Leistung sei in erster Linie eine abzurufende und zu dokumentierende Forderung an Schülerinnen und Schüler, dominiert bis in die 60er-Jahre des 20. Jahrhunderts hinein pädagogisches Denken. Es ist offenkundig, dass ein solches Leistungskonzept auch mit einer entsprechenden gesamtgesellschaftlichen Erwartung an die Funktion und den Nutzen der Institution Schule korreliert.[2]

Gegen diesen gesellschaftlich-ökonomistischen Leistungsbegriff entwickelte sich insbesondere seit 1970 mit den Bildungsreformen im Umfeld der Arbeit des

---

[1] Jürgens, S. 13f.
[2] Ingenkamp.

Deutschen Bildungsrates[3] ein pädagogischer Leistungsbegriff, der (individuelle) Leistung nicht mehr ausschließlich als Input-Output-Resultat versteht, sondern Leistung im Kontext von Selbst- und Mitbestimmung sieht. Eine »demokratische Leistungserziehung« begreift Schule nicht als gesellschaftliche Instanz, die als relevant erachtete Anforderungen an Schülerinnen und Schüler lediglich »umzusetzen« habe, sondern als pädagogische Institution, in der die »Fähigkeit zur Lenkung und Korrektur des Leistungsverhaltens zu entfalten und nach Kräften zu unterstützen« sei.[4] Damit wurden (schulische) Leistungsanforderungen einerseits zu didaktisch sorgfältiger zu begründenden Kategorien und andererseits zum Feld einer differenzierten pädagogischen Diagnostik, denn Leistung bezieht sich nicht mehr nur auf materiale Kataloge, sondern auch auf die individuellen Möglichkeiten und Grenzen der Lernenden, den Zusammenhang von Lernprozess und Lernprodukt und auf die Bedeutung der sozialen Gruppe für das Leistungsverhalten. Ein solcherart offenes oder zumindest offeneres Leistungsverständnis eröffnete bildungspolitisch und didaktisch folglich auch den Diskurs darüber, ob bzw. inwieweit schulische Leistungsanforderungen weiterhin Normen (»Standards«) abbilden sollen oder »offen« zu sein haben.

Zu einer bis heute anhaltenden Polarisierung des pädagogischen Leistungsbegriffs hat die gut vierzig Jahre andauernde Schulstruktur- und Schulsystemdebatte in Deutschland nicht unwesentlich beigetragen. »Für« Leistung zu sein entsprach nicht selten einer Positionierung für das vermeintlich nach Leistungsprinzipien geordnete dreigliedrige Schulsystem, als »Leistungsgegner« wurden zuweilen diejenigen betrachtet (bzw. betrachten sich diejenigen partiell sogar selbst), die für integrative Systeme eintraten und damit (aus der Blickrichtung der Kritiker) mutmaßlich einer Leistungsnivellierung zuarbeiteten.

Die Post-PISA-Debatte um Kompetenzen und Standards hat erfreulicherweise zu einer Differenzierung des Blicks auf schulische Leistungsanforderungen (und im Übrigen auch auf die Leistungsfähigkeit von Schulen!) beigetragen und dabei eine Mehrdeutigkeit der Begriffe Bildung und Leistung zu Tage gefördert. Dazu möchte ich zwei Aussagen zitieren und vergleichen:

1. »BILDUNG WIRD auf Leistung engeführt, tendenziell sogar DURCH DEN LEISTUNGSBEGRIFF ERSETZT. (…) Die Tendenz, den Wert eines Menschen ausschließlich an seinen Leistungen zu messen, ist genau das Gegenteil der dem modernen Bildungsbegriff inhärenten Offenheit. Der Leistungs-Diskurs

---

[3] Vgl. dazu: Deutscher Bildungsrat.
[4] JÜRGENS, S. 23.

verabschiedet zunehmend die auf Offenheit hin angelegten Dimensionen des Bildungsdiskurses.« (Petra Korte[5])
2. LEISTUNG bedeutet »die Manifestation eines menschlichen Grundbedürfnisses, eine MÖGLICHKEIT DER INDIVIDUELLEN SELBSTVERWIRKLICHUNG durch Erfahrung eigener Selbstwirksamkeit; Leistungsmessungen und die damit verbundenen Möglichkeiten des Leistungsvergleichs (…) stellen wichtige Bedingungen der Möglichkeit zur rationalen Begründung bildungspolitischer Entscheidungen, zur Steuerung der Schulentwicklung, zur Verbesserung der Schulqualität und zur reflexiven Vergewisserung des Verhältnisses von Anspruch und Wirklichkeit bei Politikern, Lehrern, Eltern und Schülern dar.« (Franz E. Weinert[6])

Es wird deutlich, dass in den Stellungnahmen der beiden Bildungsforscher die eingangs angedeutete Ambivalenz des pädagogischen Leistungsbegriffs einerseits eine Differenzierung erfahren hat, andererseits jedoch keineswegs überwunden ist. Petra Korte sieht Bildung und Leistung grundsätzlich als Gegensatzpaar und betrachtet Bildung als Selbst-Bildung des Individuums. Der Leistungs-Diskurs wird als vom (offenen) Bildungsbegriff sich absetzende Tendenz zur Normierung und zur Output-Orientierung gesehen. Folglich wird auch die Kategorie Leistung als Indiz für eine ökonomistisch verfasste Leistungsgesellschaft verstanden und negativ konnotiert.

Weinert betont den existentiellen Aspekt von Leistung für den Lernenden im Sinne eines emanzipatorisch verstandenen Leistungsbegriffs. Er geht aber gleichwohl darüber hinaus, indem er Leistungsmessung nicht ausschließlich, aber durchaus maßgeblich als gesellschaftliche Aufgabe sieht und zwar als Evaluationsmaßnahme für ein an Standards orientiertes Qualitätsmanagement. Im Unterschied zu einer rein ökonomistischen Sichtweise wird hier die Notwendigkeit (rationaler) Begründung von Leistung und Leistungsanforderung betont, ebenso die Dimension von Leistung als Element gesellschaftlicher und politischer Partizipationsprozesse. Damit positioniert Weinert seinen Leistungsbegriff in einem Zwischenfeld von internem (individuellem) und externem (gesellschaftlich zu vereinbarendem) Leistungsdenken und bleibt somit im Gegensatz zu Korte uneindeutig. Zugleich öffnet und differenziert er aber dieses Feld, in dem er Leistung als »Manifestation eines menschlichen Grundbedürfnisses« und als »Möglichkeit der individuellen Selbstverwirklichung« betrachtet, die zu Erfahrungsdimensi-

---

[5] KORTE, S. 41 und 56.
[6] WEINERT, S. 18.

onen werden soll (»Erfahrung eigener Selbstwirksamkeit«). Die gesellschaftliche Dimension erscheint als (rational auszuhandelnde oder bereits ausgehandelte) Referenzebene, die ihrerseits auf die individuelle Leistungsdimension einwirkt. Weinerts Definition erscheint mir insofern realistisch, als dass sie den zentralen Zusammenhang von Leistung und Lernen für das Individuum in sich aufnimmt und zugleich nicht so tut, als fände schulisches Lernen (und Lehren) nur »individuell« quasi auf gesellschaftlich neutralem Boden statt.

Die Ambivalenz des Leistungsbegriffs im Spannungsfeld von subjektiver Bedeutsamkeit bzw. Wirksamkeit von Leistungen und gesellschaftlich vermittelten Ansprüchen an den Erwerb spezifischer Qualifikationen ist zumindest auf dem Feld des öffentlichen Bildungswesens sinnvollerweise nicht aufhebbar. Die internen und externen Dimensionen des Leistungsbegriffs sollten daher nicht gegeneinander ausgespielt, sondern vielmehr als zwei Seiten derselben Medaille betrachtet werden. In einem solchen integrativen Verständnis spielt das Moment der rationalen Begründbarkeit von Leistung und Leistungsmessung keine unwesentliche Rolle, auch für das individuelle Lern- und Leistungsverhalten. Der Konflikt zwischen internen und externen Leistungsdimensionen liegt daher weniger in der Sache selbst, als vielmehr in dem Ausmaß, in dem Transparenz und Partizipation hinsichtlich formulierter Leistungsanforderungen hergestellt wird.

II. Bildung als Wachstum

Die Ambivalenz des pädagogischen Leistungsbegriffs stellt daher keine Schwäche dar, sondern weist darauf hin, dass Leistung und Leistungsanforderungen im Bildungsbereich einerseits immer wieder gesellschaftlich ausgehandelt werden müssen, andererseits aber in die Verantwortlichkeit der Lernenden fallen. Die Notwendigkeit von Schule, formale Qualifikationsstandards zu erfüllen, begegnet daher einem Bildungs- und Lernverständnis, dessen Kern bereits Wilhelm von Humboldt mit der Kategorie »Selbstthätigkeit«[7] umschrieb und das seit ehedem zum Kernbestand von Didaktik gehört.

Dieser Doppelcharakter staatlich initiierter Bildung kann sein immanentes Konfliktpotenzial durchaus produktiv wenden. Dazu ist es allerdings notwendig, die individuelle Bedeutsamkeit von Lern- und Bildungsprozessen mit einer überindividuellen Evaluations- und Steuerungskultur zu verbinden. Als »didaktische Klammer« fungiert die Kategorie »Kontinuität«, unter der ich Anschlussfähigkeit von

---

[7] HUMBOLDT.

Lernerfahrungen und Transparenz von Leistungsanforderungen zusammenfasse.[8] Dabei liegt der Primat bei der Lernprozessgestaltung und nicht bei der Wissenskanonisierung. Der Terminus Kontinuität geht auf den Pädagogen und Erziehungstheoretiker John Dewey[9] zurück, er ist ebenso stark der »Konstruktivistischen Didaktik« (und damit auch der Dewey-Rezeption) Kersten Reichs verpflichtet.[10]

In Deweys Erziehungstheorie spielt Kontinuität als Kriterium für die Nachhaltigkeit von (Lern-)Erfahrungen eine zentrale Rolle. So betont Dewey explizit, »dass eine Entwicklung nur dann dem Kriterium der Erziehung als Wachstum entspricht, wenn sie zu fortgesetztem weiterem Wachstum anregt.«[11] Dewey, der Bildung produktiv als »Wachstum« (*growth*) auffasst – und damit materialen Bildungsvorstellungen ein auf individuelle und aktive Aneignung gerichtetes Bildungskonzept entgegensetzt – stellt an die Struktur und die Qualität bildungsrelevanter Erfahrungen den Anspruch sinnvoller Kontextualität und Kontinuität.

Nicht alle möglichen Erfahrungen sind daher im Sinne Deweys pädagogisch relevant, sondern nur diejenigen, die individuell zugänglich sind, Einfluss auf spätere Erfahrungen haben und damit produktives »Wachstum« begünstigen: »Der Schüler«, so Dewey, soll also in die Lage versetzt werden, »immer wieder neu anzuwenden, was er gelernt hat«.[12] Für Dewey ist die Anschlussfähigkeit von Erfahrungssituationen also von besonderer Bedeutung. Es geht ihm nicht um eine möglichst hohe Frequenz von immer wieder neuen Erfahrungen, sondern vielmehr um die Intensivierung gemachter Erfahrung, aus denen neue, das Erkenntnisinteresse herausfordernde »Probleme« zu generieren sind. Solche für Lernprozesse relevante Probleme müssen die Fähigkeiten der Lernenden berücksichtigen und zugleich auf aktives Forschen, auf die Anregung neuer Ideen gerichtet sein. Lehrerinnen und Lehrer bzw. Erzieherinnen und Erzieher sind daher diejenigen, »die Lehren und Lernen als einen kontinuierlichen Prozess der Neuordnung der Erfahrung«[13] zu betrachten haben.

Deweys Gedanke, dass Erfahrungen dann erkenntnisleitend produktiv werden, wenn Primärerfahrungen (*primary experiences*) zu reflektierten Erfahrungen (*reflective experiences*) werden,[14] gehört spätestens seit Aebli zum

---

[8] Vgl. dazu ausführlicher: GEUEN / ORGASS, insbesondere S. 90ff.
[9] DEWEY, S. 260.
[10] REICH 2006.
[11] DEWEY, S. 260.
[12] Ebd., S. 269.
[13] Ebd., S. 294.
[14] Vgl. dazu REICH (2005).

Kernbestand jeder handlungsorientierten Pädagogik. Herausfordernd wird der Zirkel von Tätigkeit und Reflexion jedoch dann, wenn er nicht nur situativ auf die produktive Aneignung von Wissen und Können gerichtet bleibt, sondern mit grundlegenden Vorstellungen von Kontinuität und Zukunftsorientierung verbunden wird. Denn ein Erfahrungsbegriff, für den die in aktuellen Situationen manifest werdenden Probleme und Problemlösungsstrategien Priorität besitzen, kann Zukunftsorientierung nicht lediglich als Bereitstellung von in der Zukunft potentiell bedeutsamen Handlungsmaximen verstehen, sondern muss, wie Dewey betont, seine Zukunftsfähigkeit aus der Bearbeitung von Gegenwartsproblemen schöpfen.[15] Zukunftsorientierung betrifft also nicht konkretes »zukunftsrelevantes« *Wissen und Können*, sondern *Dispositionen* für zukünftiges Handeln. Freiheit ist in Deweys Demokratievorstellung daher auch »die Fähigkeit, sinnvoll zu planen.«[16]

Kontinuität ist folglich nicht auf eine die Wissenschaftsdisziplinen simulierende Abbildung von Fachsystematiken gerichtet. Auch die Erarbeitung spezifischer Fertigkeiten oder kanonisierten Bildungswissens für einen (noch so gut begründeten) späteren Nutzen ist nicht gemeint. Vielmehr betont Kontinuität die Verantwortung der an Lehr-/Lernprozessen Beteiligten für die Herstellung nachhaltig wirkender, »problemgesättigter« Erfahrungssituationen und für die Erarbeitung systematischer Problemlösungsstrategien.[17] Auf Musikunterricht bezogen bedeutet dies vor allem, musikalische Erfahrungsräume zu gestalten, die von Schülerinnen und Schülern als herausfordernd empfunden werden, und die eine Differenzierung und reflektierte Entwicklung unterschiedlichster musikalischer Praxen ermöglichen. Kontinuität kann sich, wie das nachfolgende Praxisbeispiel zeigen wird, sehr wohl an »fachlichem Aufbau« und systematischer Kompetenzentwicklung orientieren. Wesentlich erscheint dabei aber, dass nicht die abstrakte fachliche Systematik den Lernweg bestimmt, sondern umgekehrt fachliche Anforderungen immer konkret erfahrbar werden und individuelle Lösungswege erprobt, verworfen oder variiert werden: Lernen und Lernprozessgestaltung als Qualitätsmanagement auf Schüler- und Lehrerseite.

---

[15] Vgl. DEWEY, S. 267.
[16] Ebd., S. 279.
[17] Der im Kompetenz-Diskurs vor allem auf Weinert rekurrierende Problem-Begriff wird aufgrund seiner Tendenz, geschlossene Problem-Lösungs-Strategien zu propagieren, zu Recht zunehmend auch kritisch gesehen (s. dazu den Beitrag von Stefan Orgass in diesem Band). Der hier verwendete Problem-Begriff hat didaktisch die Arbeit an »echten« Fragen im Blick, auch wenn dem Verfasser bewusst ist, dass schulisches Lernen nicht ohne »Problemsimulationen« auskommen kann, z. B. in lehrgangsorientierten Lernformen.

III. Leistung und Leistungsbewusstsein als zentrales Element eines Schulenwicklungsprozesses am Beispiel der Anne-Frank-Gesamtschule Düren

Die Anne-Frank-Gesamtschule in Düren[18] befindet sich seit dem Schuljahr 2006/07 in einem Schulentwicklungsprozess, der von der Universität zu Köln (Prof. Dr. Kersten Reich) und in Bezug auf das Modellprojekt *Stimm:Bildung* von der Hochschule für Musik Köln (Nina Dyllick / Prof. Dr. Heinz Geuen) wissenschaftlich und konzeptionell begleitet wird. Die konzeptionellen Veränderungen haben eine strikte Individualisierung des Lernens zum Ziel, wobei die Schülerinnen und Schüler ihre Lernprozesse zu einem großen Teil in Portfolio-Mappen selbst dokumentieren. Unterrichtsinhalte in den einzelnen Fächern werden modularisiert, das heißt, sie werden in überschaubaren Basis- und Aufbaumodulen zusammengefasst. Die Lernerfolgsdokumentation erfolgt nicht nur prozessorientiert durch Portfolioarbeit, sondern auch regelmäßig durch den Erwerb von Zertifikaten, die dann in für die Erstellung der üblichen schulischen Leistungs- und Qualifikationsdokumentationen (Zensurenzeugnisse, Schullaufbahnentscheidungen, Schulabschlüsse) genutzt werden.

Die Lerngruppen starten bei jeder Themeneinheit gemeinsam. Das Basismodul muss von allen Schülerinnen und Schülern erarbeitet und mit einem Test abgeschlossen werden. Danach teilen sich die Gruppen in individuelle Arbeitsgruppen, entweder zur Nacharbeit des Basismoduls oder zur Weiterarbeit am Aufbaumodul. Wird der Test nicht bestanden, setzen individuelle Fördermaßnahmen ein und der Nachweis über die Basiskompetenzen muss erneut erbracht werden. Schülerinnen und Schüler, die aufgrund einer besseren Lernfähigkeit die Basismodule schnell erarbeitet haben, werden mit erweiterndem Lernstoff (Aufbaumodulen) betraut. Die Ergebnisse dieser Arbeit werden wiederum in entsprechenden Tests nachgewiesen.

Folgende Merkmale sind Grundlage der Unterrichtsarbeit: Die Inhalte und Ziele der Module sind den Lernenden transparent. Sie erarbeiten die Inhalte in wechselnden Phasen von Instruktion und Eigenarbeit, begleitet und beobachtet von Fachlehrerinnen und -lehrern. Schülerinnen und Schülern werden vielfältige Arbeitsmaterialien angeboten, aus denen sie in Absprache mit den

---

[18] Nähere Informationen zur Schule, zum Schulprogramm sowie zum Unterrichts- und Projektangebot finden sich auf der Homepage dieser Schule: www.anne-frank-gesamtschule.de (zuletzt geprüft am 02.08.2008).

Lehrenden die für sie geeigneten aussuchen. Zudem ist die Präsentation von (Teil-)Ergebnissen wesentlicher Bestandteil der Unterrichtsarbeit.

Die Rolle der Lehrenden entwickelt sich so stärker weg von reiner Unterrichtstätigkeit hin zur Lernbegleitung. Lehrende organisieren Lernprozesse, beobachten und beraten, fordern und fördern. Bei Bedarf nehmen sie Kontakt zu Eltern oder außerschulischen Experten auf. Jeder einzelne Lernfortschritt wird dokumentiert und gegebenenfalls auch kommentiert. Hinzu treten eine Dokumentation und eine Evaluation der Modularbeit durch die Fachkonferenzen. Zudem tauschen die Teamfachkonferenzen der jeweiligen Doppeljahrgänge regelmäßig ihre Erfahrungen aus und leiten diese an die Gesamtfachkonferenz weiter. Sämtliche Maßnahmen werden durch die Fachkonferenzvorsitzenden, die Abteilungsleitungen, die Didaktische Leitung und die zuständige Lenkungsgruppe begleitet.

Das an der Anne-Frank-Gesamtschule verfolgte Prinzip einer Individualisierung des Lernprozesses qua Modularisierung und Förderung (»fordern und fördern«) bezieht sich vor allem auf das Lerntempo. Gleichwohl werden vor allem mit Blick auf Aufbau- und Wahlmodule, aber auch bezogen auf die Setzung individueller Prioritäten bei den Basismodulen, zunehmend auch Elemente der didaktischen Entscheidung über Inhalte an die Schülerinnen und Schüler delegiert. Wesentlich erscheint aber eine neue Bewertung des Leistungsgedankens: Formale Leistungsanforderungen werden mit der Entwicklung eines individuellen Leistungsbewusstseins der Schülerinnen und Schüler verbunden, Leistung und Leistungsbewusstsein werden zu einem zentralen Element der Lernweggestaltung.

IV. Das Projekt Stimm:Bildung

Konzeptionelle Aspekte

Bei dem Projekt *Stimm:Bildung* handelt es sich um eine Form erweiterten Musikunterrichts der Anne-Frank-Gesamtschule für die Klassen 5 und 6. Es findet als Kursangebot (parallel zu einem Bläserkurs und zu weiteren nicht musikbezogenen Förderangeboten) statt. Die Klassen 5 und 6 haben eine reguläre Musikstunde, zu denen gegebenenfalls zwei Stunden *Stimm:Bildung* hinzukommen. Das Angebot ist im Schuljahr 2007/08 angelaufen und wurde von dreißig Schülerinnen und Schülern angewählt. Dies entspricht ca. einem Viertel der Gesamtschülerzahl des Jahrgangs. Ziel des Projektes ist zum einen eine qualitative Arbeit an der Singstimme, zum anderen sollen aber auch generelle musikalische Kompetenzen entwickelt und erweitert werden. Darüber wird das Ziel verfolgt, eine systematische Vokalensemblearbeit aufzubauen und der Schule dadurch (und durch entsprechende Aktivitäten im Bläserbereich) ein musikalisches Profil zu geben.

Für *Stimm:Bildung* wurde und wird in Zusammenarbeit zwischen Schule und Hochschule ein spezifisches Curriculum erarbeitet, das auch individualisiertes Arbeiten in Kleingruppen sowie gelegentliche Einzelbetreuung umfasst (die in der Regel durch beteiligte Studierende erfolgt). Im Sinne des Gesamtkonzeptes der Anne-Frank-Gesamtschule werden die Schülerinnen und Schüler auch im Rahmen von *Stimm:Bildung* konsequent in die Verantwortung für die Gestaltung der Lernprozesse und für die Qualitätssicherung miteinbezogen. So werden stimmbildnerische Übeabläufe nicht nur durch die Lehrpersonen initiiert, sondern teilweise auch durch die Lernenden selbst. Dazu wurde unter anderem auf die Stimmbildungskartei des Hannoveraner Grundschulprojektes *Chor:klasse!*[19] zurückgegriffen (von dem im Übrigen auch eine Reihe weiterer Elemente als Anregung dienten). Die Übungen werden von den Lehrenden eingeführt und dann nach und nach an die Schülerinnen und Schüler delegiert, die die Übungen auswählen und deren korrekte Ausführung überprüfen bzw. Handlungsanweisungen zur Verbesserung geben.

Zwei Beispiele aus der Stimmbildungskartei:[20]

Bevor im Weiteren auf den Aspekt des Leistungsbewusstseins und der Leistungsdokumentation eingegangen wird, sollen knapp die wesentlichen Ziele von *Stimm:Bildung* aufgeführt werden.

---

[19] JACOBSEN / STEGEMEIER / ZIESKE 2007 und DIES. 2008.

[20] Die hier abgebildeten Grafiken entsprechen nicht denen in der Ampelkartei von *Chor: klasse!*, sondern wurden von Studierenden im Hinblick auf die Ansprechbarkeit einer 5. Jahrgangsstufe neu gestaltet. Die beiden Beispiele zeigen eine »rote« Haltungsanweisung für eine korrekte, aufrechte Singhaltung (»Kutscher«) sowie eine »gelbe« Atemübung, bei der das impulsartige Auspusten einer Kerze nachgeahmt werden soll. Darüber hinaus gibt es nach dem gleichen Prinzip noch »grüne« Einsingübungen.

Stimm:Bildung – Ziele im Überblick

Die folgenden Ziele fungieren nicht nur implizit als didaktische Dimensionen des Lehrerhandelns, sondern werden auch in geeigneter Weise als systematisch entwickelte Kriterienliste mit den Schülerinnen und Schülern kommuniziert.

Allgemeine musikalische Ziele
- Kennenlernen von Musikstücken aus verschiedenen Stilbereichen, Epochen, Kulturkreisen
- Erweiterung von Notenkenntnissen und Kenntnissen elementarer Musiklehre
- Entwicklung des »inneren Hörens« und des musikalischen Gedächtnisses
- Verbesserung von Wahrnehmung / Hörfähigkeit
- Fähigkeit zu improvisieren

Stimmliche Ziele
- Entwicklung der Singfähigkeit und von sängerischem Selbstbewusstsein
- rhythmisch und melodisch richtiges Singen
- Kenntnisse über Aufbau / Funktion des Stimmapparates
- Kennenlernen der Stimme als Ausdrucksmöglichkeit

Ziele in Bezug auf das gemeinsame Singen
- Treffen von richtigen Tönen
- Tempo halten
- Entwicklung eines Chorklangs
- zweistimmig singen können / Anbahnung von Mehrstimmigkeit
- ein Repertoire an Liedern (auch auswendig) entwickeln

Allgemeine Ziele
- Stärkung des Selbstbewusstseins und der Sozialkompetenz
- Verbesserung der Sprechstimme, der Körperwahrnehmung
- Verbesserung allgemeiner Wahrnehmungs- und der Konzentrationsfähigkeit

Selbsteinschätzung, Zertifikat, Lerntagebuch

Die Schülerinnen und Schüler bekommen einen Bogen zur Leistungseinschätzung, der sich unmittelbar auf die oben ausgeführten Leistungskriterien bezieht. Dabei ist wichtiger Teil des Unterrichts, dass zum einen die Leistungskriterien verdeutlicht werden und zum anderen Klarheit über den konkreten Zusammenhang der Unterrichtsinhalte mit den Kriterien besteht.

Leistung bei individueller Lernweggestaltung

Beispiel für eine Leistungseinschätzung

Das Ziel	Das kann ich schon gut	Mit diesen Liedern oder Übungen habe ich das besonders gut üben können	Das muss ich noch üben	Damit habe ich mich noch nicht beschäftigt	Daran zu üben macht mir besonders viel Spaß	Daran zu üben macht wenig Spaß
Kennenlernen von Musikstücken aus verschiedenen Stilbereichen, Epochen und Kulturkreisen		Dschungelbuch, zwei kleine Wölfe, Epporon the Welt Day of hismen	X			
Umgang mit der Notenschrift	X	♩ ♪ Fermate				
Entwicklung der Fähigkeit des »inneren Hörens«		Das Lied zwei kleine Wölfe	X			
Weckung und Ausbau eines musikalischen Gedächtnisses			X	X		
Verbesserung der allgemeinen Wahrnehmung und der musikalischen Hörfähigkeit	X	mit den Liedern				
Fähigkeit stimmlich zu improvisieren, Melodien zu erfinden	X	mit der Übung: Der Detechtif Der U-Baum				
Entwicklung der Singfähigkeit (u. a. Erfassen der Kopfstimme)		Der U-Baum	X			
Hohe Töne singen	X	Die Töne werfen				
Töne abnehmen	X	Der U-Baum und Die Töne werfen				
Rhythmisch und melodisch richtiges Singen	X		✗			
Elementare Kenntnisse über den Aufbau und die Funktion des Stimmapparates			X			
Verbesserung der Wahrnehmungsfähigkeit in Hinblick auf die (eigene) Stimme	X					
Entwicklung sängerischen Selbstbewusstseins		🐑 ♪				
Treffen von richtigen Tönen	X	Die Fliege				
Tempo halten / rhythmische Sicherheit entwickeln	X	Die Fliege				

Die Angaben im Schülerblatt beziehen sich unter anderem auf die Erarbeitung eines Liedes aus dem »Dschungelbuch« und auf verschiedene Übungen aus der Stimmbildungsarbeit (»Detektiv«: Töne suchen, »U-Baum«: Körperübung mit Vokalen, »Fliege«: Summ-Glissando in verschiedenen Tonhöhen).

Zertifikat

Um ein Halbjahreszertifikat zu erlangen (die erste Phase von *Stimm:Bildung* umfasste den Zeitraum Oktober bis Januar), wurden auf der Basis einer Selbsteinschätzung (der eine punktuelle Überprüfung durch die Lehrerin folgte) konkrete Fertigkeiten dokumentiert.

Beispiel für einen Selbsteinschätzungsbogen

Das kann ich schon!!

In der Liste findest du Bereiche, die für das Zertifikat Simm-Bildung bewertet werden.

Überprüfe dich selbst!

Schreibe dann in dein Lerntagebuch, was du noch beachten musst und was du schon besonders gut kannst. Sprecht darüber in den Kleingruppen.

♫♪♪♪♪♪♪♪♪♪♪♪♪♪♪♪♪♪♪

Ich kann

- ○ die Einsingübungen korrekt ausführen
- ✗ die Einsingübungen eigenständig anleiten
- ○ die Singhaltung richtig ausführen
- ○ die aktive Sitzhaltung über einen langen Zeitraum aufrecht erhalten
- ✗ die Töne sicher abnehmen
- ✗ die Stimmübungen richtig nachsingen
- ○ gut hohe Töne singen
- ✗ gut hohe und tiefe Töne singen
- ✗ klar singen
- ✗ Körperbewegungen und Singen gut gleichzeitig ausführen

Das Lied »The Twelf Days of Christmas« kann ich auswendig singen

- ✗ bis zur Strophe 5
- ✗ bis zur Strophe 9
- ○ bis zur Strophe 12
- ○ Ich kann den Text deutlich sprechen
- ○ Ich kann den Text rhythmisch richtig sprechen
- ✗ Ich kann das Lied in einer kleinen Gruppe präsentieren

Lerntagebuch

Im Zuge einer systematischeren Lernprozessbegleitung wurde auch mit der Führung eines Lerntagebuchs begonnen. Das Lerntagebuch ersetzt den zunächst eingeführten Selbsteinschätzungsbogen und ermöglicht im Sinne eines Prozessportfolios[21] eine Verbindung von kontinuierlicher Selbstbeobachtung mit individuellen Zieldefinitionen.

Auszug aus einem Lerntagebuch

Datum: 25.10.2007
Das war neu für mich:
Das Lied The Twelve Days of Chrismas.

Das hat mir besonderen Spaß gemacht:
Das Singen und die Übungen.

Das habe ich besonders gut gekonnt:
Mit singen.

Darauf muss ich noch achten, das möchte ich verbessern:
Das ich beim atmen die Schultern nich. hoch ziehe.

Datum: 8.11.2007
Das war neu für mich:
Garnichchts war neu für mich.

Das hat mir besonderen Spaß gemacht:
Das Singen und der kleine Text.

Das habe ich besonders gut gekonnt:
Die ersten Strophen des Liedes The Twelve Days of Chrismas.

Darauf muss ich noch achten, das möchte ich verbessern:
Das ich nicht so schnell Lache und das ich die Schultern hochziehe wennich atme.

---

[21] Zur Portfolioarbeit vgl. WIEDENHORN.

V. Leistungsbewusstsein und Lernweggestaltung

Die bisherigen Erfahrungen mit dem Modellvorhaben *Stimm:Bildung* zeigen, zu welchen Leistungen Elfjährige fähig sind, die stimmlich – und darüber hinaus ganz allgemein musikalisch-kulturell – bislang nicht oder nur wenig gefördert wurden. Diese Ergebnisse basieren auf einer guten Abstimmung von kollektivem und individuellem Lernen und auf einer Förderung von (nicht nur) sängerischem Selbstbewusstsein und einer entsprechenden Leistungsbereitschaft. Dabei zeigt insbesondere die partielle Delegierung von Lehrtätigkeit an die Schülerinnen und Schüler (»Lernen durch Lehren«) eine auffallend hohe Nachhaltigkeit im sängerischen Kompetenzerwerb, bei der Entwicklung der Fähigkeit zur Selbstbeobachtung und damit einhergehend der Leistungsbereitschaft.

In dem Maße, in dem kurz- und mittelfristige Ziele des Unterrichts den Schülerinnen und Schülern transparent gemacht und auch begründet wurden, haben sie sich selbst auch zu Partnern in der Vermittlungsarbeit entwickelt (zum Beispiel durch die Anleitung von Stimm- und Bewegungsübungen beim »Tag der Offenen Tür«) und so in einem gewissen Sinne bereits »didaktisch« über ihr Tun nachgedacht. Die Entwicklung eines durch die Selbstbeobachtung geförderten Leistungsbewusstseins spiegelt dabei nicht nur die kollektiven Ziele der gemeinsamen Arbeit wider (zum Beispiel im Hinblick auf Auftritte in der Öffentlichkeit), sondern schafft Raum für die Differenzierung eigener Zielvorstellungen und des eigenen Leistungsspektrums. Der Doppelcharakter von Leistung als Mischung aus äußerer Anforderung und innerem Antrieb wird, so scheint es hier, vor allem dann produktiv, wenn Standards nicht lediglich von außen gesetzt werden, sondern aus der Arbeit »an der Sache« entwickelt und der eigenen Beobachtung und Beurteilung zugänglich gemacht werden.

Literatur

Deutscher Bildungsrat (Hg.) (1970): *Empfehlungen der Bildungskommission. Strukturplan für das Bildungswesen*. Stuttgart

DEWEY, JOHN (1974): *Psychologische Grundfragen der Erziehung (1929)*. München

GEUEN, HEINZ / ORGASS, STEFAN (2007): *Partizipation – Relevanz – Kontinuität. Musikalische Bildung und Kompetenzentwicklung in musikdidaktischer Perspektive*. Aachen

HUMBOLDT, WILHELM VON (1797): *Ideen zu einem Versuch, die Grenzen der Wirksamkeit des Staats zu bestimmen (1797)*, in: DERS.: *Werke in fünf Bänden*, hg. von ANDREAS FLITNER und KLAUS GIEL. Bd. 1. Darmstadt 1960, S. 92

INGENKAMP, KARLHEINZ (1994): *Pädagogische Diagnostik*, in: ROTH, LEO (Hg.): *Pädagogik. Handbuch für Studium und Praxis.* Studienausgabe. München, S. 764

JACOBSEN, PETRA / STEGEMEIER, SILJA / ZIESKE, SILKE (2007): *Chor:klasse! (Konzeptbuch).* Kirchlinteln

DIES. (2008): *Chor:klasse! (Ampelkartei).* Stimmbildungskarten zum Medienpaket für Grundschulklassen. Kirchlinteln

JÜRGENS, EIKO (2000): *Leistung und Beurteilung in der Schule. Eine Einführung in Leistungs- und Bewertungsfragen aus pädagogischer Sicht.* 5. Auflage. Sankt Augustin

REICH, KERSTEN (2005): *Systemisch-konstruktivistische Pädagogik. Einführung in Grundlagen einer interaktionistisch-konstruktivistischen Pädagogik.* Weinheim / Basel, S. 197ff.

REICH, KERSTEN (2006): *Konstruktivistische Didaktik. Lehr- und Studienbuch mit Methodenpool.* 3. völlig überarbeitete Auflage. Weinheim / Basel

KORTE, PETRA (2003): *Der Leistungsbegriff. Zur Formatierung einer Denkweise*, in: GIRMES, RENATE / KORTE, PETRA (Hg.): *Bildung und Bedingtheit.* Opladen

WEINERT, FRANZ E. (2002): *Vergleichende Leistungsmessung in Schulen – eine umstrittene Selbstverständlichkeit*, in: DERS. (Hg.): *Leistungsmessung in Schulen.* Weinheim

WIEDENHORN, THOMAS (2006): *Das Portfolio-Konzept in der Sekundarstufe.* Mühlheim

Christian Rolle

Argumentationsfähigkeit:
eine zentrale Dimension musikalischer Kompetenz?

Von theoretischen Überlegungen, die Bildung als einen lebenslangen Prozess der Erfahrung verstehen, sind Debatten über Möglichkeiten der Erfassung schulischer Leistungen auf der Grundlage von Bildungsstandards sehr weit entfernt. In Bildungsprozessen wird vieles gelernt, aber es ist nichts Bestimmtes, das sich für alle fordern und in einem Buch aufschreiben ließe (»Alles, was man wissen muss«), sondern in bildungstheoretischen Problemstellungen wird viel eher deutlich, wie Bekanntes und Gewusstes schon im nächsten Moment in neuem Licht erscheinen kann, so dass die Betroffenen gezwungen sind umzulernen. Zu erwerbende Kompetenzen lassen sich von da aus nicht ohne weiteres angeben. Die Entfernung zwischen den Diskursen ist so groß, dass sie sprachlos, vielleicht etwas verwundert aneinander vorbeizugehen drohen.
In Konzepten musikalischer Bildung, die dem Begriff »ästhetische Erfahrung« einen zentralen Platz einräumen und für die musikpädagogische Praxis vor allem die Aufgabe hat, ästhetische Erfahrungsräume zu schaffen, ist auf den ersten Blick gar kein Ort vorgesehen, an dem die Frage erörtert werden könnte, welche musikbezogenen Kompetenzen Schülerinnen und Schüler bis zur 6., 10. oder 12. Klassenstufe im Musikunterricht erwerben müssen. Umgekehrt findet sich dort, wo musikbezogene Kompetenzmodelle und Verfahren der Leistungsmessung entwickelt werden, nur selten die Zeit, grundsätzliche musikdidaktische Problemstellungen zu erörtern und stattdessen die pragmatische verständliche Neigung, schwierige Fragen (zum Beispiel »Wie lassen sich kreative Gestaltungsleistungen in einem differenzierten Kompetenzmodell erfassen?«) zunächst einmal zu vertagen. Im Folgenden wird überlegt, ob die Fähigkeit zur *ästhetischen Argumentation* als eine Dimension musikalischer Kompetenz beschrieben werden kann, mit der sich das so schwer fassbare ästhetische Moment wenigstens ansatzweise in den Blick bekommen lässt. Dabei ist vornehmlich von individuellen Schülerleistungen und ihrer Bewertung die Rede. Dahinter steht aber auch das Interesse an validen Ver-

fahren zur Evaluation der Leistungen des Musikunterrichts, die anschlussfähig sind an Forschungen zu musikbezogenen Kompetenzmodellen und *large scale assessments*.[1]

Leistungsbewertung im schulischen Musikunterricht

Leistungsbewertung gehört zum Kerngeschäft von Schule. Zensuren werden in der Regel weder von Schülerinnen und Schülern, noch von Lehrerinnen und Lehrern geliebt, doch stellen sie nach Ansicht vieler ein notwendiges Übel dar. Für ein künstlerisch-ästhetisches Schulfach wie Musik scheinen sich besondere Probleme zu ergeben. Von Musiklehrkräften hört man häufig, wie unwohl, wie unsicher sie sich bei der Notenvergabe fühlen. Die Zielperspektive musikalischer Bildung ist nicht leicht zu fassen, aber an bewertbare Leistungen denken wohl die wenigsten zuerst. In Lehrplänen und Richtlinien, in musikdidaktischen Konzeptionen und bildungspolitischen Verlautbarungen wird das, worum es letztlich geht, eher umschrieben mit Formulierungen wie: den Schülerinnen und Schülern Zugänge zu verschiedenen Musikpraxen eröffnen, ihnen Freude an der Musik vermitteln und ihre Neugier wecken und fördern. Es ist davon die Rede, dass Menschen ihr Leben im Umgang mit Musik bereichern mögen, dass sie hörend und musizierend die Gelegenheit haben sollen, ästhetische Erfahrungen zu machen. Für andere Fächer und Lernbereiche mag es klarer sein, dass es im Unterricht darauf ankommt, dass die Schülerinnen und Schüler etwas leisten, um zu lernen und um zu zeigen, dass sie etwas gelernt haben. Denn damit werden sie auf das (Berufs-)Leben vorbereitet, wo es ja auch so ist, dass man etwas leisten muss, um es zu etwas zu bringen und seinen Lebensunterhalt zu verdienen, um Ziele zu erreichen. Weniger klar ist, was musikbezogene Leistungsfähigkeit hierzu beitragen kann.

Nun ist es ja nicht so, dass das Wort Leistung im Zusammenhang mit musikalischer Bildung gar keine Anwendung finden könnte. In einem zweiten Gedan-

---

[1] Der oben erwähnte Bildungsbegriff findet sich beispielsweise bei DEWEY. Ästhetische Bildung wird in dem angedeuteten Sinne verstanden bei SCHULZ. Siehe auch ROLLE 1999, Kap. 2. – Der kontroversen Diskussion um Bildungsstandards für das Fach Musik war eine Tagung an der Universität Bremen im September 2007 gewidmet, zu der ein Bericht in einer Sonderedition der Zeitschrift für Kritische Musikpädagogik publiziert wurde (online abrufbar unter: http://www.zfkm.org/sonder2008.html, zuletzt geprüft am 02.08.2008). Bemühungen um eine Klassifikation von Lernzielen für das Fach Musik, die einer objektivierten Leistungserfassung zugänglich sind, gab es übrigens bereits vor über dreißig Jahren (siehe z. B. FÜLLER). Schon damals leisteten kreative Leistungen hartnäckigen Widerstand gegen ihre objektive und zuverlässige Messung.

kenschritt lassen sich die oben angesprochenen Zielsetzungen durchaus mit dem Begriffsfeld in Verbindung bringen, zu dem Leistung gehört: Menschen sollen in die Lage versetzt werden, einen Zugang zu Musik zu finden und sich Kultur zu erschließen, indem sie die dafür erforderlichen Kenntnisse und Fähigkeiten erwerben. Sie sollen verschiedene Umgangsweisen mit Musik kennenlernen und sie müssen etwas können und etwas tun, nämlich musikalisch kompetent handeln, um ästhetische Erfahrungen zu machen. Doch auch wenn man so redet und damit daran erinnert, dass im Musikunterricht sehr wohl etwas geleistet werden muss, wenn die hoch hängenden Ziele ästhetischer Bildung erreicht werden sollen, bleibt eine gewisse Spannung zwischen der Freiheit ästhetischer Musikpraxis, die in der Schule ihren Platz haben muss, wenn musikalische Bildung stattfinden soll, und Maßstäben und Beurteilungskriterien, an denen Leistungsbewertung sich ausrichten könnte. Das macht sich noch nicht bemerkbar, solange die Aufgabe von Schülerinnen und Schülern nur darin besteht, die Anordnung der Tonarten im Quintenzirkel wiederzugeben oder im Notentext den Krebs der Umkehrung zu finden oder ein Musikbeispiel durch Wiedererkennen typischer Kompositionstechniken einer Musikepoche zuzuordnen (nicht, dass das immer leicht wäre). Schwierigkeiten für die Beurteilung von Leistungen ergeben sich jedoch, wenn es um die Interpretation von Musik (mit ihren Spielräumen) geht oder (in musikpraktischer Arbeit) um kreative Gestaltung, sobald der persönliche Bezug zur Musik, die persönliche Auffassung eine Rolle spielen (also das, worauf es eigentlich ankommt, wenn man die erwähnten Bildungsziele ernst nimmt).

Nun kann man aus der Sorge, dass sich bestimmte Leistungen im Musikunterricht nur schwer, kaum objektiv und möglicherweise nicht zuverlässig bewerten lassen, unterschiedliche Konsequenzen ziehen. Die radikalste besteht darin, auf Umgangsweisen und Aufgabenstellungen im schulischen Unterricht ganz oder weitgehend zu verzichten, die solche Bewertungsschwierigkeiten mit sich bringen. Glücklicherweise findet sich nur selten Musikunterricht, der auf diese Weise völlig von den genannten Zielperspektiven musikalischer Bildung Abschied nimmt und sich einzig auf Lerninhalte und Lernformen beschränkt, die zu leicht bewertbaren, mess- und vergleichbaren Leistungen führen. Es gibt allerdings Befürchtungen, dass die im Zuge von gut gemeinten Qualitätsverbesserungsmaßnahmen in jüngerer Zeit geplante Einführung und Überprüfung von so genannten Bildungsstandards für das Fach Musik sich an leicht messbaren Kompetenzen orientieren und auf diese Weise zu einem Qualitäts-mindernden »teaching to the test« führen könnte. Dass Unterricht sich auch von Zielen leiten lassen sollte, deren Erreichen schwer überprüfbar ist, ist ein Gedanke, der derzeit so wenig Konjunktur hat wie vor 38 Jahren, als behauptet wurde: »Erscheint ein Bildungsziel auch noch so geeignet vom Standpunkt menschlicher Werte, so ist es dennoch für die Schule nicht legitim, wenn am Ende niemand sagen kann, ob es erreicht worden ist oder nicht«.[2]

Die zweite häufig verfolgte Konsequenz besteht darin, bewertungsfreie Räume im Musikunterricht zu schaffen, d. h. den Schülerinnen und Schülern sehr wohl Gelegenheiten zu geben, die Bedeutungen zu artikulieren, die Musik für sie persönlich hat, und ihnen Spielräume für kreative Gestaltungen, zum Musikmachen, Improvisieren und Komponieren zuzuspielen, die Ergebnisse jedoch nicht zu berücksichtigen, wenn es an die Leistungsbeurteilung geht. Eine solche Beschränkung schließt nicht aus, dass man den Schülerinnen und Schülern Rückmeldungen gibt zu dem, was sie geäußert und produziert haben, dass man ihnen hilft, sie kritisiert und lobt, doch bleibt all das, was so schwer zu bewerten ist, bei der Zeugnisvergabe unberücksichtigt. Was auf den ersten Blick als gute Lösung des Problems erscheint, hinterlässt gleichwohl ein Unbehagen, denn das Zeugnis ist ja ein wichtiges Dokument, das von den Betroffenen sehr ernst genommen wird und das bei der Zuteilung von Zukunftschancen eine große Rolle spielt. Wenn die eigentlich bildungsrelevanten Dimensionen musikbezogener Leistungen dabei nicht berücksichtigt werden, ist das nicht nur enttäuschend, sondern dürfte in vielen Fällen Rückwirkungen auf den Unterricht selbst haben. Die leichter messbaren musikbezogenen Kenntnisse und Fähigkeiten erhalten auf diese Weise jedenfalls ein ungerechtfertigt großes Gewicht in der Gesamtsumme schulischer Leistungen. Ein zu großes, denn sie sind es nicht, mit denen Musik im Kanon der Schulfächer legitimiert werden kann. Man muss sich fragen, ob das Fach Musik unter diesen Bedingungen überhaupt noch zeugnisrelevant bewertet werden sollte.

---

[2] Diese Sichtweise vertritt Kurt-Erich Eicke, S. 200, s. a. Lohmann, S. 46. – Statt von »Leistungsvermögen« spricht man im Zusammenhang mit Bildungsstandards meist von »Kompetenzen«, was aber im Grunde das Gleiche bedeutet. In beiden Fällen geht es übrigens nicht nur um die Kenntnisse, Fähigkeiten und Fertigkeiten, über die jemand verfügen muss, um eine Aufgabe, die ihm gestellt wird, zu bewältigen, sondern entscheidend sind darüber hinaus die Einstellungen oder Haltungen, die jemand im Hinblick auf den fraglichen Aufgabenbereich hat. Das wird deutlich, wenn man ein Paradigma für »Leistungsvermögen« aus dem Bereich des Sports betrachtet. Der sportliche Läufer muss in der Lage sein, die 1.000 m oder den Halbmarathon schnell (möglichst schneller als die anderen) zu laufen, und er muss dazu *bereit* sein. Das Leistungsvermögen eines Sportlers zeigt sich auch darin, dass er etwas leisten *will*, dass er nicht sagt »Ach nein, heute hab ich keine Lust, so weit zu laufen«. D. h. die Willenskraft ist mit entscheidend, es geht – wie in allen Debatten zum Kompetenzbegriff betont wird – immer auch um die richtige Einstellung. Freude an der Musik, Neugier und Offenheit gegenüber Neuem und Unerhörtem wären Kandidaten, die auf die Entwicklung ihrer Messverfahren warten.

Die Forderung, für den Musikunterricht ganz auf Zensuren zu verzichten, stellt allerdings die Gleichwertigkeit des Musikunterrichts mit anderen Fächern in Frage und löst die Sorge aus, musikalische Bildung könne über kurz oder lang ganz aus der Schule verschwinden oder zumindest in Nachmittags-Wahl-Angebote ausgelagert werden, die nicht mehr jedem Kind zugute kommen, für die keine adäquaten Räume zur Verfügung stehen, die möglicherweise von den Eltern privat finanziert werden müssen, für die kein qualifiziertes Personal längerfristig angestellt wird, die von Schulleitungen, Kollegien und Schülern nicht richtig ernst genommen werden und die im Krisenfall der nächsten Sparmaßnahme zum Opfer fallen. Die Gefahr ist offensichtlich. Der Angriff könnte ungefähr so geführt werden: In der Schule geht es um Leistung und ihre Bewertung. Wenn es im Fach Musik nicht um bewertbare Leistungen geht, hat es im Fächerkanon der allgemeinbildenden Schule nichts verloren. Selbst wenn diese Befürchtungen übertrieben wären: Die wenigsten Musiklehrkräfte wollen vermutlich auf die disziplinierende Funktion des Zensurensystems für den Pflichtfach-Musikunterricht verzichten.

An dieser Stelle lassen sich natürlich noch grundsätzlichere Fragen stellen. Es gibt sicherlich gute Gründe, für die völlige Abschaffung von schulischen Zensurensystemen zu plädieren, die komplexe (überwiegend fachspezifische, aber nicht immer fachlich relevante) individuelle Leistungen (meist anhand einer sozialen Bezugsnorm) auf Zahlen oder Buchstaben reduzieren, um Selektions- und Steuerungsverfahren, die Übergänge in andere Klassenstufen (Versetzung) oder Schulformen (Gymnasium oder Realschule?) oder Bildungseinrichtungen (z. B. beim Erwerb der Hochschulreife) betreffen, leichter handhabbar zu machen. Aber einfach »abschaffen« dürfte kaum möglich sein, denn es geht dabei um zentrale Funktionen von Bildungssystemen, von denen manche auf andere Weise realisiert werden müssten: wahrscheinlich aufwendiger, voraussichtlich teurer. Außerdem fällt ein solches Vorhaben nicht in den Zuständigkeitsbereich des Fachdidaktikers. Doch auch wenn man keine Grundsatzdebatte »Zensuren: Ja oder Nein?« führen will und kann: Die grundsätzlichen Probleme und Nachteile schulischer Leistungsbewertung dürfen nicht übersehen werden, damit Ausgleich geschaffen und Innovationen initiiert werden können. Zwei Punkte sind dabei zentral und durchaus realisierbar: Die Fachdidaktik sollte Möglichkeiten aufzeigen, wie die Transparenz schulischer Leistungsbewertung gewährleistet werden kann und wie möglichst motivierende Ermutigungen von Rückmeldungen zur Leistung ausgehen können.[3] Es wurde bereits erwähnt, dass man

---

[3] Diese beiden Punkte hebt auch PEEZ (S. 11) in seinen Äußerungen für das Fach Kunst her-

zwischen der Beurteilung und Bewertung schulischer Leistungen auf der einen und ihrer Benotung, der Zensurengebung auf der anderen Seite unterscheiden muss. Noten in Zeugnissen haben unterschiedliche Funktionen und Wirkungen. Aus pädagogischer Sicht sollte klar sein, dass es alle Möglichkeiten zu nutzen gilt, mit Formen der Beurteilung von Leistungen das Lernen der Schülerinnen und Schüler zu fördern, sie zu motivieren, ihnen dabei zu helfen, ihre Stärken zu nutzen und ihre Schwächen auszugleichen oder zu beheben. Die Rückmeldungen, die man als Lehrkraft gibt, oder die gegenseitigen oder die Selbstbeurteilungen, zu denen man die Schülerinnen und Schüler auffordert und für die man ihnen Raum verschafft, können hilfreich sein für Lernfortschritt und künftige Erfahrungen. Eine wichtige Voraussetzung dafür ist zweifellos eine sensible und differenzierte diagnostische Kompetenz von Lehrerinnen und Lehrern. Ziffernnoten, die in Zeugnissen stehen, richten in dieser Hinsicht manchmal eher Schaden an. Das lässt sich vielleicht nicht immer vermeiden, aber dass Leistungsbewertung verschiedene Funktionen hat, die manchmal miteinander in Konflikt stehen, sollte demjenigen, der beurteilt, auf jeden Fall bewusst sein.[4]

Der Anspruch, kreative Gestaltungsleistungen zum Beispiel im Rahmen projektartiger Arbeit, aber auch von persönlichen Höreindrücken ausgehende Interpretationsleistungen in der Auseinandersetzung mit Musikwerken in die Bewertungen einfließen zu lassen und geeignete Wege dafür zu finden, sollte also bestehen bleiben. Die Frage ist, ob die stete Klage über die Schwierigkeiten, die sich dabei stellen, nicht zum großen Teil auf Vorurteilen beruht. Ob dahinter nicht (beispielsweise) nur ein fragwürdiger Genie-Begriff steht, in dem Schöpferisches (himmlisch) gar nicht mit Leistung (schweißtreibend) in Verbindung gebracht wird?[5] Vermuten könnte man auch, dass vor allem mangelnde Erfahrung und Übung in der Praxis der Bewertung von kreativen Leistungen hinter den Bedenken stehen, weil es in der Schule überwiegend um die Beurteilung anders gearteter Leistungen geht. Bei jeder »Jugend musiziert«-Veranstaltung sind viele Jurys manchmal tagelang damit beschäftigt zu beurteilen, wie gut die

---

vor. In der Musikdidaktik haben die kritischen Debatten Tradition (siehe z. B. JÜNGER; einen Überblick über die fachdidaktische Diskussion mit allen Problemfeldern gibt LÜTGERT).

[4] Vgl. aus schulpädagogischer und allgemeindidaktischer Perspektive JÜRGENS/SACHER, SOLZBACHER/FREITAG und WINTER. Fragen der Leistungsbewertung und der Leistungsmessung im Musikunterricht müssen im Zusammenhang mit grundsätzlichen Problemstellungen musikpädagogischer Diagnostik gesehen werden und verweisen damit auch auf Defizite der Musiklehrerbildung (s. GREUEL/MEIERKORD).

[5] A: »Toll, was der Mozart geleistet hat. 1a.«, B: »Na ja, der war halt ein Wunderkind. Dem fiel das so zu. Die schönen Melodien. Für den war das keine Anstrengung.«

Kandidaten ihre vorgetragenen Werke interpretiert haben, wie überzeugend die musikalische Gestaltung war. Aufnahme-, Zwischen- und Abschlussprüfungen an Hochschulen, Klavierwettbewerbe, Orchestervorspiele. Das gibt es ja alles, wo also ist das Problem? Das Problem liegt darin, dass diese auf musikalisches Leistungsvermögen bezogenen Bewertungspraxen zwar etabliert sind und so weit ganz gut funktionieren, dass aber der Vorwurf nicht leicht zu entkräften ist, sie seien in der Regel intransparent, häufig ungerecht, subjektiv sowieso, wenig könne man über ihre Zuverlässigkeit sagen und zu oft würden ganz andere als ästhetische Kompetenzen den Ausschlag geben (das bessere Nervenkostüm, das charmantere Lächeln, das selbstbewusstere Auftreten u. a.). Die Klage über die Schwierigkeiten der Leistungsbewertung im künstlerisch-ästhetischen Bereich ist also weiterhin ernst zu nehmen.

Ästhetische Urteile über Musik

Bewertung und Beurteilung spielen im Umgang mit Musik eine große Rolle. Musikkritiker beurteilen Aufführungen und Aufnahmen. Musiker sind mehr oder weniger zufrieden mit dem eigenen Spiel oder dem der Mitmusiker und üben und proben für ihre Konzerte. Die meisten Menschen haben musikalische Vorlieben: sie bevorzugen bestimmte Arten von Musik und mögen andere weniger oder gar nicht. Nun unterscheidet sich die Bewertungspraxis in schulmusikalischen Zusammenhängen zweifellos von den Formen ästhetischer Beurteilung, die »natürlicherweise« in Musikpraxen vorkommen. Die Zusammenfassung in einer Ziffernnote findet sich in den angesprochenen Beispielen im Gegensatz zur Schule nur selten. Binäre Unterscheidungen wie gut / schlecht oder bestanden / nicht bestanden oder gelungen / misslungen spielen aber in jedem Fall eine Rolle. Wenn ich die Komposition eines Schülers oder seine Interpretation eines Schubert-Liedes in einer Klausur beurteile, versuche ich zwar, mich nicht von meinen musikalischen Präferenzen und dem, was ich persönlich empfinde, wenn ich die Musik höre, leiten zu lassen, sondern bemühe mich um Distanz. Trotzdem gilt es darüber nachzudenken, wie das Verhältnis von schulischer Leistungsbewertung in den künstlerischen Fächern zu den Formen ästhetischer Beurteilung beschaffen ist, die in den ästhetischen Praxen selbst (»draußen«, außerhalb der Schule) eine Rolle spielen.

Mit Geschmacksurteilen scheint Leistungsbewertung auf den ersten Blick nichts zu tun zu haben. Die Leistung eines Schülers kann und sollte nicht danach beurteilt werden, ob das Ergebnis gefällt. Oder doch? Was tut ein Konzertbesucher, der in der Pause zu seinem Sitznachbarn sagt: »Der zweite Satz hat mir gar nicht gefallen. Das Tempo war zu schnell. Der Charakter des Stückes ging verloren. Die Linien müssen doch ausgespielt werden. Da, da, daa, da, daa ... Nichts davon war zu hören«? Er beurteilt die Leistung des Orchesters und des Dirigenten. Er ist der Auffassung, dass schlecht gespielt wurde, dass die Interpretation des Werkes nicht überzeugend war, dass die Musiker sich nicht ausreichend mit der Musik beschäftigt haben. Beklagt werden nicht technisch-handwerkliche Mängel: Der enttäuschte Konzertbesucher moniert nicht die unsaubere Intonation, falsche Töne oder unpräzises rhythmisches Spiel. Darüber könnte er mit seinem Gesprächspartner vermutlich schnell Einigkeit erzielen. Worum es wirklich geht, zeigt sich darin, wie der Angesprochene widerspricht. »Aber das war doch wundervoll, das Tempo. Nicht so zäh, wie es oft gespielt wird. Endlich hört man das bap, baba, bah! Die Linien, von denen Du sprichst, waren doch da. Aber schwungvoll. Also, mir hat's gefallen.« Offenbar geht es nicht um einen rein sachlichen Dissens, der auf der Grundlage objektiver Feststellungen aufzulösen wäre, sondern darum, wie jemand etwas hört; da spielen persönliche Vorerfahrungen und Erwartungen eine Rolle. Trotzdem bemühen sich die Kontrahenten um nachvollziehbare Begründungen für ihre unterschiedlichen Auffassungen, sie diskutieren miteinander; wenn man dem Gespräch zuhört, gewinnt man den Eindruck, der eine versuche den anderen zu überzeugen. Die beiden sind offensichtlich nicht der Meinung, das sei eben einfach eine Frage des persönlichen Geschmacks so wie bei dem anderen Thema, das sie zwischendurch ansprechen: »Magst Du auch ein Bier?« – »Nein, ich nehme lieber ein Glas Rotwein.«

Um besser zu verstehen, was bei solchen Gelegenheiten passiert, erweist sich der Rückgriff auf ästhetische und kunstphilosophische Theorien als nützlich. Hilfreich ist insbesondere der Begriff »ästhetisch«.[6] Das hier zugrunde gelegte Verständnis lässt sich knapp und stark vereinfacht in folgender Weise zusammenfassen: Ästhetische Wahrnehmung ist stets mit sinnlicher Wahrnehmung

---

[6] Als Begründer der Disziplin »Ästhetik« gilt BAUMGARTEN (1750–58), der sich vor allem für eine autonome Form sinnlicher Erkenntnis interessierte. Für die Idee, dass es eine spezifisch ästhetische Urteilskraft geben könne, lässt sich u. a. KANT (1790) verantwortlich machen. Die Vielfalt älterer und neuerer Ansätze zum zentralen Begriff ästhetischer Erfahrung zeigt sich beispielsweise im Sammelband von KÜPPER/MENKE. Die im vorliegenden Text bevorzugten Verwendungsweisen des Wortes »ästhetisch« orientieren sich vornehmlich an SEEL (1985, 1996). Die Überlegungen zu Besonderheiten ästhetischer Argumentation profitieren außerdem von KLEIMANN (1998, 2002). Siehe auch ROLLE 1999, Kapitel 3. Zur Bedeutung von musikalischen Präferenzen für ästhetische Praxen anhand von Populärer Musik siehe ausführlicher ROLLE 2008.

verbunden, darf jedoch nicht einfach damit gleichgesetzt werden. In der ästhetischen Wahrnehmungssituation sind wir nicht darauf aus, etwas erkennend oder handelnd zu erreichen, sondern wir nehmen uns Zeit für die Gegenwart des ästhetischen Objektes. Mit anderen Worten: Die ästhetische Wahrnehmung ist gekennzeichnet durch eine vollzugsorientierte und selbstbezügliche Aufmerksamkeit auf sinnlich Gegebenes. Eine ästhetische Praxis (und in diesem Sinne auch jede ästhetische Musikpraxis) lässt sich verstehen als ein Komplex von Handlungen, der bestimmt ist durch das Interesse an erfüllten Wahrnehmungsvollzügen. Ästhetische Wahrnehmung identifiziert nicht einfach und bringt das Wahrgenommene auf den Begriff (»Hier höre ich eine Trompete, dort einen Dominantseptakkord«), sondern das, was ich höre, hat etwas mit mir zu tun. Ich bin als Wahrnehmender immer mit im Spiel. Musikalische Analyse erfordert insofern nicht unbedingt ästhetische Wahrnehmung. Formteile oder harmonische Verläufe und die Frage, ob ein Musikstück regelgerecht hergestellt wurde (etwa unter Vermeidung von Quintparallelen), lassen sich auch ohne ästhetische Urteilskraft beurteilen.

Es bestünde kein Anlass zur Furcht, wenn Leistungsbewertung im Musikunterricht etwas mit ästhetischer Urteilskraft zu tun hätte, denn ästhetische Urteilspraxis ist ein rationales Geschäft – und zwar selbst dort, wo persönliche Geschmacksfragen zur Debatte stehen. Allerdings lässt sich die Geltung von Urteilen im Bereich des Ästhetischen in solchen Fällen nicht allein danach beurteilen, ob der Gegenstand, um den es geht (zum Beispiel ein Musikstück), tatsächlich die Eigenschaften hat, die ihm zugesprochen werden, ob es sich also um eine fachsprachlich korrekt formulierte und sachgerechte Beschreibung von Merkmalen handelt. Ob eine Interpretation angemessen ist, ob das Tempo, die Dynamik, die Klanggestaltung »stimmen«, lässt sich nur selten objektiv sagen. Wer ästhetisch urteilt, kann deshalb nicht ganz von sich selbst absehen und sich nur auf den Gegenstand beziehen; wer ästhetisch argumentiert, muss, um andere überzeugen zu können, bereit und in der Lage sein, die eigene Wahrnehmung, die persönliche »Sichtweise« ins Spiel zu bringen. Trotzdem ist es nicht bloß eine Frage des persönlichen Geschmacks (so wie der eine lieber Vanilleeis und der andere lieber Schokoladeneis mag), sondern man kann mit Gründen darüber streiten und dadurch möglicherweise einen anfänglichen Dissens überwinden und zu einer gemeinsamen Auffassung gelangen. Die Mitglieder eines Streichquartetts *müssen* sich einigen auf ein gemeinsames Tempo, im Hinblick auf Dynamik und Klanggestaltung. Es ist nicht leicht, vielleicht sogar unmöglich, Maßstäbe zu formulieren, an denen man die Plausibilität von Begründungen ästhetischer Urteile messen könnte, gleichwohl gilt: Unterschiedliche Auffassungen in ästhetischen »Geschmacksfragen« sind intersubjektiv verhandelbar; Konsens ergibt sich nicht nur als Folge ähnlicher musikalischer Sozialisation.

Für Fragen der Leistungsbewertung im Fach Musik ist das in doppelter Hinsicht von Belang:

1. Wenn in die Leistungsbewertung ästhetische Urteile einfließen, weil es zum Beispiel um die Qualität ästhetischer Produkte geht, die die Schülerinnen und Schüler hergestellt haben, d. h. wenn die Lehrkraft oder die Schüler untereinander einschätzen müssen, in welcher Hinsicht und in welchem Maße eine kreative Gestaltung gelungen ist, sollten diese ästhetischen Urteile begründbar sein. Die Legitimität der Leistungsbewertung von musikalischen Gestaltungsaufgaben, die sich nicht nur an der Einhaltung vorgegebener Regeln und dem Beherrschen handwerklicher Techniken orientiert, sondern offener danach fragt, ob das Ergebnis gut klingt, steht und fällt mit der Rationalität des Ästhetischen.
2. Wenn die Rationalität des Ästhetischen letztlich auf der Intersubjektivität ästhetischer Urteile gründet, zeigt sich musikalisch-ästhetische Kompetenz nicht allein darin, wie gut jemand in der Lage ist, Musik zu machen, sondern erweist sich auch darin, wie verständlich jemand über Musik sprechen und seine Auffassung erläutern kann, wie nachvollziehbar die Gründe sind, die er ästhetisch argumentierend anführt. Deshalb müssen die Schülerinnen und Schüler selbst aufgefordert werden zur Begründung der ästhetischen Urteile, die in ihren Produktionsprozessen im Unterricht, beim Arrangieren, Improvisieren und Komponieren bis hin zur Frage, ob bzw. wie weit das Werk am Ende gelungen ist, für Entscheidungen maßgeblich waren.[7]

Vor dem Hintergrund von Überlegungen zur musikalisch-ästhetischen Bildung mit Leitbegriffen wie »ästhetische Wahrnehmung« und »Inszenierung ästhetischer Erfahrungsräume« lässt sich der »ästhetische Streit« im (Musik-)Unterricht gewissermaßen als Medium von ästhetischen Wahrnehmungs- und Erfahrungsprozessen verstehen: Wenn Unterrichtssituationen so inszeniert werden, dass die Beteiligten aufgefordert sind, sich ästhetisch argumentierend miteinander auseinanderzusetzen (zum Beispiel weil sie sich über die Gelungenheit eines gemeinsam komponierten Musikstückes verständigen müssen), entstehen ästhetische Erfahrungsräume, d. h. die Schülerinnen und Schüler werden dazu verleitet, sich der Musik und der Situation, in der sie erklingt, in ästhetischer Ein-

---

[7] Von WALLBAUM 2000 werden diese Überlegungen zur Produktionsdidaktik im Musikunterricht ausführlich entfaltet.

stellung zuzuwenden. Gleichzeitig werden in diesen Interaktionen musikalische Kompetenzen erworben. Wo ästhetisch gestritten wird, müssen beispielsweise die erforderlichen Fähigkeiten zur ästhetischen Argumentation erworben werden, d. h. die Schülerinnen und Schüler werden zunehmend in die Lage versetzt, ihre Vorstellung davon, wie eine Musik klingen soll, überzeugend (nämlich verständlich, ausreichend differenziert und möglichst plausibel) zu begründen bzw. ihre Interpretation eines Musikwerkes anderen gegenüber zu rechtfertigen.

Christine Stöger hat vor einiger Zeit zwei Beispiele für kreative Gestaltungsaufgaben im Musikunterricht unter der Perspektive der Leistungsbeurteilung präsentiert, anhand derer sich die bisherigen Überlegungen anwenden, verdeutlichen und prüfen lassen. Sie behauptet, dass auch bei kreativen Gestaltungsaufgaben »ein hohes Maß an Klarheit und Übereinstimmung in der Bewertung für alle Beteiligten«[8] erreicht werden kann. Im ersten Beispiel (»Eine musikalische Aktion mit Papier und Steinen«) werden Fünftklässlern eines Gymnasiums vier Regeln vorgegeben, die einerseits Hilfestellungen für die musikalische Gestaltung und gleichzeitig ein »Handwerkszeug für die Auswertung« darstellen sollen: »Entwerft in Eurer Gruppe ein kurzes Musikstück mit Papier und Steinen, das ihr aufführen könnt. Ihr habt für die Vorbereitung 20 Minuten Zeit. Berücksichtigt folgende Regeln:

1. Das Stück soll spannend sein.
2. Merkt es Euch so gut, dass Ihr es wiederholen könnt.
3. Alle Klänge und Geräusche müssen geplant und ganz genau ausgeführt sein. Achtung: Keine unbeabsichtigten Geräusche!
4. Mindestens an einer Stelle soll eine längere, spannungsvolle Pause eingebaut werden«[9]

Dass die vier Regeln eine gute Hilfe für die Schülerinnen und Schüler darstellen, weil sie nicht nur Anforderungen formulieren, sondern dabei auch Anregungen bieten, ist glaubwürdig. Es leuchtet außerdem ein, dass die Vorgabe derartiger Regeln eine transparente Leistungsbeurteilung erleichtert, weil diese sich als erstes an der Frage orientieren kann, ob und wie die Regeln eingehalten wurden. Wenn Ziffernnoten gegeben werden müssen, könnte die Bewertung für diejenigen, die alles richtig gemacht haben, eine 1 vorsehen und bei Regelverstößen oder Unachtsamkeiten Abzüge vornehmen.

Schwierig bleibt allerdings die Einschätzung, ob die erste Regel (»Das Stück

[8] STÖGER, S. 6.
[9] Ebd.

soll spannend sein«) erfüllt wurde. Hier ist ästhetische Urteilskraft gefragt. Von der Wirkung auf die Zuhörer bei der Präsentation sollte sich die Beurteilung nicht leiten lassen, denn die kann täuschen, ist sie doch von manchen kontingenten Bedingungen abhängig. Handelt es sich um die erste Präsentation oder die der fünften Gruppe in Folge? Womit überraschte die vorangegangene Gruppe? Wodurch ließen sich die Zuhörer ablenken? Die Hörerwartungen spielen eine entscheidende Rolle. Ob eine Musik spannend ist, ist zunächst einmal eine Relation: Ein Stück ist spannend für jemanden, für jemand anderen ist es vielleicht nicht so spannend. Das lässt sich nicht objektiv beurteilen, wenn auch die Wahrnehmungen verschiedener Zuhörer stark übereinstimmen mögen. Es ist auch keine Frage einer Mehrheitsentscheidung, mit der der eine Mitschüler überstimmt werden könnte, der glaubhaft versichert, ihn habe die Aufführung gelangweilt (»Das war doch vorhersehbar, dass ihr am Schluss alle Steine und Papiere gleichzeitig fallen lasst«).

Nicht auf die Wirkung, nicht auf die Meinung der Mehrheit, sehr wohl aber auf die Gründe, die von den Beteiligten angeführt werden, kann sich die Leistungsbeurteilung stützen, weshalb es ratsam sein dürfte, die Schülerinnen und Schüler um begründete Einschätzungen zu bitten und sie zur Diskussion aufzufordern. Es hängt selbstverständlich vom Alter und von den Erfahrungen der Klasse mit solchen Formen ästhetischen Streits ab, wie aufeinander Bezug genommen wird, wie differenziert argumentiert wird, welches sprachliche Ausdrucksvermögen und welche fachsprachlich präzisen Begriffe zur Verfügung stehen. Vielleicht nicht in einer 5., aber in einer höheren Klassenstufe könnte ein anderer Mitschüler den intersubjektiven Geltungsanspruch, das Stück sei spannend, aufrechterhalten und der oben geäußerten Kritik des ersten, die Aufführung habe ihn gelangweilt, entgegnen: »Auch wenn Du den Schluss so erwartet hast (ich habe auch damit gerechnet), es war gleichwohl eine gute Stelle, denn wir konnten ja nicht sicher sein. Das erzeugt ja gerade die Spannung. Außerdem war das Stück doch insgesamt spannungsvoll aufgebaut: das lange Crescendo zum Beispiel, wo alle die Papierblätter erst leise aneinander gerieben haben und dann wie aus dem Nichts ein Ostinato entstand, das Katrin dann mit den Steinen aufgegriffen hat.« Nicht die Wirkung auf die Zuhörer (die unterschiedlich sein mag: der eine war gespannt, der andere nicht) wird hier als Kriterium für die Gelungenheit des Stückes herangezogen, sondern Gestaltungsmerkmale des Werkes. Ob die Musik spannungsvoll ist, wird dadurch zu einer Frage des musikalischen Ausdrucks. So können die Beteiligten mit Gründen streiten, sie können andere aufmerksam machen auf bestimmte Stellen, sie können dadurch zu überzeugen versuchen, dass sie für bestimmte Wahrnehmungsweisen werben.

Ein anderer Mitschüler in der Oberstufenklasse, in der wir uns befinden, verteidigt die Aufführung der Gruppe mit der Aufforderung »Schließ doch mal die Augen und stell dir vor, du sitzt in der Bibliothek. Es ist still, nur leise Geräusche von Papier, das aneinander gerieben wird. Du kannst nicht genau sagen von wo, irgendwo hinter dir. Es wird lauter. Du denkst: Was ist das? Was geht hier vor? Aber nicht die Augen öffnen. Ein Rhythmus entsteht. Du fragst dich, ob das Absicht ist. Der Rhythmus wiederholt sich. Machen die alle mit? Was ist das jetzt? Steine?« Eine solche Anleitung[10] kann ein Argument in der ästhetischen Bewertung darstellen, auch wenn sie den gelangweilten Mitschüler nicht dazu veranlasst, seine Einschätzung zu verändern.

Die Gelungenheit einer Gruppenimprovisation in der elementaren musikpädagogischen Arbeit mit Kleinkindern kann sich vermutlich nicht darin erweisen, ob und wie die Beteiligten das Ergebnis in Worte fassen und ihren Eindruck begründen. In vielen Fällen aber ist eine Phase der Reflexion, die sich an die Präsentation von Schülerprodukten, insbesondere an musikalische Aufführungen anschließt, möglich und sinnvoll. Häufig ist sie bereits Teil der Aufgabenstellung. So in dem zweiten Beispiel von Christine Stöger, der Abituraufgabe »Barock 'n' Beyond«.[11] Es soll am Computer mit Hilfe des Sequenzer-Programms *Logic* eine eigenständige Bearbeitung eines barocken Werkes, das die Schülerinnen und Schüler als Midi-Datei erhalten, entwickelt und präsentiert werden. Teil der Präsentation ist die vergleichende Erläuterung der Bearbeitung hinsichtlich Bearbeitungstechniken, unterschiedlicher Publikumswirkungen und geeigneter Verwendungszwecke. Aus der Aufgabenstellung, die in dem Beitrag abgedruckt ist, geht nicht eindeutig hervor, ob »nur« die korrekte Anwendung von im Unterricht erlernten Regeln und Techniken gefordert ist oder ob die originelle Besonderheit einer Bearbeitung (in welchem Stil auch immer) von den Prüfern gewürdigt wird. Die Bewertungskriterien, die Stöger[12] anführt, lassen aber die Vermutung zu, dass die Beurteilung des musikalischen Produktes von den Prüfern ästhetische Urteilskraft erfordert. Genannt werden u. a. die »angemessene und vom Hörer nachvollziehbare Auswahl musikalischen Materials«, »die begründete Abweichung von Regeln«, »Bewusstsein für klangliche Realisation« sowie die »musikalisch und technisch gelungene Umsetzung der Bearbeitung«. Der zweite Aufgabenteil, die Erläuterung im Rahmen der Präsentation (»entsprechend der aus dem Unter-

---

[10] WALLBAUM (z. B. 1998a) spricht von »Gebrauchsanweisungen«, mit denen andere in der ästhetischen Wahrnehmungspraxis angeleitet werden.
[11] STÖGER, S. 6f.
[12] Ebd.

richt bekannten Kriterien«), dient der Reflexion. Als Bewertungskriterien werden u. a. »Umfang und Differenziertheit der mündlichen Präsentation (fachgerechte Sprache, klarer Aufbau, Nachvollziehbarkeit der Begründungen, ...)« genannt. Ein ästhetisches Urteil wird von den Schülerinnen und Schülern nicht ausdrücklich verlangt. Die Fragen nach Publikumswirkung und Verwendungszwecken können die Prüflinge allerdings im Grunde nur dann überzeugend beantworten, wenn sie sich zum musikalischen Ausdruck des konkreten Originals und ihrer konkreten eigenen Bearbeitung äußern und nicht bloß im Unterricht erworbene musikpsychologische und musiksoziologische Kenntnisse zu typischen Wirkungen und Verwendungsweisen von Musik der jeweiligen Stilistik reproduzieren. Ohne Fähigkeiten zur ästhetischen Argumentation kommen die Schülerinnen und Schüler vermutlich nicht aus.

Für die unterschiedlichsten Musikpraxen ist die Fähigkeit zur Begründung musikbezogener Urteile wichtig. Für musikalisch-ästhetische Bildung sollte ästhetisches Argumentationsvermögen deshalb eine zentrale Kategorie darstellen. Zu Recht ist in Zielformulierungen und Anforderungen des Musikunterrichts immer wieder von Aspekten wie »Befähigung zu begründeten Urteilen« die Rede. In den Einheitlichen Prüfungsanforderungen in der Abiturprüfung Musik[13] werden als Zielperspektiven der Abiturprüfung u. a. genannt die »geistig-rationale Auseinandersetzung mit Musik und ihre kritische Beurteilung sowie Reflexionsfähigkeit« sowie die »Auseinandersetzung mit unterschiedlichen Standpunkten, Ansichten, Anschauungen und Wertungen«.[14] Einer der Beschlüsse von 2005 lautet: »Individuelle Zugänge zur Musik, ästhetisches Werten und begründetes Urteilen werden deutlicher einbezogen.«[15] Das Urteilsvermögen, von dessen Herausbildung und Entwicklung die Rede ist, soll Gegenstand von Prüfungsleistungen insbesondere im so genannten Anforderungsbereich III sein, in dem es um das selbständige Begründen, Folgern, Werten, Deuten, Erörtern und kreativ Darstellen geht.[16] Von einer spezifisch ästhetischen Urteilskompetenz ist in den EPA allerdings nicht ausdrücklich die Rede, weshalb man auf den Gedanken kommen könnte, es sei nichts anderes gemeint als die ganz »gewöhnliche« Argumentationsfähigkeit, von der auch in den Anforderungen anderer Fächer die Rede ist, hier nun

---

[13] Kultusministerkonferenz 2005, im Folgenden als: EPA Musik 2005.
[14] Ebd., S. 6.
[15] Ebd.
[16] Typische Arbeitsanweisungen im Anforderungsbereich III lauten zum Beispiel »Bewerten Sie...«, »Begründen Sie...«, »Nehmen Sie kritisch Stellung...« oder »Erörtern Sie...«.

eben bezogen auf Musik. Es ginge demnach um die Fähigkeit zur Begründung von sachlichen Behauptungen wie »Der Seitensatz beginnt in Takt 12, was man daran erkennt, dass ...« oder »Es handelt sich vermutlich um ein Werk der Wiener Klassik, weil ...«. Gleich in der ersten Beispielklausur, die die EPA präsentieren,[17] wird jedoch deutlich, dass mehr gemeint sein muss, denn dort heißt es in der letzten Teilaufgabe: »nehmen Sie Stellung zur musikalischen Umsetzung des Themas »Einsamkeit« in beiden Liedern« (es geht um einen Vergleich von Schuberts »Der Leiermann« mit »Eleanor Rigby« von den Beatles). Zur Bewältigung einer solchen Aufgabe ist die ästhetische Wahrnehmung des Ausdrucks der Musik erforderlich. Im Erwartungshorizont[18] ist davon die Rede, beide Musikbeispiele seien »durch einen resignativen Grundzug geprägt«, der sich »in der Schlichtheit und Sparsamkeit der verwendeten Mittel (Harmonik, Begleittechnik, formelhafte Melodik)« spiegele. Der resignative Grundzug erschließt sich nur einer Interpretation, die mehr hört als die verwendeten Mittel. Die Prüflinge müssen auf den musikalischen Ausdruck achten, d. h. von ihrem Höreindruck ausgehen, ihn deuten und dann die verantwortlichen musikalischen Gestaltungsmerkmale nennen.

Praxis der Leistungsbewertung

Bei der Tagung »Leistung im Musikunterricht« an der Hochschule für Musik und Theater München im Juni 2008 waren die angesprochenen Fragen ganz praktisch Gegenstand seminaristischer Arbeit mit Lehrerinnen und Lehrern. Im Zentrum eines Workshops[19] stand eine Oberstufenklausur, die Christopher Wallbaum ursprünglich Ende der 1990er Jahre an der Max-Brauer-Schule in Hamburg in einem jahrgangsübergreifenden Musikgrundkurs (Stufe 12 und 13) gestellt hatte.[20] Wenn man die Terminologie der EPA Musik zugrunde legt, beziehen sich die Aufgabenstellungen auf den Bereich »Musik erschließen« und entsprechen der schriftlichen Aufgabenart »Erschließung von Musik durch Un-

---

[17] Ebd., S. 27ff.
[18] Ebd., S. 31.
[19] Das zweistündige Seminar wurde gemeinsam mit Christopher Wallbaum durchgeführt und trug den Titel »Wie zeigt sich ästhetische Kompetenz? Leistungsbeurteilung in der gymnasialen Oberstufe in der Spannung zwischen der Freiheit ästhetischer Musikpraxis und verbindlichen Standards«.
[20] Siehe Kasten 1.

tersuchung, Analyse und Interpretation«.²¹ Das Musikstück, um das es geht, ist eine Komposition des französischen Komponisten Bernard Parmegiani mit dem Titel »Ponomataopoées«.²² Musik und Komponist waren den Schülerinnen und Schülern unbekannt; vergleichbare Werke, in denen Geräusche das musikalische Material bilden, waren im vorangegangenen Unterricht gehört und besprochen worden. In der Teilaufgabe 1 (Anforderungsbereich I, »Reproduktion«²³) soll das musikästhetische Programm Luigi Russolos zu einer Kunst der Geräusche wiedergegeben werden. Das war Thema im Kurs; zur Erinnerung ist ein Ausschnitt des futuristischen Manifestes von Russolo in der Klausur noch einmal abgedruckt.²⁴ Damit werden gleichzeitig zentrale Aspekte für die folgende Analyse und Interpretation angesprochen. Die zweite Teilaufgabe (Anforderungsbereich I und II, »Transfer«²⁵) fordert das Anfertigen einer Hörpartitur, für die den Schülerinnen und Schülern ein Vordruck mit Zeitleiste und einigen markanten Orientierungspunkten zur Verfügung gestellt wird.²⁶ Bei der Wiedergabe ihres Höreindrucks sollen sich die Prüflinge auf die Hörpartitur beziehen, so dass klar

---

[21] In der EPA Musik 2005 finden sich diese Formulierungen auf den Seiten 7 und 14. Im Bereich »Musik erschließen« geht es um den »Nachweis der Fähigkeit, gestaltbildende Merkmale der Musik zu erkennen, zu beschreiben, zu analysieren, zu interpretieren, deren Wirkung und Bedeutung zu beschreiben und reflektierend zu beurteilen« (ebd., S. 7). Die oben erwähnte Beispielklausur zu Schubert und den Beatles gehört in den gleichen Bereich.

[22] Bernard Parmegiani (*1927 in Paris) hatte ursprünglich Klavier gelernt und Pantomime studiert, arbeitete als Fernseh-Tontechniker und wurde dann von Pierre Schaeffer für die Elektronische Musik gewonnen. 1959 wurde er Mitglied der Groupe de Recherches Musicale. Das Stück *Ponomatopoées* (Dauer 6 min) entstand 1970 als »suite électro-acoustique extraite du film de R. Lapoujade: Le Socrate; création: Musée Guimet / GRM (Paris), 1972« und steht in der Tradition der musique concrète (siehe dazu im Internet: http://www.parmegiani.fr [zuletzt geprüft am 02.08.2008]).

[23] Laut EPA Musik gehört dazu »die Wiedergabe von Sachverhalten (...) sowie die Anwendung gelernter und geübter Verfahrensweisen in einem begrenzten Gebiet und in einem wiederholenden Zusammenhang« (EPA Musik 2005, S. 10).

[24] Zum vollständigen Text in deutscher Übersetzung siehe RUSSOLO 2000. Unterrichtsinszenierungen zu diesem Themenbereich beschreibt Wallbaum 1998b und 2001.

[25] Laut EPA Musik gehört dazu »die selbständige Anwendung des Gelernten auf vergleichbare Situationen« (EPA Musik 2005, S. 11).

[26] Der Vordruck ist in den weiter unten abgedruckten Hörpartituren erkennbar. Die Forderung der EPA, dass für Aufgaben des in Frage stehenden Typs Klangbeispiel und Notation zur Verfügung stehen müssen (EPA Musik 2005, S. 14), sollte in der nächsten Auflage möglicherweise ergänzt werden durch einen Hinweis auf die Alternative, dass die Prüflinge Hörpartituren in Form von graphischen Wahrnehmungsskizzen o. ä. selbst erstellen. Dass auch Höranalysen durch die Bezugnahme auf Notiertes an Nachvollziehbarkeit und Verbindlichkeit gewinnen, ist nicht zu bestreiten.

ist, von welcher Stelle des Stückes die Rede ist. Das wurde im Unterricht geübt; in vorangegangenen Klausuren hatte es schon ähnliche Teilaufgaben anhand anderer Musikstücke gegeben. In einem dritten Schritt (Anforderungsbereich III, »Beurteilung«[27]) geht es um die Beantwortung der grundlegenden Fragestellung, ob die vorliegende Komposition im Sinne der Zukunftsvision gelungen ist, die Russolo in seinem Manifest entwickelt, d. h. insbesondere, ob sie dem Hörer zu »futuristischen Ohren« verhelfen kann. Dafür sollten die Schülerinnen und Schüler einerseits »objektiv« prüfen, inwiefern die Gestaltungsmerkmale des Stückes, die sie in Teilaufgabe 2 beschrieben hatten, den Charakteristika entsprechen, die Russolo in seinem futuristischen Programm für eine künftige Geräuschkunst fordert. Andererseits mussten sie verbalisieren und begründen, wie ihnen die Musik »subjektiv« gefällt. Ob die Musik geeignet ist, dem Hörer futuristische Ohren wachsen zu lassen und die Musikalität von Geräuschen wahrnehmbar zu machen, kann sich erst in der Konfrontation der objektiven mit der subjektiven Betrachtung erweisen. Musik ist im ästhetischen Sinne gelungen, wenn sie die Ohren zu öffnen vermag für das, was erst dann zu hören ist. Die Klausur zeichnet sich u. a. dadurch aus, dass die Untersuchung als Auswertung der persönlichen Höreindrücke der Prüflinge zu verstehen ist und dem begründeten persönlichen Werturteil eine zentrale Bedeutung zukommt.[28]

---

[27] Laut EPA Musik gehören dazu u. a. selbständige Begründungen, Folgerungen, Wertungen, Lösungen und Deutungen in Prozessen musikfachlicher Erörterung oder kritischer Auseinandersetzung. Es müssen verschiedene Aspekte zusammengefasst und daraus Deutungen von Musik in ihrer historischen, gesellschaftlichen, ästhetischen und aktualisierenden Dimension abgeleitet werden (EPA Musik 2005, S. 12).

[28] So wie die EPA es als Möglichkeit für Aufgaben dieses Typs beschreiben (EPA Musik 2005, S. 14f.).

Kasten 1

Musik 12 / 13 – Klausur – Name:

DIE GRUNDLEGENDE FRAGESTELLUNG: Ist die vorliegende Komposition *Ponomatopoées* (6:20 sec von Bernard Parmegiani, *1927) im futuristischen Sinn gelungen, d. h., verhilft sie Dir zu »futuristischen Ohren«?

1. Erläutere mit eigenen Worten, wie nach Russolo eine Komposition beschaffen sein muss, die zu »futuristischen Ohren« verhilft. Ziehe zur Beschreibung auch die Grundformen ästhetischer Wahrnehmung heran.

Zur Erinnerung die letzte Schlussfolgerung aus Luigi Russolos Brief zur »Geräuschkunst« (11.03.1913):

»Wir fordern deshalb die jungen und begabten Komponisten auf, aufmerksam alle Geräusche zu beobachten, um die verschiedenen Rhythmen, aus denen sie bestehen, ihren Hauptton und ihre Nebentöne, herauszuhören. Wenn sie dann die verschiedenen Klangfarben der Geräusche mit den Klangfarben der Töne vergleichen, werden sie feststellen, dass die ersten sehr viel zahlreicher sind als die zweiten. Das hilft uns nicht nur zum Verständnis der Geräusche, sondern vermittelt uns auch den Geschmack an ihnen und die Leidenschaft für sie. Nachdem unsere vervielfältigte Sensibilität futuristische Augen bekommen hat, wird sie endlich auch futuristische Ohren haben. Dann können wir die Motoren und die Maschinen unserer Industriestädte eines Tages aufeinander abstimmen, so daß jede Fabrik in ein berauschendes Geräuschorchester verwandelt wird.«

2. Fertige (2a) eine Hörpartitur an, die auf einer rein klanglichen Ebene auffällige Einschnitte und Passagen grafisch markiert, und gib (2b) Deinen Höreindruck wieder: Was nimmst Du wahr? (Gib bei 2b Hinweise auf 2a.)
3. (Interpretation und Urteil über die Gelungenheit [= ästhetisches Urteil]) Beantworte die grundlegende Fragestellung. Bringe dafür einerseits Deine Ergebnisse aus Aufgabe 2 mit denen aus Aufgabe 1 in Zusammenhang. Verbalisiere und begründe dafür außerdem Deinen persönlichen Geschmack: Wie gefällt Dir das Stück? Warum gefällt es Dir (nicht)?

Bewertungskriterien: Die Zeit reicht nicht, um jede Aufgabe mit äußerster Gründlichkeit zu bearbeiten. Wichtig ist, dass jede Aufgabe bearbeitet wird, weil die Qualität letztlich im Wechselspiel zwischen ihnen liegt. Es kommt dabei vor allem auf nachvollziehbare Beschreibungen und plausible Deutungen, aber auch auf die richtige Verwendung von Fachbegriffen an.

Die Klausurtexte der Hamburger Schülerinnen und Schüler lagen den Lehrkräften im Workshop nicht vor. Stattdessen hatten (gewissermaßen als kleines Experiment zum Thema Leistungsbewertung) die Teilnehmer eines Fachdidaktikseminars an der Hochschule für Musik Saar im Sommersemester 2008 die Klausur zur Bearbeitung vorgelegt bekommen. Die Situation der Studierenden unterschied sich von der der Schüler u. a. dadurch, dass ihnen die unterrichtlichen Lernvoraussetzungen fehlten. Die Themen (Musik-)Ästhetik, Futurismus, Neue Musik, musique concrète waren nicht Gegenstand des Seminars, die Vorkenntnisse der Studierenden insofern sehr unterschiedlich. Gewissermaßen »aus dem Stand« hatten sie nach kurzen Erklärungen zum Kontext nur 50 Minuten Zeit, die beiden Teilaufgaben 2 und 3 zu beantworten. Sie sollten bei bzw. nach einmaligem Hören eine Hörpartitur anfertigen, ihren Höreindruck wiedergeben und die grundlegende Fragestellung nach der Gelungenheit des Musikstückes beantworten. Weil kein Unterricht zum Thema vorausgegangen war, war klar, dass die Reproduktions-Teilaufgabe 1 entfallen musste; den abgedruckten Textausschnitt galt es dafür umso gründlicher zu lesen, weil er als Grundlage der Auseinandersetzung mit der ästhetischen Position Russolos dienen sollte. Die Absicht des Experiments bestand darin, von den Studierenden Texte produzieren zu lassen, anhand derer sich Wege und Schwierigkeiten der Leistungsbewertung im Hinblick auf ästhetische Kompetenz verdeutlichen lassen. Gegenstand der anschließenden Bewertungsversuche im Rahmen des Münchner Workshops sollten nicht die Kenntnisse der »Prüflinge« sein, nicht die Leistungen in den Anforderungsbereichen I und II, sondern die Begründungen, die ästhetischen Argumentationen, die sich in den Klausurtexten finden. Die Arbeit im Workshop sollte sich auf das Wesentliche konzentrieren.[29] Vier Texte von Studierenden wurden im Vorfeld zur Bewertung durch die bayerischen Lehrerinnen und Lehrer ausgewählt, weil sich in ihnen eine gewisse Bandbreite unterschiedlicher Lösungsansätze und wertender Einschätzungen zeigt (siehe Kasten 2 bis 5).

[29] Das Thema »Schwierigkeiten der Leistungsbewertung« hätte man auch anhand von Schülerklausuren aus konkreten Unterrichtszusammenhängen erörtern können. Die Idee, die Lehrerinnen und Lehrer eigene Aufgabenstellungen und Schülertexte mitbringen zu lassen, war in der Vorbereitung schnell wieder verworfen worden. Das hätte die Aufmerksamkeit auf andere Probleme gerichtet und zeitraubende Erläuterungen von Kontexten erforderlich gemacht.

Kasten 2

> **Anna**
>
> 2b) Höreindruck:
>
> - Wasser, plätschernder Höreindruck
> - Stimmen in verschiedenen Lagen und teilweise verzerrt
> - Tiefe Bassstimme erinnerte an meditativen Mönchsgesang
> - Rauschen
> - Summen, das an mehrere Bienen erinnert
> - Hektischer Rhythmus erinnert an anlaufende Maschinen
> - Die zu Beginn zu hörenden Stimmen erinnerten an eine wild plappernde Menschenmenge, die sich über irgend etwas aufregt (cresc.)
> - Surren, das an handwerkliche Arbeitsgeräte erinnert (z. B. schnell surrender Bohrer)
> - Atemgeräusche zum Schluss
>
> 3.
> Grundsätzlich stehe ich solcher Musik kritisch gegenüber. Die Frage, ob Musik überhaupt die richtige Bezeichnung für das Gehörte ist, muss man sich stellen. Denn für mich muss Musik zumindest die Elemente Melodie, Harmonie und Rhythmus beinhalten, damit man dem Begriff gerecht werden kann. Zusätzlich ist es für mich keine große künstlerische oder kreative Aufgabe ein solches Stück zu »komponieren«.
> Außerdem kann ich nicht behaupten, dass dieses Stück meine »futuristischen Ohren« öffnet. Man darf zwar nicht abstreiten, dass Geräusche vielschichtig sind und vielleicht durchaus interessanter als ein Klavierton klingen, doch sie bleiben nur Geräusche. Vom Geräusch zum Ton ist es für mich ein weiter Weg. Die Meinung von Russolo kann ich daher nicht vertreten. Geräusche sind für mich keine Töne und bestehen schon gar nicht aus Haupt- und Nebenton.
> Bedenkt man allerdings den Zeitpunkt der Komposition, kann man davon ausgehen, dass das Stück zu dieser Zeit schon eher als futuristisch bezeichnet werden kann. Geräusche, die in einer Industriestadt entstehen, waren neu und für die Menschen durchaus futuristisch.
> Allerdings ist es aus heutiger Sicht nicht mehr futuristisch die Geräusche einer Industriestadt zu hören. Der Trend geht wohl zur Lärmreduktion. Solche Stücke sind also am besten völlig zu vermeiden.

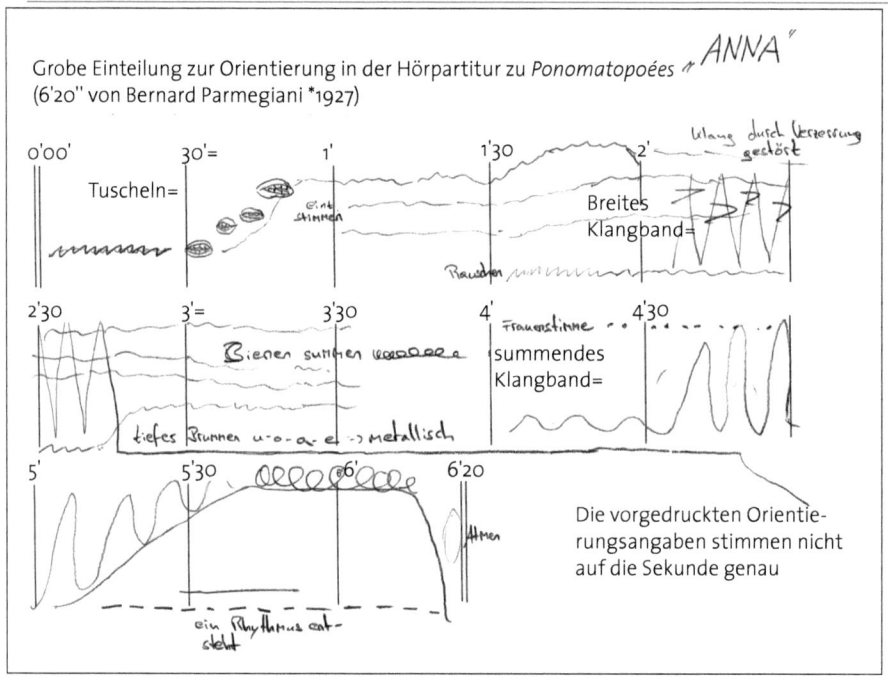

Kasten 3

Bernd

2b) Höreindruck:
Verrückte Klänge aneinandergereiht

- »lautes« Flüstern
- Summen (Bienenschwarm)
- Straßenlärm
- Wimmernder Gesang + Stimmen
- gegen Ende sogar ein Instrument, das einen Rhythmus spielt und diesen geringfügig variiert (Klavier?) (ab der 5')
- schnelle rückwärts abgespielte Aufnahmen (von »echten« Wörtern?)
- hohe schrille Töne, ähnlich einer Hundepfeife
- lauter und leiser werden, anschwellen + abschwellen
- »Klangcollage«
- teilweise fließender Übergang von einem zum nächsten, manchmal aber auch abrupt
- Scharr- / Kratzgeräusche, »Schlabbern«

3.
Mit dieser Klangcollage ist Herrn Parmegiani meiner Meinung nach eine futuristische Komposition gelungen. Auf der Suche nach neuen Mitteln für bzw. in der Musik entstand etwas ganz Neues. Losgelöst von Tönen. Frei oder fast frei von Metrum und Rhythmus.
Ob man diese Komposition, diese Aneinanderreihung von Klängen als Musik bezeichnen kann, lässt sich in meinen Augen bezweifeln. Ich denke, es ist einfach eine freie Kunst, die nur eines mit der Musik gemeinsam hat, nämlich dass man sie mit dem Gehör wahrnimmt. Andererseits bezeichnet man sowohl ein Stillleben als auch wirre Farbtupfer als »Malerei«. Ich denke auch hier, weil die Wahrnehmungstätigkeit dieselbe ist (Augen). Ich würde sagen, dass es sich dann doch in gewisser Ansicht als Musik bezeichnen lässt.
Gefällt mir das »Stück« oder nicht? Von gut oder schlecht gefallen kann man hier, denke ich, nicht reden. Also nicht von schön. Für mich ist es einfach nur interessant. Wirre Klänge aneinander gereiht, bei denen man die verschiedensten Assoziationen hat. Es ist nichts zur Entspannung. Man muss es auf sich wirken lassen. Und es wirkt. Ist nach 5-maligem Hören bestimmt echt ätzend, aber es wirkt.

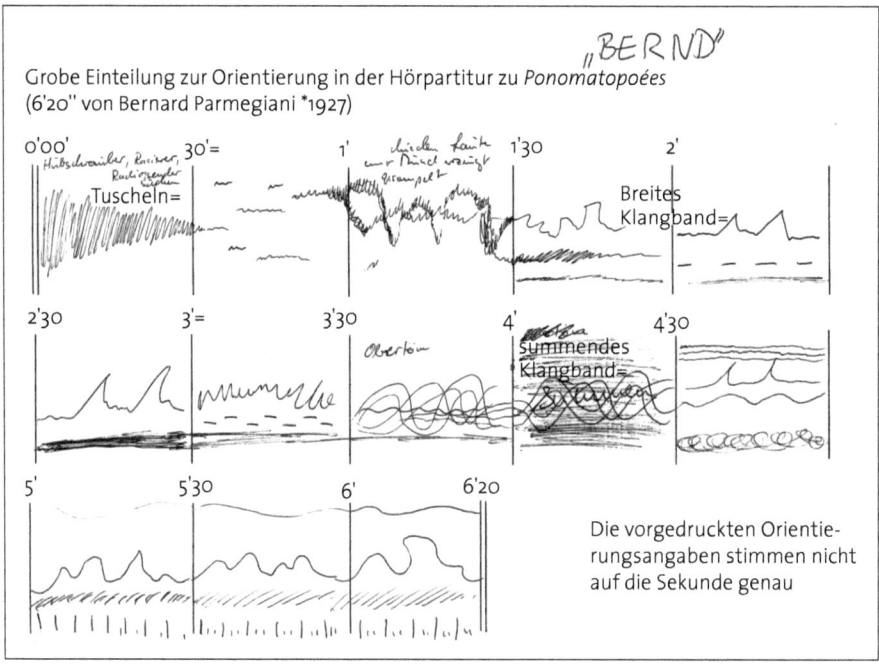

Kasten 4

> **Cäsar**
>
> 2b) Höreindruck:
>
> - es beginnt mit etwas Undefiniertem und geht zu einer Art Rauschen oder Plätschern über.
> - Steigerung zum Tuscheln ca. 30''
> - Männerstimmen → verfremdet → wird deutlicher bei ca. 1'30'' Worte erkennbar (Durchsage ... vielleicht)
> - Stimme durch Lautsprecher
> - Dialog ist erkennbar (2 Stimmen)
> - Geht zum »Geplapper« über
> - 1'30'': hört sich an, als ob bei einem Radio ein Sender gesucht wird (wildes Hin- und Herdrehen des Suchknopfes)
> - es kommt etwas dazu, das immer dabei ist → dazwischen Laute, immer wilder
> - kommt zum Durcheinander → Roboter zu hören → Blubbern immer da
>
> **3.**
> Das Stück von Bernard Parmegiani finde ich sehr gelungen. Schade ist, dass man nicht weiß, wann das Stück entstanden ist. Dies wäre meiner Meinung nach sehr wichtig, den Kontext zu kennen. Ich denke dennoch, dass der Krieg dieses Musikstück geprägt hat. Es ist ein interessantes Stück. Allein schon am Anfang, dieses Undefinierte heraus zu finden ist sehr interessant. Mit jeder Minute, die man hört, kommen mehr Überraschungen vor. Zwangsläufig muss aber nach einer gewissen Zeit etwas Konträres kommen. Dies passiert hier und macht das Stück wieder auf das Neue interessant.
> Ich sehe drei Themen in diesem Stück. Am Anfang, dann bei ca. 3'30'' ein neuer Abschnitt und bei ca. 5' noch etwas Neues.
> Es kann die Gesellschaft des 20. Jahrhunderts symbolisieren. Ein krisengeprägtes Jahrhundert, das auch nach einigen Abschnitten neu anfangen musste. Was bringt die Zukunft? – Stille / Keine Antwort. Sehr interessant.

Kasten 5

Daisy
2b) mein Höreindruck:

Zu Beginn:
- rauschen, Geräusche, Zuggeräusche } »Einleitung«
- Stimmen, die gurgeln + »tuscheln« (Männerstimme) »blablabla«
- Wie eine Ansage am Bahnhof aus Lautsprechern → man versteht aber die Worte nicht
- Technisch, im Takt / Rhythmus
- verfremdet

bei ca. 2 min:
- Stimmen werden schneller, mehr, das »Gurgeln« lauter, rhythmisiert
- Teile wiederholen sich und werden wieder aufgegriffen, Rhythmus wirkt bedrohlich
- Über ~1 min bleiben die Klänge laut ∧∧∧∧∧∧, großes Durcheinander, Gleichzeitigkeit bis sie verschwimmen und wieder in Gurgeln übergehen

bei ca. 3'30":
- ein neues Element tritt hinzu: ein »Summ-ähnliches« Geräusch, Geschwirr
- die Sprechstimme wechselt von »Wortfetzen« in Vokale »aaah, eeeh« → wie in Zeitlupe
- Echoelemente, Geschwirr, die Lautstärke geht zurück

bei ca. 4'30":
- Stimmen setzen wieder ein (unkenntlich gemachte Sprache)
- Echo-Effekt
- wird leiser und wird bei ca. 5'30" durch sphärische Klänge ergänzt, Industrieakustik
- hohe Frequenzen

bei ca. 6 min:
- Rhythmus tritt hinzu, Wiederholungen
- Stimmen, hohe Frequenzen und Rhythmus gleichzeitig
- aus dem Forte-Bereich – Schluss

3.
Vor dem Hintergrund der Zeit, also zu Beginn des 20. Jh., denke ich, dass die Klangkomposition von Parmegiani Russolos Kriterien im futuristischen Sinne erfüllt. Die

Leute waren technikbegeistert, sehnten sich nach einer Veränderung und setzten ihre Hoffnung in die Kraft der industriellen Maschinen. Die Bewegung steht im Vordergrund, sie wird in ihre einzelnen Bestandteile zersplittert und erfahrbar gemacht. Die Zeit zwischen den Weltkriegen brachte viele neue technische Entwicklungen. Es konnte nicht mehr »so weiter gehen« wie zuvor; einige Menschen erhofften sich durch den Krieg neue Möglichkeiten, andere drückten in ihrer Art, neue Kompositionsverfahren zu entwickeln, aus, dass eine neue Betrachtungsweise der Welt dringend notwendig war (→ Atonale Musik etc.)

Mir persönlich gefällt das Stück nicht sehr gut, da es sehr bedrohlich wirkt; allerdings denke ich, dass es sehr gut gemacht ist. Es beinhaltet viele Aspekte der »futuristischen Einstellung«. Die menschliche Stimme, ihr Klang wird auseinandergeschnitten und neu zusammengefügt. Geräusche vermischen sich, die Gleichzeitigkeit von Mensch und Maschinen ist deutlich wahrnehmbar.

Außerdem entsteht ein Abwechseln von einer einzelnen Stimme und dem Verweben mit anderen + vielen hinzu tretenden Geräuschen, die sich steigern und zu einem großen Ganzen vereinigen.

Der Takt tritt immer wieder auf, die »Uhr tickt weiter«. Da das Stück in der Nachkriegszeit entstanden ist, würde mich interessieren, ob es an inhaltlich ….

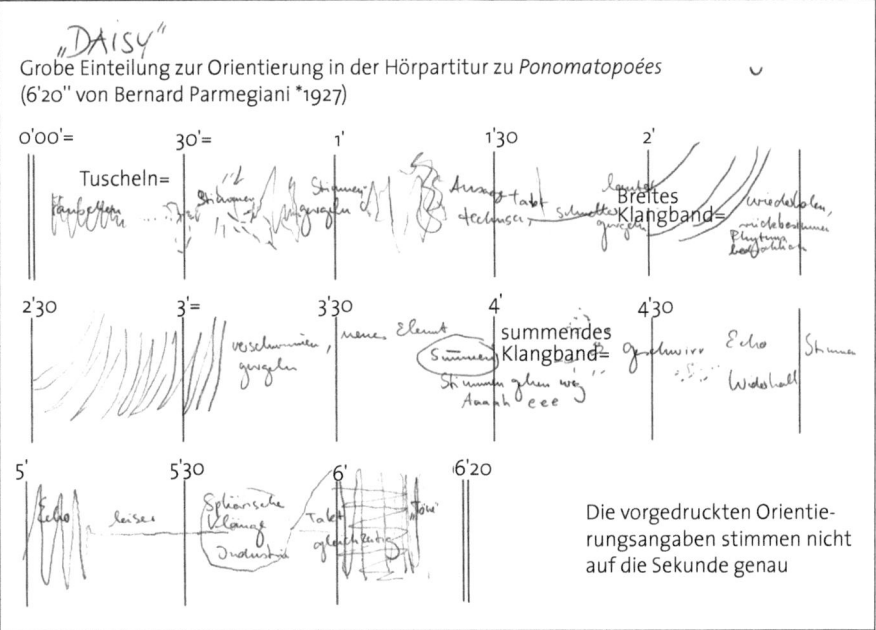

„DAISY"
Grobe Einteilung zur Orientierung in der Hörpartitur zu *Ponomatopoées* (6'20" von Bernard Parmegiani *1927)

Die vorgedruckten Orientierungsangaben stimmen nicht auf die Sekunde genau

Die vier Klausurtexte mit den Hörpartituren waren die Arbeitsgrundlage für drei Gruppen, die sich im Workshop bildeten. Alle Gruppen bestanden aus etwa acht Personen und setzten sich (überwiegend) aus berufstätigen Musiklehrkräften, außerdem Studierenden der Münchner Musikhochschule und Referendaren zusammen. Aufgabe war die Beurteilung der Klausurtexte und im Zusammenhang damit die gemeinsame Suche nach und die Diskussion relevanter Kriterien, letzlich die Einigung auf eine Zensur (auf der Grundlage des Notensystems von 1 bis 6 mit der Möglichkeit durch + oder – zu differenzieren). Die professionellen Lehrkräfte, die in der täglichen Arbeit ständig vor der Aufgabe stehen, Leistungen zu bewerten, schafften es tatsächlich, sich in der knappen zur Verfügung stehenden Zeit auf Zensuren zu einigen, wenn auch nicht alle Differenzen ausgeräumt werden konnten. Bedeutsam waren dafür vermutlich auch jahrelange Konferenzerfahrungen und die daraus erwachsene Einsicht, dass angesichts der knappen Ressource Lebenszeit der intuitiv gefundene Kompromiss manchmal dem sorgfältig begründeten und allseits überzeugenden Urteil vorzuziehen ist. Für die Benennung, genaue Formulierung und Diskussion der Kriterien, die bei der gemeinsamen Beurteilung eine Rolle gespielt hatten, reichte die Zeit dagegen nicht mehr. In der Gesamtnote weichen die drei Gruppen am Ende doch deutlich voneinander ab.

Kasten 6

Bewertungen der 3 Workshop-Gruppen:			
Name / Gruppe	I	II	III
Anna	3+	3	1-
Bernd	2+	2+	3
Cäsar	4	4-	4
Daisy	3	1	2-

Im Plenum wurde anschließend versucht, die Gründe für die Abweichungen zu finden. Zusammenfassend lässt sich festhalten, dass sich darin nicht nur grundsätzliche Schwierigkeiten der Leistungsbewertung zeigen, sondern auch Schwächen des Experiments. So war Anna von den Gruppen I und II angekreidet worden, sie habe einen zu engen vorurteilsbehafteten Musikbegriff. Gruppe III wollte ihr das nicht vorwerfen, sondern lobte das klare Urteil; im schulischen Ernstfall müsse es Aufgabe des vorausgehenden Unterrichts sein, den Schülerinnen und Schülern differenziertere musikästhetische Argumentationen zu ermöglichen und entsprechende Leistungserwartungen bekannt zu machen. Das hatte im Rahmen des Experimentes nicht geschehen können. Bernd wurde von Gruppe III umgekehrt vorgeworfen, er habe sich offenbar nicht so recht festlegen wollen; eher habe er sich der eindeutigen Beantwortung der Aufgabenstellungen entzogen und mit Begriffen wie »gefallen / nicht gefallen«, »schön«, »interessant« und »es wirkt« jongliert. Die Gruppen I und II lobten an den gleichen Stellen dagegen die vorsichtig abwägende und differenzierende Erörterung. Bei der Beurteilung von Daisys Text gab es unterschiedliche Auffassungen, ob und in welchem Maße die präsentierten Kenntnisse zu und die Einordnung in historische Kontexte berücksichtigt und der »objektive« Sprachgestus gewürdigt werden sollten. Gruppe II war gespalten, doch die Mehrheit hielt eine Fokussierung allein auf die Argumentationsfähigkeit für unmöglich und bestand auf der Berücksichtigung noch anderer hervorragender Leistungen, die nach ihrer Auffassung im Text zum Ausdruck kommen.

Aus allen Gruppen kam die Bekundung, man sei zwar am Ende zu Bewertungen im Hinblick auf das ästhetische Urteilsvermögen gelangt, habe sich aber schwer getan damit und Reproduktionsaufgaben vermisst, die der Notenfindung ein sichereres Fundament bieten. Die zugrunde gelegten Bewertungskriterien, die anschließend genannt wurden, waren eher allgemeiner Art: sprachliches Ausdrucksvermögen, klare Formulierung von Begründungszusammenhängen u. ä. Von einigen Teilnehmern wurden die Klausur und die Anforderungen, auf die mit ihr gezielt würde, stark kritisiert: Die Aufgabenstellungen seien nicht klar genug formuliert; die Ergebnisse könnten deshalb nicht fair bewertet werden. Wahrscheinlich sei die Aufgabenstellung einfach zu schwer für Oberstufenschüler. Solche offenen Aufgabenstellungen, in denen der subjektive Höreindruck der Prüflinge eine gewichtige Rolle spielt, sollte es (trotz EPA) im Zentralabitur besser nicht geben, meinten einige. Die Leistungen seien nicht vergleichbar, eine gerechte Bewertung unmöglich. Dieser Sichtweise wurde von anderen Teilnehmern widersprochen. Allerdings seien transparente Leistungsanforderungen und ein klarer Erwartungshorizont auch bei Aufgabenstellungen solcher Art unerlässlich, wenn auch schwer zu formulieren. Die Bewertungsmethode, bei der der Erwartungshorizont aus einer Liste von Begriffen und Sachverhalten besteht, die genannt werden müssen, wofür es jeweils ein Häkchen und bei einer festgelegten Anzahl von Häkchen eine bestimmte Note gibt, sei dafür sicherlich ungeeignet. Die Nachvollziehbarkeit der Leistungsbewertung müsse anders gesichert werden. Einig war man sich in der Einschätzung, dass auch dort, wo es um mehr geht als um die Reproduktion von im Unterricht erworbenen Kenntnissen und Fertigkeiten, wo es nämlich auf selbständiges Begründen und Werten ankommt, die zu messenden Leistungen sehr wohl auf unterrichtlichen Vorrausetzungen beruhen, und dass eine faire Bewertung berücksichtigen muss, was im Unterricht besprochen, behandelt und geübt wurde. Unabdingbare Lernvoraussetzung für Aufgabenstellungen in der Art, wie sie in der Klausur vorkommen, sei es, dass die Schülerinnen und Schüler im Unterricht typische ästhetische Argumentationsmuster, musikästhetische Leitideen und verschiedene Musikbegriffe kennenlernen, damit sie ein Instrumentarium hätten zur Auseinandersetzung mit unbekannten Werken unbekannter Komponisten aus möglicherweise unbekannten Musikepochen und nicht in die Irre liefen. Die Kenntnis relevanter ästhetischer Ideen und der Intentionen des Komponisten sei für eine überzeugende ästhetische Argumentation in der Auseinandersetzung mit dem Werk wenn vielleicht auch nicht unbedingt notwendig so doch ganz bestimmt hilfreich; zumindest müsste den Schülerinnen und Schülern beigebracht werden, wie sie im Rahmen ästhetischer Beurteilungen *mögliche* Intentionen von Komponisten formulieren und erörtern.

Es ist Aufgabe künftiger Forschungen, Methoden zur Erfassung von Momenten ästhetischer Argumentation in Schüleräußerungen zu entwickeln. Die dafür notwendige Argumentationsforschung wird auf die Modelle von Argumentationstheorien (die es für den spezifischen Bereich ästhetischer Praxen leider kaum gibt) genauso zurückgreifen müssen wie auf die sensible Erkundung authentischer Argumentationen in musikpädagogischen Kontexten. Bis zu einem tragfähigen Kompetenzmodell für den Bereich ästhetischer Argumentation dürfte es allerdings noch ein weiter Weg sein.[30] Die tägliche Praxis der Leistungsbewertung im Fach Musik braucht darauf glücklicherweise nicht zu warten, sondern hat die ästhetischen Kompetenzen auch so schon im Blick, wie man sehen konnte.

Literatur

BAUMGARTEN, ALEXANDER GOTTLIEB (1750–58): *Aesthetica*. Auszüge, in: SCHWEIZER, HANS RUDOLF: *Ästhetik als Philosophie der sinnlichen Erkenntnis. Eine Interpretation der »Aesthetica« A. G. Baumgartens*. Basel/Stuttgart 1973

---

[30] Mit argumentativen Fähigkeiten in Schülertexten setzt sich BÖHNISCH auseinander, bei dem es allerdings weder um Musik, noch überhaupt um ästhetische Argumentationen geht. Zum insbesondere für eine musikpädagogische Produktionsdidaktik wichtigen Bereich mündlicher Argumentationen finden sich hilfreiche Hinweise bei DEPPERMANN/HARTUNG. WILLENBERG hat im Rahmen der DESI-Studie einen interessanten Ansatz zur Entwicklung eines Kompetenzmodells für Argumentation (als Teilbereich sprachlicher Kompetenz) vorgelegt.

BÖHNISCH, MARTIN (2007): *Argumentative Fähigkeiten in Schülertexten*, in: BECKER-MROTZEK, MICHAEL / SCHINDLER, KIRSTIN (Hg.), *Texte schreiben*. Kölner Beiträge zur Sprachdidaktik (KöBeS) 5, S. 81–98

DEPPERMANN, ARNULF / HARTUNG, MARTIN (Hg.) (2003): *Argumentieren in Gesprächen. Gesprächsanalytische Studien*. Tübingen

DEWEY, JOHN (1994): *Erziehung durch und für Erfahrung*. (Hg. von H. SCHREIER). Stuttgart

EICKE, KURT-ERICH (1970): *Erfolgsmessung im Musikunterricht*, in: KRAUS, EGON (Hg.): *Bildungsziele und Bildungsinhalte des Faches Musik*. Mainz, S. 198–208

FÜLLER, KLAUS (1974): *Lernzielklassifikation und Leistungsmessung im Musikunterricht*. Weinheim / Basel

GREUEL, THOMAS / MEIERKORD, URSULA (2008): *Musikpädagogische Diagnostik*, in: CLAUSEN, BERND / NIESSEN, ANNE / ROLLE, CHRISTIAN (Hg.): *BFG-kontakt 4. Musikpädagogik vor neuen Herausforderungen*. Bielefeld, S. 143–145

JÜNGER, WERNER (1989): *Zur Problematik der Notengebung im Fach Musik*, in: ZfMP 52 / 1989, S. 13–18

JÜRGENS, EIKO / SACHER, WERNER (2000): *Leistungserziehung und Leistungsbeurteilung. Schulpädagogische Grundlegung und Anregungen für die Praxis* (= Studientexte für das Lehramt 6). Neuwied

KANT, IMMANUEL (1790): *Kritik der Urteilskraft*. Hamburg 1974

KLEIMANN, BERND (1998): *Erfahrung und Argument: Überlegungen zum Begriff musikalischer Rationalität*, in: PFEFFER, MARTIN / VOGT, JÜRGEN (Hg.): *Systematische Musikpädagogik oder: Die Lust am musikpädagogisch geleiteten Nachdenken*. Augsburg, S. 59–78

DERS. (2002): *Das ästhetische Weltverhältnis. Eine Untersuchung zu den grundlegenden Dimensionen des Ästhetischen*. München

KÜPPER, JOACHIM / MENKE, CHRISTOPH (Hg.) (2003): *Dimensionen ästhetischer Erfahrung*. Frankfurt a. M.

Kultusministerkonferenz (2005): *Einheitliche Prüfungsanforderungen in der Abiturprüfung Musik*. Beschluss der Kultusministerkonferenz vom 01.12.1989 i. d. F. vom 17.11.2005. Online verfügbar unter: http://www.kmk.org/schul/home.htm?pub (zuletzt geprüft am 02.08.2008)

LOHMANN, WERNER (1997): *Leistungserfassung – Leistungsbeurteilung / Leistungsbewertung*, in: HELMS, SIEGMUND / SCHNEIDER, REINHARD / WEBER, RUDOLF (Hg.): *Handbuch des Musikunterrichts*. Band 3: Sekundarstufe II. Kassel, S. 43–49

LÜTGERT, WILL (2001): *Leistungsdiagnose und Leistungsbeurteilung im Fach Musik*, in: LÜTGERT, WILL / TILLMANN, KLAUS-JÜRGEN / KASSING-KOCH, JÜRGEN (Hg.): *Leistungsbewertung in den Fächern Bildende Kunst, Sport, Musik und Darstellendes Spiel. Eine Expertise zum schulpädagogischen und fachdidaktischen Diskussionsstand*. Hamburg: Behörde für Schule, Jugend und Berufsbildung (Amt für Schule)

PEEZ, GEORG (Hg.) (2008): *Beurteilen und Bewerten im Kunstunterricht. Modelle und Unterrichtsbeispiele zur Leistungsmessung und Selbstbewertung*. Seelze-Velber

Rolle, Christian (1999): *Musikalisch-ästhetische Bildung. Über die Bedeutung ästhetischer Erfahrung für musikalische Bildungsprozesse.* Kassel

Ders. (2008): *Warum wir populäre Musik mögen und warum wir sie manchmal nicht mögen. Über musikalische Präferenzen, ihre Geltung und Bedeutung in ästhetischen Praxen,* in: Bielefeldt, Christian / Dahmen, Udo / Grossmann, Rolf (Hg.): *Pop Musicology. Perspektiven der Popmusikwissenschaft.* Bielefeld, S. 38–60

Russolo, Luigi (2000): *Die Kunst der Geräusche* (Übersetzung des ital. Originaltextes von 1913 durch O. Dasgupta, hg. von J. Ullmaier). Mainz

Schulz, Wolfgang (1997): *Ästhetische Bildung. Beschreibung einer Aufgabe* (hg. von G. Otto / G. Luscher-Schulz). Weinheim / Basel

Seel, Martin (1985): *Die Kunst der Entzweiung. Zum Begriff der ästhetischen Rationalität.* Frankfurt a. M.

Ders. (1996): *Ethisch-ästhetische Studien.* Frankfurt a. M.

Solzbacher, Claudia / Freitag, Christine (Hg.) (2001): *Anpassen, verändern, abschaffen? Schulische Leistungsbewertung in der Diskussion.* Bad Heilbrunn

Stöger, Christine (2006): *Leistungsbeurteilung im Musikunterricht,* in: AfS-Magazin 22, S. 4–9. Online verfügbar unter: http://www.afs-musik.de/content/magazin_22.php (zuletzt geprüft am 02.08.2008)

Wallbaum, Christopher (1998a): *Mit fremden Ohren hören oder: Den Geschmack mit dem Hemd wechseln? – Ein Projekt,* in: Musik & Bildung 4, S. 10–15

Ders. (1998b): *Musik des Alltags. Ein Bandschleifenlasso und mehrere Würfe,* in: Musik & Bildung 6, S. 26–32

Ders. (2000): *Produktionsdidaktik im Musikunterricht. Perspektiven zur Gestaltung ästhetischer Erfahrungssituationen.* Kassel

Ders. (2001): *Futuristische Ohren mit der Computermaus. Eine Unterrichtseinheit für Schülerohren, Computer und Audio-Software,* in: AfS-Magazin 11, S. 16–21. Online verfügbar unter: http://www.afs-musik.de/pdf/AfS-Mag11_Wallbaum.pdf (zuletzt geprüft 02.08.2008)

Willenberg, Heiner et al. (2007): *Argumentation,* in: Beck, Bärbel / Klieme, Eckhard (Hg.): *Sprachliche Kompetenzen. Konzepte und Messung. DESI-Studie,* Weinheim, S. 118–129

Winter, Felix (2004): *Leistungsbewertung. Eine neue Lernkultur braucht einen anderen Umgang mit den Schülerleistungen.* (= Grundlagen der Schulpädagogik 49). Hohengehren

Christopher Wallbaum

Ästhetische Freiheit in der Schule lehren und prüfen.
Über Verhinderungs- und Ermöglichungsräume

Beispiel 1

> **Die Freiheit (Georg Danzer, 1979)**
>
> Vor ein paar Tagen ging ich in den Zoo,
> die Sonne schien, mir war ums Herz so froh.
> Vor einem Käfig sah ich Leute stehn
> da ging ich hin, um mir das näher anzusehn.
>
> »Nicht füttern« stand auf einem großen Schild
> und »bitte auch nicht reizen, da sehr wild!«
> Erwachsene und Kinder schauten dumm
> und nur ein Wärter schaute grimmig und sehr stumm.
>
> Ich fragte ihn »wie heißt denn dieses Tier?«
> »das ist die Freiheit!« sagte er zu mir
> »die gibt es jetzt so selten auf der Welt
> drum wird sie hier für wenig Geld zur Schau gestellt!«
>
> Ich schaute und ich sagte »Lieber Herr,
> ich seh ja nichts, der Käfig ist doch leer«
> »Das ist ja gerade« – sagte er – »der Gag!
> Man sperrt sie ein und augenblicklich ist sie weg!«
>
> Die Freiheit ist ein wundersames Tier
> und manche Menschen haben Angst vor ihr
> doch hinter Gitterstäben geht sie ein
> denn nur in Freiheit kann die Freiheit
> Freiheit sein.

Im ersten Abschnitt dieses Beitrags werden in Bezug auf Freiheit Verhinderungs- und Ermöglichungsräume unterschieden. Die beiden folgenden Abschnitte gehen anhand dieser Unterscheidung der Frage nach, ob und wie ästhetische Freiheit zum einen gelehrt und gelernt und zum anderen evaluiert bzw. geprüft werden kann.

Christopher Wallbaum

A. Zwei Situationsbilder mit Freiheit.

Der Liedermacher Georg Danzer fand in seinem Lied »Die Freiheit« ein einprägsames Bild, indem er die Freiheit wie ein Tier einfangen und in einen Käfig stecken lässt, worin es augenblicklich verschwindet (Beispiel 1). Käfig und Freiheit sind offenbar unverträglich. Der Käfig ist ein Freiheit-*Verhinderungsraum*. – Im September 2006 setzte die Intendantin der Deutschen Oper Berlin eine Inszenierung von Mozarts Idomeneo aus Furcht vor moralisch-ethisch motivierten Anschlägen gegen das Theater ab. Aber, begleitet von einer intensiven öffentlichen Diskussion, wurde die Aufführung schließlich unter Polizeischutz ermöglicht. Die Freiheit der Kunst erschien der Staatsgewalt als ein schützenswertes Gut (Beispiel 2). Das (Musik-)Theater ist ein *Ermöglichungsraum*. Wenn wir diese beiden Möglichkeiten auf den Musikunterricht in der allgemeinbildenden Schule übertragen: Kann und soll er ein Verhinderungs- oder ein Ermöglichungsraum von (ästhetischer) Freiheit sein?

Käfig	Theater
Verhinderungsraum	Ermöglichungsraum

Was heißt ästhetische Freiheit? ›Freiheit‹ bedeutet ganz abstrakt Freisein *von* allem, was jemanden von dem abhält, *wozu* er Lust hat (was er tun möchte). Das wundersame Tier im Käfig möchte frei von den Gitterstäben sein, die es daran hindern, dorthin zu laufen, wo es hin möchte. Unser Mozart-Publikum möchte frei von den Bedrohungen sein, die es daran hindern, eine künstlerische Inszenierung zu besuchen oder mit anderen Worten: die es an ästhetischer Praxis hindern wollen. Die einen drängen aus einem Raum heraus, die anderen hinein. Das Freisein-*Von* ist kaum ohne das Freisein-*Wozu* denkbar. Für ästhetische Praxis müssen Menschen (einigermaßen) frei von Angst und Handlungsdruck sein, um sich auf das einlassen zu können, worum es zuvorderst geht: eine erfüllte Zeit mit dem Spielen und/oder Hören (allgemein: Vollziehen oder Erfahren) von Musik; zum Beispiel mit einer Idomeneo-Inszenierung. Man kann das eigene Lebensgefühl *intensivierende* und von demselben *distanzierende* Arten ästhetischer Praxis unterscheiden. In der Letzteren nehmen wir sozusagen frei (wie man von der Arbeit frei nimmt) von unseren Gewohnheiten und Gewissheiten und öffnen uns damit für Neues, weshalb man sie als *freie* Art ästhetischer Praxis kennzeichnen kann, im Unterschied zur intensivierenden, die ihren Gewohnheiten und Gewissheiten verhaftet bleibt. Genau genommen liegen zwei

Arten ästhetischer Freiheit vor: Erstens die Freiheit zur intensivierenden oder distanzierenden *Vollzugsorientierung*, zweitens zum *distanzierenden* Vollziehen. Der Wert der ästhetischen Freiheit, die gesellschaftlich durch die Institution ›Kunst‹ verkörpert wird,[1] liegt offenbar nicht in den moralisch-ethischen Werten der jeweiligen Religion oder Kultur, sondern in der Freiheit, Handlungen und Dinge zu imaginieren und zu kommunizieren, die im sonstigen Leben unstatthaft, tabu oder verboten sein können. ›Imaginieren‹ bedeutet hier sowohl das Vorstellen auf der äußeren Bühne als auch auf der inneren ›im Kopf‹. Was in unserem Mozart-Beispiel moralisch verboten war, das kann auch etwas sein, das gar nicht verboten, aber dem Einzelnen verschlossen ist: Eine Sichtweise, ein Aspekt der Welt. In der Öffnung für objektiv oder subjektiv Neues liegt der Zusammenhang von Ästhetik und Bildung.[2]

Was heißt in Bezug auf ästhetische Freiheit Verhinderungs-, was Ermöglichungsraum? Offensichtlich bedeutet ›Raum‹ nicht einfach einen umgrenzten, dreidimensionalen Raum. Verhinderungs- und Ermöglichungsräume können sowohl äußere als auch innere Räume sein, sie umfassen äußere Ansprüche, Interessen und Grenzen ebenso wie innere. Zum Beispiel kann es in einem Gefängnis Workshops, Theater- und Musikvorstellungen geben, die den Gefangenen freie ästhetische Praxis ermöglichen. Umgekehrt kann jemand, dessen Geschmack bzw. ethische Grenzen durch eine Inszenierung zu sehr verletzt werden, auch im Theater an freier ästhetischer Praxis gehindert werden. Zusammenfassend sind mit ›Räumen‹ Kontexte und Konstellationen gemeint, die ästhetische Freiheit, mit anderen Worten: freie ästhetische Praxis verhindern oder ermöglichen. Um Ermöglichungsräume realisieren zu können, müssen wir Menschen einerseits möglichst frei von vorhandenem Druck und Angst sein und andererseits etwas zu tun, zu hören und/oder zu sehen haben, das möglichst so attraktiv ist, dass wir von Druck und Angst absehen können. Das heißt, dass nicht nur das handelnde Subjekt, sondern auch die Beschaffenheit des behandelten Objekts relevant ist. Verhinderungs- und Ermöglichungsräume können nicht nur entweder ganz das eine oder das andere, sondern auch mehr oder weniger das eine oder andere sein. Die Begriffe Verhinderungs- und Ermöglichungsraum kennzeichnen zwei Seiten einer Waage, die sich durch eine kleine Verschiebung in den Kontexten und Konstellationen auf die eine oder andere Seite neigen kann.

---

[1] Neben Institutionen wie Legislative, Exekutive, Wissenschaft u. a.
[2] Vgl. z. B. OTTO 1998, SCHULZ 1997, ROLLE 1999.

Christopher Wallbaum

Beispiel 2

Im Säurebad der Kritik: Nicht nur Islamisten, religiöse Eiferer jeder Couleur bedrohen die Freiheit der Kunst.
Von Christof Siemes[3]

Eigentlich sollte man Kirsten Harms dankbar sein. Mit ihrer falschen Entscheidung, Mozarts Idomeneo in der Inszenierung von Hans Neuenfels aus dem Spielplan zu streichen, hat die Intendantin der Deutschen Oper Berlin der Kunst einen großen Dienst erwiesen. Denn es erhob sich ein gewaltiger Protest, angeführt von den Spitzen der Gesellschaft, die mit dem Grundgesetz, Artikel 5 Absatz 3, riefen: Die Kunst ist frei Dem Regisseur Neuenfels müssen die Ohren geklungen haben, mit welcher Emphase plötzlich verteidigt wird, was seit der turbulenten Premiere vor drei Jahren Beschimpfungen und massiver Kritik ausgesetzt ist. Sogar die Bundeskanzlerin ist nun ganz entschieden: »Selbstzensur aus Angst ist nicht erträglich.« (...)
Die Geschlossenheit, mit der hier ein Grundprinzip der freien Gesellschaft verteidigt wird, ist beeindruckend. Traurig genug, dass sie notwendig ist. Es hat zwar keinerlei islamistische Drohung gegen die Oper und das Stück gegeben. Aber nicht erst seit dem Karikaturenstreit und den bösen Folgen der Papst-Rede, sondern spätestens seit der Fatwa gegen den Schriftsteller Salman Rushdie und dem Mord an dem Filmemacher Theo van Gogh ist ein solcher Anschlag denkbar. (...)
»Wir dürfen uns nicht zurückziehen und das öffentliche Feld den selbst ernannten Verteidigern der künstlerischen Freiheit überlassen & Das In-den-Schmutz-Ziehen, Verunglimpfen anderer – vor allem einer Religion – gehört nicht zum Mittel der Kunst.«

Was klingt wie ein Aufruf empörter Muslime, die nun doch noch gegen den Idomeneo mobil machen wollen, ist ein Zitat aus einem offenen Brief von 40 CDU / CSU-Abgeordneten des Bundestages und des Europäischen Parlaments, unter ihnen Horst Seehofer und der frühere Postminister Wolfgang Bötsch. Das Schreiben stammt aus dem Jahr 2000. Mit ihm wollten die demokratischen Abgeordneten weitere Aufführungen von *Corpus Christi* in Heilbronn verhindern. (...)
Auch in Heilbronn trieb die Kunst wie im Fall des Idomeneo ihr Spiel mit religiösen Überzeugungen. Das darf sie, muss sie dürfen, denn ihre Freiheit steht unter keinem Gesetzesvorbehalt. Sie endet erst dort, wo sie mit anderen Grundrechten in Konflikt gerät. Diesen großen Wert fanden die 40 Unionsabgeordneten damals kaum verteidigenswert, weil es um ihre Religion ging. Das Stück tourte später durch weitere Städte, die Attacken blieben überall die gleichen; vor jeder Aufführung schnürten Sprengstoffsuchhunde durchs Parkett und schützten so ein Grundrecht aller Bürger. (...)
Noch einmal: Es gab keine Drohung gegen den Idomeneo, sie wurde nur für möglich gehalten. Dass nun einzelne Teilnehmer der Islam-Konferenz die Aufführung nicht, wie von Innenminister Schäuble vorgeschlagen, gemeinsam ansehen wollen, ist keine Respektlosigkeit gegenüber einem zentralen Wert der deutschen Gesellschaft, sondern ein gutes Recht: Die Kunst ist so frei, kein Zwang zu sein. Niemand muss sich anschauen, wie Mohammed, Jesus und Buddha geköpft werden. Man muss nur damit leben (können), dass es gezeigt wird und dass es sich jemand ansieht, mit Gewinn oder um sich erst recht darüber aufzuregen.

---

[3] SIEMES.

> Denn das ist die Errungenschaft, die verteidigt werden muss: dass wir im Rahmen unserer Grundrechte und Gesetze bereit sind, auch das zu ertragen, was wir persönlich unerträglich finden. Die vertrackte Dialektik der (Kunst-)Freiheit verlangt sogar noch mehr: Das Grundrecht verpflichtet uns dazu, mitunter das Unerträgliche nicht nur zu erdulden, sondern zu schützen. Vielleicht haben wir erst in den Auseinandersetzungen nach dem 11. September 2001 gelernt, wie wenig selbstverständlich diese Freiheit ist. Die äußere Bedrohung hat das Gespür dafür geschärft, dass wir nur für etwas einstehen können, was wir selbst bedingungslos akzeptieren. Nur wenn wir selbst der Kunst ihre verbürgte Freiheit zugestehen, können wir sie mit Macht in Schutz nehmen. Die Stärke der freien Gesellschaften besteht ja nicht in einer absoluten Überlegenheit ihrer Kultur, sondern darin, dass diese selbstbewusst genug sind, ihre Werte einer permanenten Selbstreflexion zu unterziehen (und die Kunst ist der Bereich, in dem diese Auseinandersetzung am radikalsten stattfindet). Es gibt nicht wenige, die dieses Säurebad der (Selbst-)Kritik zerstörerisch finden und als prinzipienlos verhöhnen. Aber die Aufklärung, auf deren radikales Infragestellen aller Wahrheiten unser Kulturverständnis gründet, ist ein Prozess, der nie endet. Wenn es überhaupt so etwas wie eine deutsche Leitkultur geben kann oder soll, dann ist dieser Prozess ihr dynamischer Kern. Ihn gilt es zu verteidigen und notfalls unter Polizeischutz zu stellen.

B. Wie lehren und lernen wir ästhetische Freiheit?

Gegen den Einwand, ästhetische Freiheit ›ginge nicht‹, weil Musikunterricht aufgrund der Schulpflicht unvermeidbar ein Verhinderungsraum sei, lässt sich vorbringen, dass sogar Gefängnis-Insassen freie ästhetische Praxis erfahren können (siehe oben).[4] Man muss genauer hinsehen.

Die besondere Qualität ästhetischer Freiheit lässt sich nicht sagen, sondern nur zeigen. Ästhetische Freiheit lehren wir, indem wir freie ästhetische Praxis *erfahrbar* machen. Wir können (und sollen) zwar Hinweise darauf geben, dass es eine besondere (nämlich ästhetische) Art der Praxis und darin Freiheit gibt, aber *sagen* und als Wissen einpauken lässt sie sich ebenso wenig wie zum Beispiel das Schwimmen. Wir müssen sie mit Hilfe von Ermöglichungsräumen erfahrbar machen. Beim Schwimmen gehören dazu vor allem ein Schwimmbecken mit Wasser darin und Szenarien, die dem Schüler das Körpergefühl im Wasser und das Loslassen des festen Bodens unter den Füßen erleichtern. In der ästhetischen Praxis soll der Schüler sein Selbstbild, seine gewohnte Rolle zu Hause und auf dem Schulhof, alles was er für wahr und richtig hält, für die Dauer einer Mu-

---

[4] In der sogenannten Mollenhauer-Diskussion ging es um Mollenhauers einsame These, dass ästhetische Praxis bzw. Erfahrung prinzipiell nicht »in die pädagogische Kiste« passen würden. Vgl. zusammenfassend dazu OTTO 1994, ROLLE / VOGT 1995, ROLLE 1999 und VOGT 2002.

sik (eines ›Spiels mit Klängen‹) loslassen. Seinen Schülern Räume für solche *Praxis mit musikalischen Techniken* (ich nenne sie SchulMusik[5]) einzurichten, ist die Hauptaufgabe der Musiklehrenden. Musik stellt dafür viele Techniken aus verschiedenen Stilbereichen bereit (z. B. Lieder, Kanons und Stimmspiele, Grooven, Hörspiele, Musiktheater, szenisches Spiel und Tanz, Improvisieren, Komponieren, CD hören, Konzertbesuch:). Den letzten (bzw. ersten) Schritt des Loslassens, der eine Bedingung für den Wechsel in eine andere Art der Weltzuwendung und Praxis ist, muss freilich jeder Einzelne selbst tun.[6] Insofern kann die Musiklehrkraft zwar Ermöglichungsräume gestalten, aber niemanden in die ästhetische Freiheit zwingen. Bleibt die Frage, woran zu bemerken bzw. ›fest zu stellen‹ ist, ob freie ästhetische Praxis *erfahren* wurde.

Werden musikalische Techniken gelehrt, indem z. B. Satztechniken, Harmonielehreregeln etc. theoretisch erklärt, systematisiert usw. werden, dann handelt es sich beim Theoretisieren über und beim Erklären von Techniken und Regeln für ästhetische Praxis um eine andere, eine eigene Praxis! Ästhetische Freiheit entsteht im Musikunterricht aber nicht durch eine identifizierende Praxis (Etwas-als-etwas-Erkennen[7] oder Eine-Regel-richtig-Befolgen), sondern dadurch, dass mit musikalischen Techniken *ästhetische Praxis* angestrebt und öfter auch erzielt wird[8]. Zeigt der Musikunterricht die Techniken ›bei der Arbeit‹, schafft er aussichtsreiche Ermöglichungsräume.

Die Fokussierung von musikalischen Techniken oder aber musikalisch-ästhetischer Praxis markiert eine Wegscheide bei der Gestaltung von Musikunterricht. Ein Fokus auf Techniken führt zur Orientierung an Sachlogiken (zum Beispiel Musiktheorie) und in eine Praxis des Identifizierens und Ordnens, der Fokus auf freie ästhetische Praxis führt zu musikalischen Erfahrungen einschließlich ästhetischer Freiheit, deren Logik nicht einer musiktheoretischen Sachlogik folgt.

---

[5] WALLBAUM 2005.

[6] Es gibt in der Ästhetik-Theorie einen alten Streit darum, ob das ästhetische Objekt oder das Subjekt entscheidend für ästhetische Erfahrungen sei. In jüngerer Zeit scheint sich die Einsicht durchzusetzen, dass es weder allein auf der einen, noch auf der anderen Seite liegt, sondern in der Relation zwischen beiden. Allerdings kann ohne die Bereitschaft des Subjekts keine Relation entstehen. Vgl. dazu SEEL 1985, 1991 und 2000, KLEIMANN 2002 u. a. NIESSEN 2002 erweitert diesen Aspekt in Auseinandersetzung mit KAISER 1998 auf jede Bildungssituation in der Schule.

[7] So definiert zum Beispiel GRUHN (1998, S. 238, oder 2003, S. 113, z. B.) musikalisches Verstehen.

[8] Zu diesem Unterschied vgl. VOGT 2004 und WALLBAUM 2007. Entsprechend dieser Unterscheidung findet sich in den Schriften zum Orff-Schulwerk die Unterscheidung zwischen Element-, Modell- und Laienmusik (dazu WALLBAUM 2000, S. 83–93). Statt Laienmusik wäre hier SchulMusik zu sagen.

C. (Wie) Lässt sich ästhetische Freiheit evaluieren bzw. prüfen?

Ich komme noch einmal auf die Ausgangsbeispiele zurück: Sieht man die ästhetische Freiheit, die im Käfig »weg« war, im Musiktheater, wenn sie da ist? Der Künstler spürt ihre Gegenwart ebenso wie andere, die aufmerksam dabei sind, am Klang der Stille, an der Atmosphäre, die sich aus dem Kontext und der Konstellation der zahllosen kleinen Zeichen (zum Beispiel Räuspern, Rascheln, Seufzer, Atem, Mimik, Gesten) ergibt – und am ästhetischen Urteil, das als ein Blick unter Musizierenden, als Applaus, mit den Füßen oder verbal im Gespräch oder einer Zeitungskritik abgegeben werden kann – alle kleinen Zeichen können wie ausformulierte Sätze in Relation zum ästhetischen Objekt als Hinweise auf die An- oder Abwesenheit ästhetischer Freiheit gelten. Ob die Zeichen wahrhaftig oder womöglich von einer Versammlung guter Schauspieler geheuchelt sind, kann letztlich nur jeder Akteur (damit meine ich auch das Publikum) selbst wissen. Zwar bleibt fraglich, warum sich eine Gruppe guter Schauspieler verabreden sollte, die Erfahrung einer erfüllten ästhetischen Praxis vorzugaukeln, aber der prinzipielle Unterschied zwischen dem Erfahrenen und dem Erfahrungs*raum* bleibt. Prüfbar ist günstigsten Falls dieser Raum.

Weil ästhetische Erfahrung (und mit ihr die ästhetische Freiheit) selbst nicht prüfbar ist, wäre eine Lösung, sie zwar für den Musikunterricht zu fordern, aus den Prüfungen aber herauszuhalten. Gegen diese Lösung würde sprechen, dass ein Musikunterricht, der die Schüler nicht optimal auf die Prüfungen vorbereitet, von diesen häufig als verfehlt angesehen wird. Zudem fällt unter Zeitdruck (der fast immer besteht), zuerst das weg, was nicht unmittelbar prüfungsrelevant erscheint. Das wäre in diesem Fall die Musik als freie ästhetische Praxis. Pointiert gesagt würde der Gegenstand des Musikunterrichts der Prüfbarkeit geopfert. Der Zwang zur Prüfbarkeit machte Musikunterricht zu einem Verhinderungsraum. Angesichts dieser Folgen wäre zu erwägen, an die Stelle der Prüfbarkeit etwas anderes – zum Beispiel ein ›teilgenommen‹ – zu setzen. Aber möglicherweise gibt es eine Alternative.

Erfahrungsraum und Ermöglichungsraum können als zwei Seiten derselben Sache gesehen werden. Nehmen wir zum Beispiel eine lustige Melodie, die von einem durch die Dunkelheit schlendernden Menschen gepfiffen wird. Das Beobachtbare kann als Ausdruck einer Befindlichkeit (eines Erfahrungsraums) gedeutet werden; es kann aber auch ein Ermöglichungsraum sein, mit dem jemand seine Angst verdrängen und eine angstfreie Befindlichkeit intensivieren möchte, ohne dass dies gelingt. Wer im Dunkeln eine lustige Melodie pfeift und dazu schlendert, kann versuchen, einen Ermöglichungsraum gegen einen Verhinderungsraum zu gestalten. Ganz ähnlich sind professionelle Künstler – etwa Komponisten und Interpreten – bestrebt, möglichst unabhängig von ihrer Befindlichkeit einen attraktiven Ausdruck gestalten zu können. Ob der authentisch ist oder nur so scheint, ist in den meisten Musikkulturen irrelevant. Dasselbe gilt für die Interpretation, die ein Kritiker schreibt. Die subjektiven Beweggründe des Kritikers sind unbedeutend, wenn die Interpretation in Bezug auf die Musik *plausibel* ist (und uns damit eine neue Wahrnehmungsweise *ermöglicht*).

Ob die Freiheit in einem noch so gut praktizierten Ermöglichungsraum vom Einzelnen erfahren wird, können wir wie gesagt von außen weder erkennen noch prüfen. Aber wir können *den Ermöglichungsraum prüfen*. Dies ist die Kernthese des vorliegenden Beitrags. Und wir können ihn so anlegen, dass für Prüflinge ein vielversprechender, zumindest nicht abstoßender Ermöglichungsraum für ästhetische Praxis mit musikalischen Objekten, Techniken, Wahrnehmungs-, Kommunikations- und / oder Produktionshandlungen entsteht. (Das Nicht-Abstoßende lässt sich wie bisher durch das Anbieten verschiedener Aufgaben realisieren.) Die Problemstellung lautet daher: *Wie können wir »den« oder auch mehrere Ermöglichungsräume in der Schule so gestalten und prüfen, dass das Geprüfte möglichst nahe an freie ästhetische Praxis heranführt?*

Dieser Beitrag soll keine detaillierten Ermöglichungsräume entwickeln. So viel aber lässt sich sagen, dass die grundlegenden kulturübergreifenden Merkmale ästhetischer Praxis als Grundform von jeder Prüfung im Fach Musik angelegt werden sollten. Sie lassen sich einfach in einem Dreieck veranschaulichen (siehe Abb. 1).

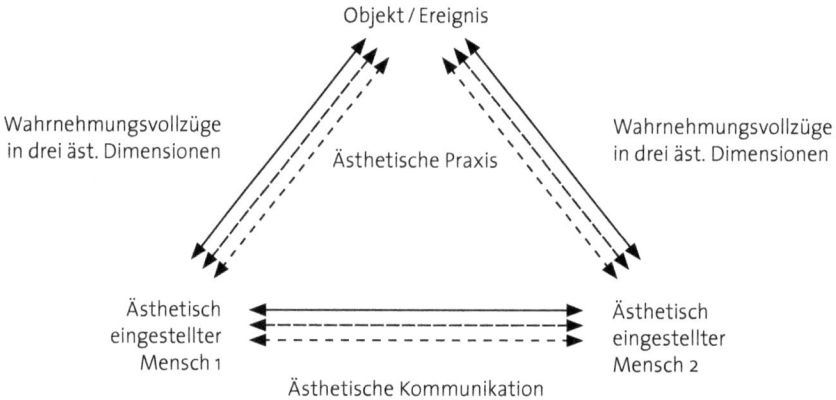

Abb. 1: Die Grundform ästhetischer Praxis

Die Ecken des Dreiecks markieren Akteure (mindestens zwei) und ein Objekt, auf das sich die Akteure beziehen. Akteure können – je nach Prüfungsform – außer Prüfling und Prüfern auch Mitprüflinge sein. Die Strecken zwischen den drei Ecken markieren zwei verschiedene Handlungen in ästhetischer Praxis: Zum einen Wahrnehmungsvollzüge, zu denen auch Handlungen wie Musizieren, Komponieren oder Stillsitzen zählen, die die Wahrnehmung mitbestimmen. Zum anderen ästhetische Kommunikationshandlungen, das heißt zunächst verbale, aber darüber hinaus alle Verständigungshandlungen zwischen Menschen. Ästhetische Kommunikation ist durch ästhetische Rationalität gekennzeichnet. Sie erhebt keinen Geltungsanspruch auf Wahrheit oder moralisch-normative Richtigkeit, sondern auf Gelungenheit, Attraktivität oder dergleichen.[9] Ein Ermöglichungsraum liegt in einer Prüfung dann vor, wenn die Aufgabe vom Prüfling ästhetische Praxis verlangt, kurz: ästhetische Wahrnehmungsvollzüge und Kommunikation darüber. Dabei sind immer Bezugnahmen auf beide Seiten – den wahrnehmenden Menschen und das wahrgenommene Objekt – notwendig. Zudem lassen sich drei Dimensionen ästhetischer Wahrnehmung unterscheiden: die korresponsive ›Bauch‹-Wahrnehmung (sie kommt zum Beispiel im spontanen Ersteindruck zur Geltung), die bloß sinnlich-sinnabgewandte (ihr geht es zum Beispiel um reine Klangphänomene) und die aktiv interpretierende. Wenn auf alle drei Dimensionen im plausiblen Zusammenhang mit dem ästhetischen Objekt Bezug genommen wird und das Ergebnis des ästhetischen Urteils des Prüflings für die Prüfungsbewertung wirklich irrelevant ist, dann kann eine Prüfung zum Ermöglichungsraum werden.

Prinzipiell ergeben sich für Prüfungen zwei Ansätze: Der eine setzt bei der verbalen Kommunikation in Verbindung mit Hörbeispielen an, der andere bei nonverbal fokussierten Produktions- bzw. Gestaltungshandlungen wie zum Beispiel dem Musizieren, Improvisieren und/oder Komponieren in Gruppen. Das Ansetzen bei verbaler Kommunikation hat den Vorteil, bisherigen Prüfungsformen wie z. B. Abitur-Klausuren zu ähneln, hat aber auch den Nachteil, zum erheblichen Teil Sprachkompetenz zu prüfen, die ohnehin in anderen Fächern geprüft wird. Hier sind die Prüfer Kommunikationspartner des Prüflings. In einer nonverbal fokussierten Prüfungssituation würden die Prüfer dagegen maßgeblich zu Beobachtern. Das bedeutet, dass sie die Auswahl und Verwendung von musikalischen Techniken, vorgeschlagene, verworfene und angenommene Varianten und Interaktionen innerhalb der Gruppe als nonverbale Kommunikation und als Ergebnis unausgesprochener ästhetischer Urteile

---

[9] Zur ästhetischen Rationalität vergleiche SEEL 1985 und KLEIMANN 2002.

verstehen müssten – bis hin zum letztlich präsentierten Produkt. Gänzlich würde auch hier nicht auf verbale ästhetische Kommunikation mit dem Prüfling zu verzichten sein, aber sie könnte auf ein kurzes Nachgespräch beschränkt werden.

Klärungsbedarf besteht noch hinsichtlich der Frage, in welchem Umfang die Kenntnis bestimmter musikkultureller Techniken (einschließlich Regeln) für die geschilderten Ermöglichungsräume notwendig ist und aufgrund welcher Kriterien diese für eine allgemeine musikalisch-ästhetische Schulbildung sinnvoll bestimmt werden können.[10] Schüler müssen / sollen in der Schule auch Wissen und Können über gesellschaftliche Musikpraxen erwerben. Aber wenn sie dies tun, dann sollte dies immer in Situationen (bzw. Räumen) geschehen, die das, was sie ermöglichen sollen, in Reichweite behalten: die ästhetische Freiheit.

Literatur

GRUHN, WILFRIED (1998): *Der Musikverstand. Neurobiologische Grundlagen des musikalischen Denkens, Hörens und Lernens.* Hildesheim

DERS. (2003): *Lernziel Musik. Perspektiven einer neuen theoretischen Grundlegung des Musikunterrichts.* Hildesheim

KAISER, HERMANN JOSEF (1998): *Zur Bedeutung von Musik und Musikalischer Bildung,* in: DERS. (Hg.): *Ästhetische Theorie und musikpädagogische Theoriebildung.* (= Musikpädagogische Forschung und Lehre, Beiheft 8). Mainz, S. 98–114

KLEIMANN, BERND (2002): *Das ästhetische Weltverhältnis. Eine Untersuchung zu den grundlegenden Dimensionen des Ästhetischen.* München

KOCH, LUTZ / MAROTZKI, WINFRIED / PEUKERT, HELMUT (Hg.) (1994): *Pädagogik und Ästhetik.* Weinheim

NIESSEN, ANNE (2002): *Allgemeinbildung in Musik? Ein Plädoyer für Reflexion im Musikunterricht,* in: Zeitschrift für Kritische Musikpädagogik, S. 32–43. Online abrufbar unter: http://home.arcor.de/zf/zfkm/niessen1.pdf (zuletzt geprüft am 02.08.2008).

OTTO, GUNTER (1994): *Lernen und ästhetische Erfahrung. Argumente gegen Klaus Mollenhauers Abgrenzung von Schule und Ästhetik,* in: KOCH, S. 145–159

OTTO, GUNTER (1998): *Lehren und Lernen zwischen Didaktik und Ästhetik.* (3 Bände). Seelze-Velber

ROLLE, CHRISTIAN (1999): *Musikalisch-ästhetische Bildung. Über die Bedeutung ästhetischer Erfahrung für musikalische Bildungsprozesse.* Kassel

ROLLE, CHRISTIAN / VOGT, JÜRGEN (1995): *Ist ästhetische Bildung möglich? Eine Herausforderung, mehrere Entgegnungen und viele Fragen,* in: Musik und Unterricht, Heft 34, S. 56–59

---

[10] Ausführlicher vergl. dazu WALLBAUM 2007.

SCHWARZBAUER, MICHAELA / HOFBAUER, GERHARD (Hg.) (2007): *Polyästhetik im 21. Jahrhundert. Chancen und Grenzen ästhetischer Erziehung.* (= Polyästhetik und Bildung, Bd. 5). Frankfurt a. M.

SEEL, MARTIN (1985): *Die Kunst der Entzweiung: Zum Begriff der ästhetischen Rationalität.* Frankfurt a. M.

DERS.: (1991): *Eine Ästhetik der Natur.* Frankfurt a. M. DERS.: (2000): *Ästhetik des Erscheinens.* Wien

SIEMES, CHRISTOPH (2006): *Im Säurebad der Kritik,* in: DIE ZEIT Nr. 41, 5. Oktober 2006, S. 1. Online abrufbar unter: http://www.zeit.de/2006/41/01-Kunstfreiheit-11 (zuletzt geprüft am 02.08.2008)

SCHULZ, WOLFGANG (1997): *Ästhetische Bildung. Beschreibung einer Aufgabe* (Hg. von G. OTTO und G. LUSCHER-SCHULZ). Weinheim / Basel

VOGT, JÜRGEN (2002): *Allgemeine Pädagogik, ästhetische Erfahrung und das gute Leben. Ein Rückblick auf die Benner-Mollenhauer Kontroverse,* in: Zeitschrift für Kritische Musikpädagogik, S. 1–19. Online abrufbar unter: http://home.arcor.de/zf/zfkm/vogt3.pdf (zuletzt geprüft am 02.08.2008)

DERS. (2004): *(K)eine Kritik des Klassenmusikanten. Zum Stellenwert Instrumentalen Musikmachens in der Allgemeinbildenden Schule,* in: Zeitschrift für Kritische Musikpädagogik. Online abrufbar unter: http://www.zfkm.org/inhalt2004.html (zuletzt geprüft am 02.08.2008)

WALLBAUM, CHRISTOPHER (2000): *Produktionsdidaktik und ästhetische Erfahrung.* (Diss.) Veröffentlicht als: *Produktionsdidaktik im Musikunterricht – Perspektiven zur Gestaltung ästhetischer Erfahrungssituationen.* (= Perspektiven zur Musikpädagogik und Musikwissenschaft, Bd. 27). Kassel

DERS. (2005): *Relationale Schulmusik – eine eigene musikalische Praxis und Kunst.* Antrittsvorlesung in Leipzig, etwas erweitert, in: Diskussion Musikpädagogik 26, S. 4–17. Online abrufbar unter: http://www.hmt-leipzig.de/pdf_borgwardt/publikationslisten/wallbaum_antrittsvorlesung_2004_fassung2.pdf (zuletzt geprüft am 02.08.2008)

DERS. (2007): *Das Exemplarische in musikalisch-ästhetischer Bildung. Ästhetische Praxen, Urphänomene, Kulturen – ein Versuch,* in: SCHWARZBAUER / HOFBAUER, S. 99–125

Andreas Lehmann-Wermser

Kompetenzorientiert Musik unterrichten?

Aufgabenstellungen als Beitrag

Der zentrale Begriff des Titels dieses Bandes – »Leistung« – ist von merkwürdiger Unschärfe: Denn in der politischen Debatte wird darunter u. a. Spitzenleistung in einem gesellschaftlichen Eliteumfeld verstanden – »Leistung muss sich wieder lohnen!« – und in diesem Sinne hat der Begriff Konjunktur. In diesem eher selektiv-elitärem Sinne wird er im schulischen Umfeld negativ konnotiert, obwohl in der täglichen Praxis von Zensurengebung und Chancenallokation »Leistung« eine wichtige Rolle spielt. Vielleicht erklärt das, warum in musikpädagogischen Publikationen wenig dazu ausgesagt wird. Was Leistung im Musikunterricht bedeutet, bleibt oft unklar.[1] Im Kern scheint mir diese Unschärfe damit zusammenzuhängen, dass Leistung zu oft nur vom Ergebnis her gedacht wird, dass dabei zwischen Individuen, Schultypen, Bundesländern oder Bildungssystemen verglichen werden soll – und nicht selten Ungleichheiten legitimiert werden. Das führt zu allerlei Widersprüchen, die auch auf der Tagung zutage traten und sich in diesem Band manifestieren. So wurde in der Diskussion beklagt, dass alternative Verfahren der Leistungsfeststellung Schwierigkeiten bei der Beurteilung zeitigen würden – zugleich aber auch von erfahrenen Lehrkräften festgehalten, dass bei bis zu 29 Wochenstunden Unterricht und vielen zu unterrichtenden Lerngruppen eine gerechte Bewertung per se unmöglich sei.

Dieser Beitrag versucht daher, Leistung stärker als Prozess zu sehen, der durch günstige Angebote im Unterricht befördert werden kann. Wird nicht das Ergebnis, modisch als »outcome« bezeichnet, fokussiert, wird der Blick frei für jene Qualitäten von Unterricht, die gute Lernergebnisse überhaupt erst ermöglichen.

---

[1] Vgl. dazu auch NIESSEN 2005, auf Leistungsorientierung bezogen auch BECK/FRÖHLICH 1992.

1. Die Begriffe Kompetenz und Standard in ihrem Umfeld

Die Leistungen deutscher Schüler, genauer: vor allem ihre vermeintlichen Defizite sind seit der Jahrtausendwende in die Kritik geraten, ein Vorgang, der mit dem Klingelschild »PISA-Schock« versehen wird.[2] Auf vielen Ebenen ist darauf reagiert worden. Immer deutlicher wird dabei im Laufe der letzten Jahre, dass es nicht primär um verwaltungstechnische Veränderungen wie die Einführung zentraler Prüfungen geht, sondern um eine Veränderung des *Unterrichts*. Ein Begriff, der in diesem Zusammenhang wichtig ist, ist der der *Kompetenz* – er ist nicht zu trennen von dem des Standards; eine kurze Begriffsklärung soll deshalb hier am Anfang stehen.

Standards werden allgemein als *ein* Instrument zur Verbesserung von Lehren und Lernen in der Schule gesehen. Seit mehr als 20 Jahren werden in vielen Ländern der Welt zu diesem Zweck Standards entwickelt, wobei für das Verständnis wenig hilfreich ist, dass unter Standards sehr unterschiedliche Dinge verstanden werden können:

- Angebotsstandards, die Gegenstände, Verfahrensweisen oder Bedingungen des Lernens zu beschreiben suchen (»opportunity-to-learn-standards«);
- Inhaltsstandards, die verbindlich die Unterrichtsinhalte, erst in zweiter Linie auch Methoden zu deren Vermittlung beschreiben (»content-standards«), wie sie in Deutschland früher als Lehrpläne erlassen wurden, und schließlich
- Standards, die ein wünschenswertes Niveau beschreiben, das Schülerinnen und Schüler zu verschiedenen Zeiten ihrer Schullaufbahn erreichen sollen (»output-standards«);[3] die neuen Bildungsstandards in Deutschland folgen diesem Modell.

Innerhalb der unterschiedlichen Begriffe wird in verschiedenen Ländern abermals differenziert, z. B. in Mindest- oder Durchschnittsstandards. Manche Länder verstehen darunter eine zu erreichende Norm, andere die davon zu unterscheidende durchschnittliche Leistung. Das macht diesen Begriff schillernd.

In Deutschland ist im Auftrag der Kultusministerkonferenz mit der Klieme-

---

[2] Nicht zufällig und in Übereinstimmung mit der Definition von Niessen in diesem Band spricht die Bildungsforschung meist nicht von Leistungsmessungen, sondern vorsichtiger von Lernstandserhebungen oder mit dem englischen Begriff large scale assessments (»Einschätzungen auf breiter Basis«).

[3] Genauere Begriffsklärungen bzw. Beschreibungen finden sich in der so genannten Klieme-Expertise (KLIEME et al. 2003) und auf Musik bezogen bei KNIGGE/LEHMANN-WERMSER 2008; zum internationalen Vergleich empfiehlt sich die knappe Darstellung von VAN ACKEREN 2003.

Expertise[4] festgelegt worden, dass die neu zu formulierenden Standards in Form von Kompetenzen beschrieben werden sollen: »Bildungsstandards konkretisieren die Ziele in Form von Kompetenzanforderungen. Sie legen fest, über welche Kompetenzen ein Schüler verfügen muss, wenn wichtige Ziele der Schule als erreicht gelten sollen.«[5] Kompetenzen sind eher prozesshafte Fähigkeiten und Fertigkeiten, die auf problemlösendes Verhalten zielen. Sie sind damit etwas anderes als bloße Wissensbestände.

Diese Entscheidung für die Koppelung von Standards an Kompetenzmodelle ist sinnvoll, aber sie ist nicht zwangsläufig, wie sich bereits aus der Tatsache ergibt, dass andere Länder diesen Zusammenhang nicht herstellen.[6] Man könnte durchaus Standards in Form von Beschreibungen des mittleren erwarteten Wissenstandes von Jugendlichen einführen. Man könnte auch ein kompetenzorientiertes Lehren fördern und gleichzeitig auf die Einführung von überprüfbaren Standards, Vergleichsarbeiten oder dem Zentralabitur verzichten. Freilich ist mit der Einführung dieser beiden Kategorien die Erwartung verbunden, die Leistungen deutscher Schülerinnen und Schüler insgesamt anzuheben, wobei »erfolgreiche PISA-Länder« dabei als Vorbild dienen. Da also Standards und Kompetenzorientierung in dieser Weise miteinander verknüpft sind, muss man sich mit den Argumenten gegen Standards auseinandersetzen, wenn man Kompetenzorientierung für die Planung und Durchführung von Unterricht für hilfreich hält. Im Folgenden sollen zwei grundsätzlich unterschiedliche Argumente gegen die Einführung von Standards kurz diskutiert werden, ehe der Kompetenzbegriff in der in Deutschland weitgehend akzeptierten Fassung erläutert und auf Musik bezogen wird. In einem nächsten Abschnitt soll erörtert werden, welches Potential darin für den praktischen Unterricht steckt.

2. Was sich gegen die Formulierung von Standards sagen lässt

2.1. Lässt sich ästhetisches Lernen als Kompetenz beschreiben und standardisieren?

Wenn man voraussetzt, dass Lernen im ästhetischen Bereich von seinem Gegenstand – manche sagen: von seinem Gegenüber – geprägt ist, wenn es also um

---

[4] KLIEME et al. 2003.
[5] Ebd., S. 21.
[6] Vgl. ebd.

Bildungsprozesse an oder durch Kunst geht, die auf einer spezifisch ästhetischen Welterfahrung basieren, dann sind der Beschreibung dieses Prozesses durch Kompetenzen und Standards in der Tat Grenzen gesetzt. Das Unverwechselbare, auf divergentem Denken statt auf Normerfüllung Gründende, widersetzt sich in seinem Ende einem Denken, das auf Überprüfbarkeit und/oder gemeinsamer Normerfüllung basiert.[7] Eine Formulierung von *fach*spezifischen Kompetenzen kann nicht von der Musik als Form der Kunst absehen, wenn sie nicht Lernen rein formalistisch als Domäne der Pädagogischen Psychologie, als Beschreibung von allgemeinen Prozessen verstanden wissen will.

Allerdings beruht diese Argumentation auf der unausgesprochenen Prämisse, dass an deutschen Schulen massenhaft solche individuellen, unverwechselbaren Bildungsprozesse stattfinden. Das ist deshalb problematisch, weil wir fast nichts über das Ergebnis schulischen Musikunterrichts wissen: An keiner der internationalen Studien wie PISA hat Musik sich beteiligen können oder wollen; fachspezifische Untersuchungen, wie sie etwa im Fach Deutsch als Lesetests unternommen werden, sind nicht versucht worden. »Bildung« mag nur bedingt »überprüfbar« sein. Wohl aber sind es Einstellungen, Haltungen, Kompetenzen, mithin jene Formen, die neben Kenntnissen für »Bildung« unabdingbar sind. Aus meiner langjährigen Erfahrung als Lehrer und jetzt als Hospitierender in Schulen erwachsen Zweifel, wie oft Schülerinnen und Schüler im täglichen Musikunterricht tatsächlich *Bildungs*erlebnisse in diesem emphatischen Sinn machen, ja selbst daran, dass ihnen auch nur regelmäßig das Angebot dazu gemacht wird. Ich glaube auch nicht, dass das Ausbleiben allein mit dem Hinweis auf den ausfallenden und fachfremd erteilten Musikunterricht zu erklären ist, sondern eher mit dem Charakter vieler Unterrichtsstunden zusammenhängt. Eine Teilnahme des Faches Musik an PISA-Tests wäre mittelfristig im Bereich des zweiten Testtages, der nationalen Spezialprojekten vorbehalten ist, denkbar, wenn denn ein schlüssiges und den wissenschaftlichen Standards (sic!) genügendes Modell dafür vorläge.[8] Es gibt gute Gründe, solchen Projekten gegenüber skeptisch zu sein – die bildungspolitischen Zwänge könnten für das Fach verheerend sein. Aber solange eine solche Bestandsaufnahme nicht erfolgt ist, ist die Basis für eine Argumentation zugunsten autonomer, individualisierter Bildungsprozesse schmal.

---

[7] Diese Problematik ist verschiedentlich dargelegt worden, z.B. in dem von der DFG geförderten Forschungsprojekt an der Universität Bremen (Niessen et al. 2008), in direkter und kritischer Auseinandersetzung damit bei Rolle 2008 und Vogt 2008, am Beispiel Neuer Musik bei Lehmann-Wermser 2008.

[8] So der nationale PISA-Koordinator, der Kieler Direktor des IPN Prof. Dr. Manfred Prenzel, im Gespräch mit dem Autor dieses Beitrags.

Es sei nur nebenbei vermerkt, dass der implizierte prinzipielle Gegensatz zwischen vermeintlich »harten« und »weichen« Fächern, etwa zwischen mathematisch-naturwissenschaftlichen und ästhetischen Fächern längst aufgeweicht ist. Auch für das Lernen in Mathematik werden Modelle divergenten Denkens mit kreativen Elementen inzwischen formuliert.

Eine Auflösung des Widerspruchs zwischen der Eigenart ästhetischer Bildung und Kompetenz- bzw. Standardformulierung deutet sich an, wenn man den Anspruch der einen wie der anderen Position einschränkt. Denn mutmaßlich bauen die anspruchsvollen und weit reichenden »Bildungs«-prozesse auf den basalen Prozessen des Lernens auf, die in Form von Kompetenzen beschrieben werden können. Musik oder die ästhetischen Fächer nehmen insgesamt in dieser Debatte auch keine Sonderstellung ein, wie gelegentlich unterstellt wird. Im Fach Deutsch findet sich in Bezug auf die Leseforschung der gleiche Widerspruch. Hier wird kritisiert, dass das Konzept von »literacy«, ein Modell von Lesefähigkeit, das den internationalen Vergleichsstudien wie PISA oder IGLU zugrunde liegt und das von sehr einfachen Vorgängen zu komplexeren Leseleistungen schreitet und von der Funktion des Lesens für die Alltagsbewältigung ausgeht,[9] der Idee einer literarischen, freien Bildung widerspreche. Der Bildungsforscher Heinz-Elmar Tenorth hat allerdings zu bedenken gegeben, dass »noch niemand der Kritiker des literacy-Konzeptes hat zeigen können, dass sich die Stufe der Basiskompetenzen schulpädagogisch in ihrer grundlegenden Bedeutung überspringen lassen könnte.«[10]

2.2. Der gesellschaftliche Kontext

Ein anderes Gegenargument bezieht sich auf den gesellschaftlichen Kontext, in dem Kompetenzformulierungen und Standardbildung zu sehen sind und wirksam werden. Auf der Ebene der Schüler wird in diesem Kontext ein Verlust an Freiraum und eine zunehmende Konkurrenzorientierung kritisiert, auf der Ebene der Schulen der Widerspruch zwischen größerer Autonomie der Einheiten bei gleichzeitiger Verschärfung der Sparzwänge und insgesamt eine »Ökonomisierung des Bildungswesens« (Tenorth), die im Schulwesen mit den verschiedenen Projekten und Wettbewerben des Bertelsmann-Konzerns verbunden werden.

Damit verbunden ist eine Argumentation, die, aufbauend auf einer Kette von

---

[9] Aus diesem Verständnis leitet sich die viel zitierte (und kritisierte) Aufgabe zum Verständnis eines Busfahrplans in PISA ab.
[10] TENORTH 2008, S. 159.

Beobachtungen und Beschreibungen, in der Tat auf eine problematische Tendenz hinweist. Sie sieht verkürzt und vereinfacht so aus: Standards werden nicht im luftleeren Raum formuliert und veröffentlicht, sondern in einem politischen, in dem es um die Finanzierung des Bildungswesens, die Ausstattung einzelner Schulen und die Lenkung von Schülerströmen geht. Die Überprüfung von Standards ist nur über Tests möglich. Deren Ergebnisse aber können nicht unveröffentlicht bleiben. Damit sie im Sinne einer Qualitätssicherung wirksam und als Steuerungsinstrument genutzt werden können, *müssen* sie veröffentlicht werden. In diesem Augenblick aber dienen sie nicht mehr der Verbesserung von Unterricht im Sinne eines »Qualitätszirkels«, sondern der Konkurrenz der Schulen untereinander. Diese Konkurrenz schlägt sich etwa über deren Attraktivität für Eltern nieder. Vermehrter Zulauf von Interessenten ermöglicht es der einzelnen Schule, leistungsstarke Kinder zu rekrutieren, so dass unterm Strich soziale Segregation verstärkt wird.[11] Als eine Konsequenz aus dieser Situation wird die Tendenz von Lehrkräften beschrieben, die Schülerinnen und Schüler nicht mehr nach pädagogischen Gesichtspunkten flexibel zu fördern und zu fordern und dabei auch zeitaufwändige Umwege in Kauf zu nehmen, sondern nur auf Tests vorzubereiten. Dieses Phänomen des »teaching to the test« wird besonders aus England und den USA berichtet, wo sich aus den Testergebnissen z. T. drastische Konsequenzen ergeben und der Druck »gut abzuschneiden« deshalb schwer auf den Lehrkräften lastet.[12] Zudem sinke die Bereitschaft von Lehrkräften, sich auf Neues oder auf pädagogisch Notwendiges einzulassen, das aber nicht für Vergleichsarbeiten relevant sei. Auch in Deutschland wird im Zusammenhang mit zentralen Abiturprüfungen Ähnliches berichtet.[13]

Dieses Argument ist ernst zu nehmen, weil es auf die Prioritäten verweist. Man darf Standards und die darauf aufbauenden Vergleichsarbeiten nur als *Steuerinstrument* und Indikator begreifen, als Mittel zur Erreichung besserer Fähigkeiten bei Schülerinnen und Schülern; sie sind kein *Selbstzweck*. Deshalb sind die Maßnahmen der Bildungspolitik und Schulverwaltung jeweils kritisch zu überprüfen, ob sie in diesem Sinne zielführend sind. In Sachsen werden im Gymnasium in Klasse 10 Vergleichsarbeiten in Deutsch, Mathematik und

---

[11] Dieser entgegenzuwirken sah das von der konservativen US-Regierung erlassene Gesetz *No child left behind* den Bustransport von Kindern von leistungsschwächeren Schulen hin zu leistungsstarken vor – ein umstrittenes und kaum umgesetztes Programm, das bei Eltern auf viel Widerstand stieß.

[12] Z. B. NICHOLS/BERLINER 2005.

[13] BÜCHTER/LEUDERS 2005, S. 180. – Es erscheinen auch die ersten Schulbücher auf dem Markt, die – ihrem Titel nach – nicht auf die Verbesserung von Schülerleistungen und -fähigkeiten zielen, sondern auf das erfolgreiche Abschneiden bei Tests.

Englisch geschrieben, die als Klassenarbeit doppelt gewichtet werden. Die Ergebnisse dienen aber auf keiner Ebene diagnostischen Zwecken. Das Kind erhält keine Hinweise, wie es (gegebenenfalls) Defizite ausgleichen oder sich den Stoff anders und besser aneignen kann; die Lehrkraft erhält (falls nötig) keine Hilfe, wie didaktisch und methodisch günstiger zu verfahren sei, damit die eigene Klasse im Vergleich besser abschneidet; die Schule erhält keine Beratung und (natürlich) keine zusätzlichen Ressourcen, wenn reformbedürftige interne Strukturen oder ungünstige Rahmenbedingungen Schritte der Schulentwicklung notwendig machten. Vergleichsarbeiten sind dann nur noch ein Instrument zur Etikettierung und Chancenzuweisung. Nur konsequent ist es dann, wenn Übungshefte für Vergleichsarbeiten herausgegeben werden,[14] aber es konterkariert im Grunde den Sinn dieser Arbeiten.

In Niedersachsen wird deshalb bei den Vergleichsarbeiten anders verfahren: Hier werden den Lehrkräften online Vergleichswerte ähnlich zusammengesetzter Klassen und die Durchschnittswerte des Landes mitgeteilt. Der diagnostische Zweck und die Fortbildung und Weiterentwicklung der Fachkollegien werden stärker in den Vordergrund gerückt, die Ergebnisse der Arbeiten werden ausdrücklich nicht zur Zensurenfindung genutzt.[15]

Warum sollte man trotzdem an der Idee von Kompetenzen und Standards festhalten? Welche produktive Kraft können sie entfalten? Ein Schlüssel liegt in der Sichtweise, die Kompetenzorientierung nicht primär als schulpolitische Maßnahme zu sehen, sondern als ein Werkzeug zur Veränderung des Unterrichts selbst. »Eine Implementation von Bildungsstandards, die nicht bis zum Unterricht durchdringt und die nicht die Lehrpersonen und letztendlich die Schülerinnen und Schüler als eigenständig Lernende erreicht, wird nichts bewirken. Für das Lehren und das Lernen gilt: keine Qualität der Produkte ohne entsprechende Prozessqualität. Auf der Lehr-Lern-Ebene entscheidet sich, ob die Reform wirksam ist.«[16] Standards verweisen auf punktuell, zu bestimmten Zeitpunkten gewünschte Lernstände. Die damit zusammenhängenden Kompetenzformulierungen verweisen dagegen auf den täglichen Lernprozess, sie sind deshalb in unserem Zusammenhang interessanter.

---

[14] Z. B. RINKENS / HÖNISCH 2004.

[15] Niedersächsisches Kultusministerium (2008). Allerdings stellte sich bei den Vorarbeiten zu diesem Beitrag heraus, dass Schulleitungen und Lehrkräfte in diesem Punkt z. T. andere Positionen vertreten. Offensichtlich wird die Funktion der Vergleichsarbeiten nicht von allen Beteiligten verstanden. Das zeigt, dass die Implementierung von Kompetenzmodellen und Standards nicht einfach ist.

[16] OELKERS / REUSSER, zit. nach KLIEME / RAKOCZY 2008, S. 223.

3. Zum Zusammenhang von Kompetenzen und Unterricht

In einem lesenswerten Artikel haben Klieme und Rakoczy[17] den Stand der Unterrichtsforschung zusammengefasst und insbesondere dargestellt, welche Faktoren im komplexen Unterrichtsgeschehen den Lernerfolg positiv beeinflussen. Danach wird erfolgreiches Lernen nicht, wie es früher verstanden wurde, vor allem mit einer guten Vorbereitung der Lehrkraft, geeigneten Materialien etc. bewirkt, sondern nur durch die eigene Tätigkeit der Lernenden. Die Schule und die Lehrkraft hätten deshalb ein möglichst optimales Angebot bereit zu stellen – zu dem u. a. auch die gute Vorbereitung gehört –, das von den Lernenden dann genutzt werden kann.[18] Aus verschiedenen Studien ist bekannt, wie das besonders wirkungsvoll geschehen kann (vgl. Abb.1). Dazu zählen

- die kognitive Aktivierung z. B. durch die Verwendung offener Fragestellungen, aber auch durch eine entwickelte Fehlerkultur,
- motivationale und volitionale Faktoren, die auf entwickelten allgemeinen und fachspezifischen Selbstkonzepten aufbauen und sozial verankert sind, sowie
- eine Klassenführung, die über Verlässlichkeit von Regeln, Stärkung der Individuen und strukturierte Unterrichts- und Tagesabläufe die Voraussetzung für effektives Lernen und Ich-Stärke liefert.[19]

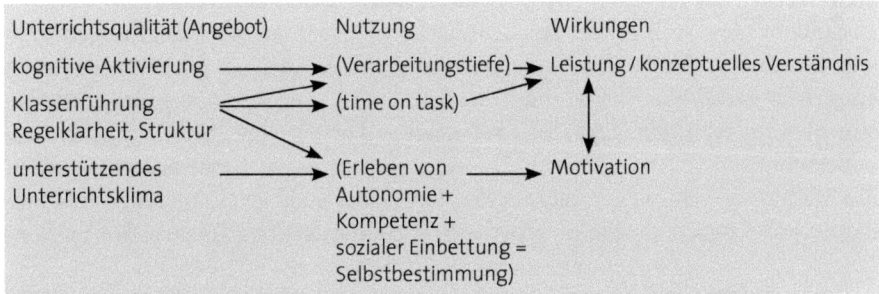

Abb. 1: Grunddimensionen der Unterrichtsqualität und deren vermutliche Wirkung
Quelle: Klieme / Rakoczy 2008, S. 228

---

[17] Klieme / Rakoczy 2008.

[18] Folglich wird in der Bildungsforschung von einem »Angebots-Nutzungs-Modell« (Helmke) gesprochen. Auf abstrakterer Ebene verbirgt sich dahinter ein konstruktivistisches Verständnis von Lernen.

[19] Die Breite dieses Modells verweist auf die ebenfalls umfängliche Definition von Kompetenz (vgl. Niessen et al. 2008).

Wenn Unterricht ein in diesem Sinne gutes Angebot bereit stellt, so werden
Schüler eher geneigt sein, dies auch zu nutzen. Das wäre an der Intensität des
Lernens abzulesen – Klieme und Rakoczy sprechen von Verarbeitungstiefe –,
aber auch an der Länge der Zeit, die tatsächlich gelernt wird (»time on task«)
und an der Selbstwahrnehmung der Schüler als selbstbestimmte Lernende. Dies
resultiert dann in guten Leistungen und einem hohen Maß an Motivation.

Es ist offensichtlich, dass in diesem Modell Raum für viele Elemente ist, die
zu Recht als zentrale Anliegen schulischer Musikpädagogik angesehen werden.
Musikalische Toleranz, interkulturelle Kommunikationsfähigkeit, »Offenohrigkeit«[20] oder Vertrauen in eigene musikalische Fähigkeiten können in diesem
Modell integriert werden. Dass es insgesamt als Beschreibung des Mathematikunterrichts entwickelt worden ist, verweist auf die Notwendigkeit, auch nach
weiteren, fachspezifischen Elementen und Lernweisen zu fragen; es mindert
aber nicht den Nutzen für ein fundierteres Lernen in Musik.[21]

4. Aufgabenstellungen im Musikunterricht

Für einen kleinen Teilbereich sei genauer dargestellt, in welche Richtung Musikunterricht weiter zu entwickeln wäre. Der Bereich des Musik *Machens* sei
ausgeklammert, weil es für den schulischen Bereich keine Vorstellungen gibt,
wie Lernen im Sinne von Kompetenzzuwachs abläuft; es gibt weltweit kein
empirisch validiertes, erklärendes Modell dazu.[22] Zudem wäre genauer zu bestimmen, in welchem Verhältnis schulisches Lernen von »Musik Machen« zu
außerschulischen Arten informellen oder nonformalen Lernens steht, ein für
die Bildungsforschung vertracktes Problem. Aber auch im Sinne einer musikdidaktischen Theorie erscheint gegenwärtig unklar, welche Formen des Spielens

---

[20] Offenohrigkeit, die Übersetzung des von dem englischen Musiksoziologen Hargreaves geprägten Begriffs der *open earedness*, kann als vorurteilsarmes Herangehen an verschiedenste Genres und Stile beschrieben werden. Im schulischen Kontext wird das als Alternative zu einer Fixierung auf Populäre Musik, die allen anderen Stilen negativ und vorurteilsbeladen gegenüber tritt, relevant (vgl. im Überblick KLOPPENBURG 2005, aktuell auch LEHMANN-WERMSER/BUSCH/LIERMANN 2007).

[21] Vgl. KLIEME/RAKOCZY 2008, S. 234.

[22] Die Formulierungen etwa in den amerikanischen National Standards (1994) sind eher beschreibender Natur. In den darauf bezogenen Untersuchungen (PERSKY et al. 1998) wird ebenfalls eher beschrieben als auf der Basis einer Modellierung des Lernens erklärt.

oder Singens oder Bewegens oder Improvisierens kognitiv aktivierend sind.[23] So beschränke ich mich auf den unterrichtsrelevanten Bereich des »Musik Hörens« und Kontextualisierens, also das Verstehen von Musik.[24]

Es mag zunächst einmal ungewohnt erscheinen, die kognitive Aktivierung als wichtigen Bestandteil gelingenden Musikunterrichts zu sehen. Dies gilt allerdings vor allem dann, wenn man »kognitiv aktiviert« verkürzt versteht als »mit dem Erwerb von Wissen befasst« und nicht umfassender als problemlösendes Verhalten in realitätsnahem Kontext.[25] Dazu gehören Informationen, die vom Lernenden ausgewählt oder strukturiert werden müssen. Dann ist unter anderem »zu klären, was das Problem letztendlich zum Problem macht und welches Wissen für die Lösung des Problems herangezogen werden kann«.[26] Beim Umgang mit Aufgaben in Musik ist die erklingende Musik selbst z. B. eine solche gegebene Information; vorhandenes Wissen kann aus harmonischen Kenntnissen, Informationen über populärmusikalische Genres oder der Fähigkeit zur stilistischen Einordnung bestehen. Wie weit diese Analogie reicht – und das heißt auch: inwieweit ästhetisches Lernen anderen Gesetzen gehorcht und sich deshalb den Kategorien einer sich empirisch-quantitativ definierenden pädagogischen Psychologie verweigert – muss hier offen bleiben.[27] Mir scheint, dass der Hinweis auf die Eigengesetzlichkeit ästhetischer Fächer oft vorschnell entgegengehalten wird. Indem damit das Fach außerhalb der o. g. Angebots-Wirkungs-Mechanismen gestellt wird, wird ein kritischer Blick schwieriger, verbleibende Chancen bleiben ungenutzt.[28]

Aufgabenstellungen aus dem Unterrichtsgespräch heraus geäußert oder in Materialien jeglicher Art manifestiert, sind ein Instrument kognitiver Aktivierung. Es ist hilfreich, sich klar zu machen, wie sie systematisiert werden können.

---

[23] Vgl. dazu auch WALLBAUM 2008.

[24] Vgl. NIESSEN et al. 2008.

[25] Der Begriff »problemlösend« ist vielschichtig. BÜCHTER / LEUDERS 2005 weisen daraufhin, dass er »in dieser psychologischen Charakterisierung natürlich anders zu verstehen ist als der mathematikdidaktische Begriff – er meint so etwas wie ›Anforderungen bewältigen‹« (S. 188). Welche Definition für Musik fruchtbar und tragfähig wäre, muss noch durchdacht und diskutiert werden.

[26] LEUTNER et al. 2005, S. 17.

[27] Für den Bereich der Neuen Musik finden sich dazu Überlegungen in LEHMANN-WERMSER 2008.

[28] Es scheint fast, als würden »Standards« und »Standardisierung« im alltäglichen pädagogischen Diskurs gleich gesetzt, so dass eher beiläufig eine negative Konnotation entsteht (vgl. GANZER / WALTHER 2008, S. 7).

Grundsätzlich lassen sich didaktische von Testaufgaben unterscheiden: Erstere dienen der Erkundung des Stoffes oder von Wegen der Aneignung, sollen die Auseinandersetzung bei den Schülerinnen und Schülern motivieren; letztere dienen der Überprüfung des Lernstandes, sei es um daraus Zensuren abzugeben, sei es zu diagnostischen Zwecken und als Orientierung im weiteren Arbeitsfortschritt. Manche grenzen deshalb auch Lern- von Leistungsaufgaben ab.[29] Zunächst soll es hier um didaktische Aufgaben gehen.

Diese lassen sich analog zur Gliederung in anderen Fächern wiederum aufteilen.

	innermusikalisch	außermusikalisch
geschlossen	z. B. die Bestimmung von Harmonien in einem Abschnitt	z. B. die Erarbeitung einer Komponistenbiographie nach Auswahlvorgaben
offen	z. B. die Untersuchung der musikalischen Mittel, die für eine bestimmte Wirkung verantwortlich sind	z. B. die Internetrecherche zu selbst gewählten jugendlichen Teilkulturen

Abb. 2: Aufteilung didaktischer Aufgaben in Musik

Geschlossene Aufgaben ermöglichen es Schülerinnen und Schülern, erworbene Fähigkeiten zu festigen, zu üben oder zu wiederholen. Geschlossene Aufgaben sind in diesem Sinn für die Festigung von Kompetenzen wichtig und können durch variantenreiche und kreative Formen auch motivierend wirken.

Offene Aufgaben sind eher geeignet, um Neues zu erschließen, neue Kompetenzen aufzubauen. Der Umgang mit ihnen ermöglicht auch »eine höhere Flexibilität beim Einsatz des Gelernten und eine erhöhte Nachhaltigkeit«.[30] Solche Aufgaben sind in der Regel etwas anspruchsvoller, sie entsprechen aber zugleich eher dem Ideal eines beweglichen Wissens und des Erwerbs flexibler Kompetenzen. Es steht zu vermuten, dass im Musikunterricht die geschlossenen Aufgabenstellungen überwiegen – es sei aber zugegeben, dass das eine Vermutung ist: Unterrichtsforschung zu diesem Thema existiert meines Wissens nicht.[31]

---

[29] LANKES et al. 2006, S. 27.
[30] Ebd., S. 26.
[31] Markus Bühring vom Institut für Musikpädagogische Forschung der Hochschule für Musik und Theater Hannover arbeitet derzeit an einer Studie zu Wirkungen unterschiedlicher Aufgabenstellungen, die diese Zusammenhänge klären soll.

4.1. Zur Übertragung auf Aufgaben im Musikunterricht

Die unterschiedenen Aufgabentypen finden sich auch in aktuellen Schulbüchern wieder.

 Analysiert die beiden auf der rechten Seite abgedruckten Walzer nach folgenden Stichworten.

Klaviersatz: Melodie und Begleitung
1. Welche Motive der Melodien erscheinen euch als besonders charakteristisch?
2. Welche Form haben die Melodien?
3. Welche Akkorde erkennt ihr in der Begleitstimme?

Kadenz
4. In welcher Zeile des Walzers findet ihr eine vollständige Kadenz in der Grundtonart?

Verlassen der Grundtonart
Gerne verlässt Schubert die Grundtonart und weicht für kürzere oder längere Zeit in andere Tonarten aus. Das wichtigste Mittel dafür ist der Dominantseptakkord.
5. Einige Dominantseptakkorde sind farbig unterlegt. In welche Dreiklänge löst Schubert sie auf?

Polaritätsprofil: Um den eigenen Eindruck von einer Musik festzuhalten, hört man die Musik aufmerksam an und entscheidet im Polaritätsprofil von Zeile zu Zeile, welche der beiden Eigenschaften mehr oder weniger passt.

2. Forschung in der Klasse: Wählt zwei in ihrer Wirkung unterschiedliche Musikstücke aus. Bewertet beim Hören jedes mit dem Polaritätsprofil. Bildet dann durch Berechnung der Mittelwerte ein Klassenprofil (auf einem neuen Blatt). An der Streuung der Werte könnt ihr feststellen, wie gleich, ähnlich oder verschieden ihr jedes Musikstück im Ausdruck empfunden habt.
3. Vergleicht den unterschiedlichen Ausdrucksgehalt der beiden Musikstücke.

Abb. 3: Aufgabenstellungen aus »Spielpläne Musik 3«. Stuttgart / Leipzig 2008, S. 68 und 215: Die linke Aufgabe bezieht sich auf zwei Walzer von Schubert.

Es geht an dieser Stelle nicht um ein Qualitätsurteil. Wie wir gesehen haben, haben auch geschlossene Aufgabenformate Vorteile. Aufgaben in Schulbüchern sind auch nicht identisch mit tatsächlichem Unterricht: Der Zwang, für imaginäre Klassen möglichst vielfältig einsetzbare Aufgaben zu konzipieren, bringt einen ganz eigenen Typus hervor. Es geht vielmehr darum, sich die implizit erwarteten Schülerleistungen bewusst zu machen und um die prinzipielle Möglichkeit, Aufgabenformate zu variieren und damit den Kompetenzaufbau zu erleichtern. Zunächst sollen die Aufgaben im Kasten links in Abb. 3 betrachtet werden.

- Sie sind eher geschlossene Aufgaben. Unter der Voraussetzung, dass die Schüler analytisches Handwerkzeug in Form von Begriffen wie Vorder- und Nachsatz, Dur- und Moll-Dreiklang etc. mitbringen, existieren jedenfalls für die Aufgaben 2 bis 5 eindeutige Lösungen.
- Bei Aufgabe 1 liegt der Fall anders, weil »charakteristisch« als Merkmal nicht ohne weiteres bestimmbar ist. Prinzipiell kann fast jedes Motiv so erscheinen – die Begründung wäre interessant, weil sie zum Aufbau beweglichen Wissens beitragen könnte; die aber ist hier nicht gefragt.
- In der Einleitung zu Aufgabe 5 wird bereits vorweggenommen, was eigentlich erst am Ende der Bearbeitung als (verallgemeinerbare) Erkenntnis stehen sollte. Darin spiegelt sich, was Oelkers und Reusser allgemein über Lehrbücher schreiben: »Da Lehrbücher tendenziell von einer Position des Wissens und nicht von einer solchen des Lernens her verfasst sind, fehlt ihnen oft der ›Geist des Problemlösens‹.[32]

Die Aufgaben im rechten Kasten sind anders strukturiert: Der dort erwähnte Begriff der Forschung legt schon nahe, dass es um einen prinzipiell offenen, auf neue Erkenntnis ausgerichteten Prozess geht. Das Ergebnis kann nicht richtig oder falsch sein. Allerdings ist auch der Sinn des »Experimentes« nicht näher bezeichnet und wäre vom Lehrer oder gar den forschenden Schülern selbst erst noch zu erschließen.

Da offene Aufgaben besonders wertvoll, zugleich aber auch eher schwer zu formulieren sind, ist es hilfreich, in anderen Fächern Anregungen zu holen, wie solche Aufgaben zu stellen sind. Für den Unterricht im Fach Mathematik, einem typischen »Aufgabenfach«, sind Strategien formuliert worden, wie diese offener gestaltet werden können.[33] Sie bergen auch dort, wo es nicht um mathematisches Denken geht, beachtliches Potential.

- *Ersetzen einer Anweisung durch eine Frage*: Statt das Ziel vorzugeben und daraus die Aufgabe abzuleiten, können Fragen zu entsprechenden Stellen gestellt werden. Statt: »Untersuchen Sie die Auflösungen des Dominantseptakkordes am Ende der Phrase!« kann gefragt werden: »Wo ergibt sich eine besonders starke harmonische Spannung und wodurch wird sie erreicht?« Zur fachspezifischen Kompetenz gehört, dass Lernende überhaupt Harmonik als einen möglichen zu untersuchenden Parameter kennen. Die Bearbeitung der

---

[32] OELKERS/REUSSER 2005, S. 408f.
[33] Z. B. BÜCHTER/LEUDERS 2005, LANKES et al. 2006.

offenen Fragestellung kann also das gleiche Ergebnis wie bei der geschlossenen hervorbringen. Denkbar ist aber auch, dass Fragen der Tempogestaltung oder Dynamik diskutiert werden und damit das Zusammenspiel der Parameter »realistischer« erfasst wird.

- *Unterbestimmung*: Es werden bei einer Aufgabe nur so wenige Vorgaben gemacht, dass unterschiedliche Lösungen möglich sind: »Übt das Pattern des Minimal Music-Stückes ein und verändert eure Spielweise so, dass verschiedene Ausdrucksvarianten entstehen«.[34]
- *Überladung*: Dabei werden überflüssige Informationen hinzugefügt, die von den Schülern als solche erst »weggestrichen« werden müssen, ehe sie eine Lösung finden können.[35] »Entwickelt eine Schrittfolge zur Musik von XY. Der Abschnitt enthält 16 4/4-Takte, sein Tempo ist 120 bpm. Das Stück steht in D-Dur und moduliert nach der ersten Phrase nach A-Dur. Berücksichtigt auch die Textaussage.«
- *Kontexteinbettung*: Die Aufgabe ergibt sich aus einem (möglichst) realistischen Kontext, der vielschichtige Perspektiven eröffnet. »Eine Diskussion über ein Musikbeispiel aus der Türkei: ›Ich finde diese Musik ziemlich kompliziert, ich könnte das nicht nachspielen.‹ ›Mir geht das anders: Da spielen doch nur wenige Instrumente und keine modernen. Ich finde das ziemlich primitiv.‹ ›Aber versuch mal so schnelle Verzierungen nachzusingen!‹ ›Aber das klingt so einfach, wie Musik auf dem Dorfplatz.‹ ›Aber bei uns könnte das bestimmt keiner!‹ Überlegt, wie dieser Dialog weitergehen könnte und führt ihn vor der Klasse auf. Gibt es andere Gesichtspunkte dieses Hörbeispiels, die ihr noch zur Sprache bringen wollt?«

Es ist auch für erfahrene Lehrkräfte durchaus interessant, in diesem Sinne die Aufgabenstellungen zu variieren und sich dabei bewusst zu machen, wie sich die zur Lösung notwendigen Kompetenzen dabei verändern.

Dabei wäre zu diskutieren, unter welchen Bedingungen solche Aufgaben für Schülerinnen und Schüler gut sind. Gerade Aufgaben wie die letzte sind nicht ohne Grund in Verruf geraten, weil sie manchmal die Kommunikation per se, also unter Absehung dessen, *was* kommuniziert wurde, als positiv ansehen und sie deshalb nicht an Ergebnisse, an anspruchsvolle Restrukturierungsaufgaben,

---

[34] Am Beispiel *Different Trains* von Steve Reich, erprobt und dokumentiert in LEHMANN-WERMSER/SCHADE 2005.

[35] Diese Aufgaben werden auch als »Kapitänsaufgaben« bezeichnet, weil das berühmte Vorbild lautet: Ein Schiff fährt von Südost nach Nordwest mit 23 Knoten pro Stunde. Wie alt ist der Kapitän?

an Aneignung neuer Bestände o. ä. binden. Klieme und Rakoczy zitieren in diesem Zusammenhang den Lernforscher Richard Mayer: »Methods that rely on doing or discussing should be judged not on how much doing or discussing is involved but rather on the degree to which they promote appropriate cognitive processing«.[36] Es sei aber darauf hingewiesen, dass sich daraus kein Argument gegen einen handlungs- und kommunikationsorientierten Unterricht allgemein ableiten lässt, sondern nur gegen einen falsch verstandenen, eher flachen und selbstzweckhaften. Dass die Reflexion der Arbeitsschritte und Lösungswege, ihre Darstellung und Vermittlung – jene Prozesse, die heute meist unter der Überschrift Metakognition versammelt werden – einen anspruchsvollen, zu nachhaltigem Lernen verhelfenden Schritt darstellen, ist unumstritten: Die Präsentation als Ende oder nur Zwischenschritt eines Lernprozesses hat eine herausragende Bedeutung. Präsentieren zu können ist aber auch keine gegebene Fähigkeit, sondern muss geübt werden. Welche Reihenfolge ist sinnvoll? Wo können Grafiken helfen? Ist eine PowerPoint-Präsentation besser oder ein Plakat usw.? Das macht auch deutlich, dass Weiterentwicklungen und Neuerungen wie die der Aufgabenkultur nicht isoliert zu betrachten sind, sondern immer in einem Kontext und als System zu verstehen sind.

4.2. Testaufgaben

Von diesem Aufgabentyp sind die Testaufgaben zu unterscheiden, die einem anderen Zweck dienen. Hier geht es nicht um die Förderung des *Lernens*, sondern um die Momentaufnahme der *Leistung*. Seit es die teils internationalen Leistungsstudien wie PISA oder IGLU gibt, ist aus der Entwicklung solcher Tests eine ausgefeilte Wissenschaft geworden. Das betrifft nicht nur die Auswertung, bei der differenzierte statistische Verfahren angewandt werden. Es bezieht sich auch auf die Aufgabenstellung selbst, die bei diesen Tests, den so genannten »large scale assessments«, hohen Standards genügen und immer schon auf die Passung bei der statistischen Analyse hin gedacht werden muss.

Für unseren Zusammenhang ist interessant, was dabei gemessen wird. Das mag banal klingen, denn *Validität* ist eines der drei wichtigen Gütekriterien; gemeint ist der Anspruch, dass ein Test (oder eine einzelne Aufgabe) tatsächlich das misst, was sie zu messen vorgibt.

Eine mögliche (und sinnvolle) Aufgabe im Unterricht oder in einem Test wäre,

---

[36] KLIEME / RAKOCZY 2008, S. 228.

hörend ein Scherzo zu gliedern. (Daran könnten sich weitere Fragen nach der Regelhaftigkeit oder nach Vorbildern im Menuett oder zur Instrumentierung anschließen.) Aber was wird mit dieser Aufgabe erfasst? Ein Schüler könnte diese Aufgabe bewältigen, weil er im Musikschulorchester bereits mehrere Scherzi gespielt und die typische Gliederung aus den Probenhinweisen der Dirigentin kennengelernt hat. Eine andere Schülerin löst die Aufgabe, weil sie aus dem Unterricht die einzelnen Instrumente und deren Familien kennt und über die Orchestrierung die Gliederung erschließen kann. Ein dritter ist Schlagzeuger einer Band und erfasst intuitiv achttaktige Perioden. (Umgekehrt wären verschiedene Gründe für die Nicht-Bewältigung denk- und konstruierbar.) Was die Aufgabe also erfasst, ist im einen Fall das außerschulisch erworbene Wissen, im zweiten die Anwendung von Wissensbeständen auf Gehörtes, im dritten eher eine mit dem Hören verbundene produktive Fähigkeit.

Kann man etwas hören, was man nicht benennen kann? Brauchen Schüler einen Begriff, um differenzierter zu hören? Diese Fragen sind in der Musikpädagogik nicht neu. Edwin Gordon in den USA und hierzulande vor allem Wilfried Gruhn[37] haben ähnliche Fragen zum Thema gemacht. Neu allerdings ist, dass im Zusammenhang mit Lernstandserhebungen nicht allgemein und als pädagogisches Postulat, sondern präzise und auf einen Lernprozess hin gefragt wird. Dem liegt die Idee von Kompetenzmodellen zugrunde, die nicht generalisierend etwa im Sinne von Schlüsselkompetenzen o. ä. formuliert sind; sie werden vielmehr fachspezifisch gedacht. Für den Musikunterricht wäre eine Aufteilung denkbar in *Musik machen – Musik hören und verstehen – usueller Umgang mit Musik* als eigenständige Kompetenzbereiche.[38] Für solche Modelle und ihre Teilbereiche kann man nun versuchen, die Fähigkeiten genauer zu beschreiben.[39] Wenn das Modell »passt«, wenn musikalisches Lernen tatsächlich so aufgebaut ist, dann müssten Schülerinnen und Schüler, die »schwierigere« Aufgaben bewältigen können, auch die »einfacheren« schaffen. Die Güte eines solchen Kompetenzmodells erweist sich unter anderem darin, dass die Testergebnisse von Schulklassen tatsächlich die hierarchische Gliederung widerspiegeln, dass Teilfähigkeiten aufeinander bezogen werden können etc. An der Universität Bremen arbeitet seit 2007 eine Forschergruppe an solchen Aufgaben; die empirische Va-

---

[37] GRUHN 2003, 2004 und 2005.
[38] Die verschiedenen Überlegungen zur Gliederung musikalischer Kompetenz, die im Rahmen des von der DFG geförderten KOMUS-Projekts an der Universität Bremen angestellt worden sind, finden sich in NIESSEN et al. 2008.
[39] Vgl. das Modell im Beitrag Anne Niessens in diesem Band.

lidierung für das hier erwähnte Modell über solche Aufgabenstellungen ist für 2009 geplant.

Wenn es darum geht, in diesem Sinne Kompetenzen in ihren verschiedenen Dimensionen zu erfassen, dann sollten solche Aufgaben sich auf einen oder sehr wenige Aspekte beschränken. In dem o. g. DFG-Projekt werden derzeit solche Aufgaben für den Bereich Hören und Kontextualisieren entwickelt und in Schulklassen erprobt.

Die Aufgabe versucht zu erfassen, ob Kinder eine kurze Melodie – in diesem Fall Mozarts KV 43[40] – sich merken und in einem anderen Kontext wieder erkennen können (Abb. 4). Diese eine Fähigkeit und nur diese wird geprüft – wobei die Anforderungen dafür komplex sind. Aber Kenntnisse etwa der Notenkunde oder Formenlehre, die für Lernaufgaben ein produktiver Bestandteil wären, werden hier absichtlich ausgeblendet.

Es wird deutlich, wie andersartig diese Aufgabenstellungen im Vergleich mit den im letzten Abschnitt aufgeführten sind. Dass das nicht der Unfähigkeit der Aufgabenkonstrukteure oder einem einseitigen Lernbegriff zuzuschreiben ist, sondern aus der unterschiedlichen Funktion der Aufgaben erwächst, wird aus dem Zusammenhang deutlich. Hier werden tatsächlich nur wenige Indikatoren definiert, um eine (möglichst) eindeutige Erfassung zu ermöglichen. Daraus ergibt sich auch, dass »Testaufgaben (…) in der Regel keine guten Lern- und Übungsaufgaben [sind], umgekehrt (…) gute Lern- und Übungsaufgaben in der Regel keine guten Testaufgaben [sind].«[41]

Solche Aufgaben sind offensichtlich nur unter bestimmten Bedingungen und für bestimmte Zwecke sinnvoll. Es ist kaum vorstellbar, dass ein Test, der am Ende der Unterrichtseinheit Wissen und die Fähigkeit zur Konstruktion von Zusammenhängen erfassen soll, diesem Muster folgt. Eher könnte er bestimmen helfen, wo ein Lernender gerade steht – evtl. auch in der Form des Selbsttests. Aus der Schweiz sind solche Tests bekannt, die Lehrkräfte herunterladen können, um den Stand ihrer Klasse im Vergleich zu anderen im Land zu bestimmen. Aus England, wo Komponieren durchgängiger Teil des Musikcurriculums ist, wird über die Einführung eines entsprechenden Tests berichtet, dass Lehrkräfte besonders beim Übergang von der Primar- zur Sekundarstufe solche Lernstandserhebungen nutzen können: Die Tests gaben ihnen »a sense of where the pupils

---

[40] Sinfonie F-Dur für 2 Violinen, 2 Violen, Bass, 2 Oboen, (2 Flöten), 2 Hörner (1767).
[41] KM Baden-Württemberg 2008; online verfügbar unter: http://www.schule-bw.de/entwicklung/dva/vadva/dva2008/schulen/index.html#absatz06 (zuletzt geprüft am 02.08.2008).

Kompetenzorientiert Musik unterrichten?

Zunächst hörst du eine kleine Melodie. Merke sie dir und kreuze an, welcher der folgenden Sätze stimmt!		
Die Melodie kommt im Hörspiel 1 vor.	☐ Stimmt	☐ Stimmt nicht.
Die Melodie kommt im Hörspiel 2 vor.	☐ Stimmt	☐ Stimmt nicht.
Die Melodie Kömmt im Hörspiel 3 vor.	☐ Stimmt	☐ Stimmt nicht.
Die Melodie kommt im Hörspiel 4 vor.	☐ Stimmt	☐ Stimmt nicht.
Uns würde interessieren, wie du diese Aufgabe gelöst hast. Kreuze den Satz an, der am besten wiedergibt, wie du die Melodie wiedererkannt hast.		
☐ Ich habe die Melodie einfach wiedererkannt.		
☐ Ich habe mir gemerkt, wie die Melodie angefangen hat.		
☐ Ich hatte das Gefühl, dass das Hörbeispiel richtig war.		
☐ Ich habe irgendeine Lösung angekreuzt.		
Manchmal werden zu Beginn eines Musikstücks Melodien vorgestellt, die anschließend verändert werden. Zuerst hörst du solch eine kurze Melodie und anschließend vier verschiedene Hörbeispiele. Kreuze an, welcher der folgenden Sätze stimmt!		
Im Hörspiel 1 kommt die veränderte Melodie vor.	☐ Stimmt	☐ Stimmt nicht.
Im Hörspiel 2 kommt die veränderte Melodie vor.	☐ Stimmt	☐ Stimmt nicht.
Im Hörspiel 3 kommt die veränderte Melodie vor.	☐ Stimmt	☐ Stimmt nicht.
Im Hörspiel 4 kommt die veränderte Melodie vor.	☐ Stimmt	☐ Stimmt nicht.
Manchmal tauchen in Musikstücken Melodien auf, die aus anderen Musikstücken bekannt sind. Sie werden »Zitate« genannt. Zuerst hörst du den Anfang der Nationalhymne der USA. Anschließend werden vier verschiedene Hörbeispiele gespielt, in denen Teile des Zitats, auch verändert, vorkommen können. Kreuze an, welcher der folgenden Sätze stimmt!		
Das Zitat steckt im Hörbeispiel 1.	☐ Stimmt	☐ Stimmt nicht.
Das Zitat steckt im Hörbeispiel 2.	☐ Stimmt	☐ Stimmt nicht.
Das Zitat steckt im Hörbeispiel 3.	☐ Stimmt	☐ Stimmt nicht.
Das Zitat steckt im Hörbeispiel 4.	☐ Stimmt	☐ Stimmt nicht.

Abb. 4: Beispiele für Kompetenzmessungen: musikalisches Gedächtnis (DFG-Projekt KOMUS)

needed some more work, and where their strengths and weaknesses were located«.[42]

Damit geschieht eine Unterscheidung, die Brophy als den Weg vom »assessment *of* learning« hin zu einem »assessment *for* learning«[43] bezeichnet. Danach ginge es nicht um die Messung als Endzweck oder zur Allokation von Chancen oder Bildungskarrieren, sondern um ein Instrument zur fortschreitenden Verbesserung des Lernens.

4.3. Wie geht es weiter?

Die Entwicklung von Kompetenzmodellen steht erst ganz am Anfang, es fehlt uns als Wissenschaftlern einstweilen an einem genauen Verständnis des musikalischen Lernens. Ob sich komplexere Formen ästhetischen Lernens oder Einstellungsveränderungen wie musikalische Toleranz mit Kompetenzmodellen abbilden lassen, ist unklar. Ob sich überhaupt die komplexen Formen aus den einfachen entwickeln, wie anfangs vermutet wurde, erscheint plausibel – belegt ist es nicht.

Auf Seiten der Lehrenden in den Schulen wäre gleichwohl ein Repertoire zu entwickeln, mit dem eine kognitive Aktivierung verstärkt erfolgen könnte. Hier kann nur aufgelistet werden, was in diesem Sinne in Studium, Referendariat und Fortbildung angelegt werden müsste:

- die Entwicklung einer neuen Aufgaben- und Fragekultur; in der Referendarausbildung wird prinzipiell daran bereits gearbeitet. Dennoch erlebe ich bei Hospitationen oft, dass Lehrkräfte im »gelenkten Unterrichtsgespräch« entweder Fragen stellen, auf die auch mir als »Wissendem« die Antwort schwer fällt, oder aber nach der »Osterhasen-Pädagogik«[44] (Elsbeth Stern) arbeiten;
- damit verbunden die Entwicklung einer Fehlerkultur, die Fehler als Anlässe für Verbesserungen und nicht als Makel begreift – diese Kultur müsste m. E. auch das Machen von Musik mit einschließen;
- ein anderes Verständnis von Leistungsmessung, das nicht mit Zensurenfindung identisch wäre.

---

[42] Fautley 2005, S. 164.
[43] Brophy 2000, S. 370.
[44] Bei diesem Modell verstecken Lehrer die richtige Antwort oder die notwendigen Kenntnisse zunächst. Als allein Wissende lenkt die Lehrkraft durch geschickte Fragen die Suche der Lernenden; den größten Erfolg hat freilich nicht der, der die Lösungen findet, sondern der, der erkennt, nach welchem Prinzip die Lehrkraft in der Regel die Eier versteckt (vgl. Thurn 2004).

Möglicherweise stehen mit einem solchen »Programm« auch dem Musikunterricht tief greifende Veränderungen bevor, die freilich in anderen Fächern z. T. die Lernkultur verändert haben. Das ist eine Chance, die es zu nutzen gilt.

Literatur

ACKEREN, ISABELL VAN (2003): *Nutzung großflächiger Tests für die Schulentwicklung. Exemplarische Analyse der Erfahrungen aus England, Frankreich und den Niederlanden.* Hg. vom Bundesministerium für Bildung und Forschung. Berlin. (= Bildungsreform, Bd. 3). Online verfügbar unter: http://www.bmbf.de/pub/nutzung_grossflaechiger_tests_fd_schulentwicklung.pdf (zuletzt geprüft am 02.08.2008)

BECK, WOLFGANG / FRÖHLICH, WERNER D. (1992): *Musik machen – Musik verstehen. Psychologische Aspekte des handlungsorientierten Musikunterrichts im Klassenverband* (= Veröffentlichung der Akademie für Musikpädagogik Mainz). Mainz

BROPHY, TIMOTHY S. (2000): *Assessing the developing child musician.* Chicago

BÜCHTER, ANDREAS / LEUDERS, TIMO (2005): *Mathematikaufgaben selbst entwickeln. Lernen fördern – Leistungen überprüfen.* Berlin

FAUTLEY, MARTIN (2005): *Baseline assessment of pupil composing competencies on entry to secondary school: a pilot study,* in: British Journal of Music Education, Jg. 22, H. 2, S. 155–166

GRANZER, DIETLINDE / WALTHER, GERD (2008): *Standards, keine Standardaufgaben! Gute Aufgaben für die länderübergreifenden Bildungsstandards in Mathematik,* in: Grundschule 4, S. 6–10

GRUHN, WILFRIED (2003): *Lernziel Musik. Perspektiven einer neuen theoretischen Grundlegung des Musikunterrichts.* Hildesheim / Zürich / New York

DERS. (2004): *Was ist »Audiation«? – Zur Rettung eines wissenschaftlichen Begriffs.* (Replik auf W. M. Stroh und Bähr / Gies / Jank / Nimczik), in: Diskussion Musikpädagogik 21, S. 51–52

DERS. (2005): *Anmerkungen zum Musik lernen. oder: Wie viel Neurobiologie verträgt die Musikpädagogik?,* in: Diskussion Musikpädagogik 27, S. 43–48

KEMMELMEYER, KARL-JÜRGEN et al. (2008): *Spielpläne 3 für den Musikunterricht an Realschulen und Gymnasien.* Stuttgart / Leipzig

KLIEME, ECKHARD / AVENARIUS, HERMANN / BLUM, WERNER / DÖBRICH, PETER / GRUBER, HANS / PRENZEL, MANFRED et al. (2003): *Zur Entwicklung nationaler Bildungsstandards. Eine Expertise.* Hg. vom Bundesministerium für Bildung und Forschung. Berlin. (= Bildungsforschung, Bd. 1). Online verfügbar unter: www.bmbf.de/pub/zur_entwicklung_nationaler_bildungsstandards.pdf (zuletzt geprüft am 02.08.2008)

KLIEME, ECKHARD / LEUTNER, DETLEV / WIRTH, JOACHIM (Hg.) (2005): *Problemlösekompetenz von Schülerinnen und Schülern. Diagnostische Ansätze, theoretische Grundlagen und empirische Befunde der Deutschen PISA-2000-Studie.* Wiesbaden

KLIEME, ECKHARD / RAKOCZY, KATRIN (2008): *Empirische Unterrichtsforschung und Fachdidaktik. Outcome-orientierte Messung und Prozessqualität von Unterricht*, in: Zeitschrift für Pädagogik, Jg. 54, H. 2, S. 222–237

KLOPPENBURG, JOSEF (2005): *Musikpräferenzen. Einstellungen, Vorurteile, Einstellungsänderungen*, in: LA MOTTE-HABER, HELGA DE / RÖTTER, GÜNTHER (Hg.): Musikpsychologie. Laaber, S. 357–393 (= Handbuch der Systematischen Musikwissenschaft, Bd. 3)

KNIGGE, JENS; LEHMANN-WERMSER, ANDREAS (2008): *Bildungsstandards für das Fach Musik – eine Zwischenbilanz*, in: Zeitschrift für Kritische Musikpädagogik, Sonderedition: Bildungsstandards und Kompetenzmodelle für das Fach Musik?, S. 60–98. Online verfügbar unter: http://www.zfkm.org/sonder08-knigge-lehmannwermser.pdf (zuletzt geprüft am 02.08.2008)

LANKES, EVA-MARIA et al. (2006): *Kompetenzorientierter Mathematikunterricht. Anregungen für die Arbeit mit den Bildungsstandards zum Hauptschulabschluss und mittleren Abschluss (Sekundarstufe I)*. Kronshagen

LEHMANN-WERMSER, ANDREAS (2008): *Was Kinder von Musik wissen sollten. Von musikalischen Schulleistungen, Bildungsstandards und von der Kunst*, in: LEHMANN-WERMSER, ANDREAS / ADLER, GÜNTER (Hg.): Das Musikleben fördern – Musik vermitteln. Festschrift Karl-Jürgen Kemmelmeyer zum 65. Geburtstag. Hannover: Institut für Musikpädagogische Forschung, S. 121–152

LEHMANN-WERMSER, ANDREAS / SCHADE, ANNIKA (2003): *Angst – und Zuversicht? Erfahrungen mit »Different Trains« von Steve Reich in Klasse 6 und 7*, in: Musik & Bildung 4, S. 8–14

LEHMANN-WERMSER, ANDREAS / LIERMANN, CHRISTIANE / BUSCH, VERONIKA (2007): *Posterpräsentation & Erläuterung zur Folgestudie: Beeinflussung von Musikpräferenzen bei Grundschulkindern*, in: Arbeitskreis Musikpädagogische Forschung (Hg.): Interkulturalität als Gegenstand der Musikpädagogik. Essen

LEUTNER, DETLEV / FUNKE, JOACHIM / KLIEME, ECKHARD / WIRTH, JOACHIM (2005): *Problemlösefähigkeit als fächerübergreifende Kompetenz*, in: KLIEME et al., S. 11–20

MUSIC EDUCATORS NATIONAL CONFERENCE (Hg.) (1994): *The School Music Program: A New Vision. The K-12 National Standards, Pre-K standards, and what they mean to music educators*. Reston VA: Music Educators National Conference

NICHOLS, SHARON L. / BERLINER, DAVID C. (2005): *The Inevitable Corruption of Indicators and Educators Through High-Stake Testing*. Hg. von Education Policy Studies Laboratory. Arizona State University. Online verfügbar unter: http://epsl.asu.edu/epru/documents/EPSL-0503-101-EPRU.pdf (zuletzt geprüft am 02.08.2008)

Niedersächsisches Kultusministerium (Hg.) (2008): *Informationen zum Projekt VERA: Vergleichsarbeiten in der Grundschule*. Online verfügbar unter: http://cdl.niedersachsen.de/blob/images/C43171164_L20.pdf (zuletzt geprüft am 02.08.2008)

NIESSEN, ANNE (2005): *Evaluation und Leistungsmessung*, in: JANK, WERNER (Hg.): Musik-Didaktik. Praxishandbuch für die Sekundarstufe I und II. Berlin, S. 136–139

NIESSEN, ANNE / LEHMANN-WERMSER, ANDREAS / KNIGGE, JENS / LEHMANN, ANDREAS (2008): *Entwurf eines Kompetenzmodells »Musik wahrnehmen und kontextuali-*

sieren«, in: Zeitschrift für Kritische Musikpädagogik, Sonderedition: Bildungsstandards und Kompetenzmodelle für das Fach Musik?, S. 3–33. Online verfügbar unter: http://www.zfkm.org/sonder08-niessenetal.pdf (zuletzt geprüft am 02.08.2008)

OELKERS, JÜRGEN/REUSSER, KURT (2008): *Expertise: Qualität entwickeln – Standards sichern – mit Differenz umgehen.* Unter Mitarbeit von Esther Berner, Ueli Halbheer, Stefanie Scholz. Berlin

PERSKY, HILARY R./SANDENE, BRENT A./ASKEW, JANICE M. (1998): *The NAEP 1997 Arts Report Card. Eighth Grade Findings* From the National Assessment of Educational Progress. National Center for Education Statistics. Washington. Online verfügbar unter: http://nces.ed.gov/pubsearch/pubsinfo.asp?pubid=1999486 (zuletzt geprüft am 02.08.2008)

RINKENS, HANS-DIETER/HÖNISCH, KURT (2004): *Aufgabenbeispiele für Vergleichsarbeiten: Zahlenwerkstatt.* Niedersachsen: 3. Klasse. Ein Übungsheft ergänzend zum Unterricht. Hannover

ROLLE, CHRISTIAN (2008): *Musikalische Bildung durch Kompetenzerwerb? Überlegungen im Anschluss an den Entwurf eines Kompetenzmodells »Musik wahrnehmen und kontextualisieren«* in: Zeitschrift für Kritische Musikpädagogik, Sonderedition: Bildungsstandards und Kompetenzmodelle für das Fach Musik?, S. 42–59. Online verfügbar unter: http://www.zfkm.org/sonder08-rolle.pdf (zuletzt geprüft am 02.08.2008)

TENORTH, HEINZ ELMAR (2008): *Bildungsstandards außerhalb der »Kernfächer«. Herausforderung für den Unterricht und die fachdidaktische Forschung*, in: Zeitschrift für Pädagogik, Jg. 53, H. 2, S. 159–162

THURN, SUSANNE (2004): *Leistung – was ist das eigentlich? Oder: »Die Würde des heranwachsenden Menschen macht aus, sein eigener ›Standard‹ sein zu dürfen«*, in: Neue Sammlung, Jg. 44, H. 4, S. 419–435

VOGT, JÜRGEN (2008): *Musikbezogene Bildungskompetenz – ein hölzernes Eisen? Theoretische Überlegungen zu einem Kompetenzmodell für das Fach Musik*, in: Zeitschrift für Kritische Musikpädagogik, Sonderedition: Bildungsstandards und Kompetenzmodelle für das Fach Musik?, S. 34–41. Online verfügbar unter: http://www.zfkm.org/sonder08-vogt.pdf (zuletzt geprüft am 02.08.2008)

WALLBAUM, CHRISTOPHER (2008): *Zur ästhetisch-kulturellen Bildung mit Stimme*, in: LEHMANN-WERMSER, ANDREAS/NIESSEN, ANNE: *Singen. Ein Lehrbuch.* Augsburg, S. 93–110

WEINERT, FRANZ E. (2001): *Vergleichende Leistungsmessung in der Schule – eine umstrittene Selbstverständlichkeit*, in: WEINERT, FRANZ E. (Hg.): *Leistungsmessungen in Schulen.* Weinheim, S. 17–31

Anne Niessen

Leistungsmessung oder individuelle Förderung?
Zu Funktion und Gestaltung von Aufgaben im Musikunterricht

Aufgaben spielen im Musik- wie in jedem anderen Unterricht in der Schule eine zentrale Rolle: als Arbeitsaufträge für Einzel-, Partner- oder Gruppenarbeit, als Fragen im Unterrichtsgespräch, Hausaufgaben oder Testanforderungen. Umgekehrt reziprok zu dieser immensen Bedeutung für den schulischen Alltag verhält sich die Aufmerksamkeit, die diesem Thema in der musikpädagogischen Reflexion beigemessen wird. Einige Hinweise zu Funktionen und zur Erstellung von Aufgaben finden sich zwar in der allgemein-pädagogischen Literatur,[1] aber nach Aussagen über die Besonderheit musikbezogener Aufgaben sucht man fast vergeblich.[2] Im vorliegenden Text soll der Versuch unternommen werden, ausgehend von einem musikpädagogischen Forschungsprojekt, in dem Aufgaben zur Kompetenzdiagnostik entwickelt werden, Hinweise zur Erstellung von Aufgaben im Musikunterricht zu formulieren. Damit kann und soll nicht die ganze Breite des Problemfeldes von Aufgaben und Bewertungen im Fach Musik abgedeckt werden, aber vielleicht gelingt es einige Reflexionshinsichten zu gewinnen, die für die Erstellung von Aufgaben im musikpädagogischen Alltag hilfreich sein können.

Zunächst aber sollen die beiden Begriffe Leistung und Kompetenz erläutert und verglichen werden. Das hat zwei Gründe:

- Die Tagung, anlässlich derer dieser Text entstanden ist, behandelte das Thema »Leistung im Musikunterricht«; im Rahmen des Forschungsprojekts, von dem hier berichtet werden soll, werden aber »Kompetenzen« avisiert.
- Und, grundsätzlicher: Bevor man Messinstrumente genauer betrachtet, sollte überlegt werden, was überhaupt gemessen werden soll.

---

[1] Vgl. u. a. GIRMES 2004, SACHER 1999, LÜTGERT 1999; stellvertretend für eine Fülle von Hinweisen in pädagogischen Fachzeitschriften sei hier das Heft 3/2008 der Zeitschrift Pädagogik genannt, das den Titel »Aufgabenkultur« trägt.

[2] Ein Text von ROLAND MEISSNER (1987) bezieht sich auf die Entwicklung von Testaufgaben, aber in den einschlägigen Veröffentlichungen zu musikpädagogischen Unterrichtsmethoden etwa werden Aufgaben nicht explizit thematisiert (z. B. ERWE 2005, HEUKÄUFER 2007).

1. Die Begriffe Leistung und Kompetenz

Leistung im Musikunterricht? Für manche Menschen bedeutet die Verknüpfung dieser beiden Begriffe eine Provokation: An Musikunterricht richten Schüler häufig eher einen Unterhaltungs- als einen Lernanspruch; manche Lehrende betonen vor allem seine Kompensationsfunktion. In Zeiten der Einführung einer im Gymnasium verkürzten Schulzeit auf acht Jahre in vielen Bundesländern und im Gefolge gestiegener Leistungserwartungen in den Hauptfächern wächst diese Gefahr: Wenn sich Zehnjährige bis zu sieben Stunden hintereinander im 45-Minuten-Takt Wissen verschiedener Domänen aneignen müssen und das in einem gegenüber vergangenen Jahren gesteigerten Tempo, liegt die Suche nach ausgleichenden Fächern nah. Dem Problem der Überfrachtung von Schule lässt sich aber nicht beikommen, indem einzelne Fächer aus dem Kanon der »ernsthaften« Schulfächer herausgenommen werden, sondern indem Schule neu gestaltet wird – mit Hilfe eines rhythmisierten Ganztages, der neben Phasen intensiven Lernens die notwendige Abwechslung und Entspannung ermöglicht. Insofern darf und soll intensives Lernen, davon wird im Folgenden ausgegangen, auch im Musikunterricht stattfinden.

Der Begriff der Leistung spielt allein wegen der Diskussion um so genannte Schulleistungsstudien wie DESI, IGLU, TIMMS und PISA in der bundesdeutschen Schullandschaft eine wichtige Rolle.[3] Aber auch der Kompetenzbegriff besitzt seit einigen Jahren große Bedeutung: Lehrpläne werden abgelöst durch Bildungsstandards und dort wiederum werden Kompetenzen festgeschrieben, die zu einem bestimmten Zeitpunkt der Schullaufbahn erworben sein sollen. Den theoretischen Hintergrund für diese Begrifflichkeit lieferte die so genannte Klieme-Expertise,[4] die nach dem schon legendären »PISA-Schock« von der Kultusministerkonferenz in Auftrag gegeben wurde und dazu beitragen sollte, das Leistungsniveau deutscher Schüler anzuheben. Kompetenzen werden in der Klieme-Expertise in Anlehnung an Franz E. Weinert als ein in Stufen zu definierendes Bündel kognitiver Fähigkeiten und Fertigkeiten definiert, die für die Bewältigung konkreter Probleme notwendig sind. Sie sind verbunden mit motivationalen und sozialen Fähigkeiten, die eine erfolgreiche Problemlösung erst ermöglichen.[5] In welchem Verhältnis steht dazu der Begriff der Leistung? Der Pädagoge Werner Sacher definiert: »Leistung ist der Voll-

---

[3] Einen Überblick über Schulleistungsstudien liefert u. a. WEINERT 2001.
[4] KLIEME / AVENARIUS / BLUM et al. 2003.
[5] Ebd., S. 21 und 72.

zug und das Ergebnis einer Tätigkeit, die mit Anstrengung verbunden, auf die Erlangung eines Zieles gerichtet und auf Gütemaßstäbe und Anforderungen bezogen ist.«[6] Das Individuum und die Frage, wie eine Leistung erbracht wird oder warum das geschieht bzw. nicht geschieht, scheint in dieser Definition kaum eine Rolle zu spielen. In Literatur zu Schulleistungsstudien wird der Begriff der Leistung allerdings umfassender bestimmt: »Die Schulleistung eines Schülers kann insgesamt nicht als eine vorübergehende Verhaltensweise oder als flüchtiges Merkmal aufgefasst werden. Sie sollte vielmehr als eine im Schüler ›verborgene‹ Leistungsfähigkeit verstanden werden, die nur bei günstiger Gelegenheit vollständig ans Licht kommt. Deshalb werden standardisierte Schulleistungsmessungen unter anderem mit dem Ziel entwickelt, dem Schüler eine optimale Leistungsgelegenheit zu bieten und dabei seine Leistungsfähigkeit unbeeinträchtigt zu zeigen.«[7]

Auch wenn der Leistungsbegriff in dieser Bestimmung dem Kompetenzbegriff nahe kommt, erweist sich doch bei genauerem Hinsehen letzterer als gehaltvoller: Er umfasst nämlich laut Definition kognitive, motivationale und soziale Aspekte und beinhaltet Problemlösefähigkeiten. Der Begriff der Problemlösung, der bereits mehrfach gefallen ist, bedarf allerdings der Erläuterung, denn zu Recht lässt sich fragen, was die Bestimmung »problemlösend« im Kontext von musikbezogenen Kompetenzen zu suchen hat – verbunden mit einem kritischen Blick auf die Frage, ob nicht Kompetenzen in erster Linie kognitiv bestimmt und deshalb für das Nachdenken über Musikunterricht nur bedingt geeignet sind. Zunächst dazu ein grundsätzlicher Hinweis: Die Bestimmung »problemlösend« bedeutet nicht, dass Kompetenzen sich ausschließlich dann realisieren, wenn es sich um Arbeit an Themen handelt, die für die Schüler ein »echtes« oder gar »persönliches« Problem darstellen. Stattdessen impliziert sie eine Nähe zu folgenden drei Merkmalen:

- Kreativität: In der Geschichte der Testtheorie spielen Kreativitätstests eine besondere Rolle insofern, als mit ihrer Hilfe versucht wird, »über Denk- und Problemlöseaufgaben kreative Leistungen zu messen und daraus kreative Fähigkeiten zu erschließen.«[8] Von vorneherein stellte sich in diesem Kontext das Problem der Subjektivität und der Bewertbarkeit, das ja auch bei der Beurteilung beispielsweise musikpraktischer Aufgaben im Unterricht eine

[6] SACHER 2001, S. 1.
[7] HELLER/HANY 2002, S. 90.
[8] SCHWEIZER 2006, S. 117.

große Rolle spielt. Problemlösung ist also eng mit Kreativität verbunden und nicht zufällig wird in diesem Kontext die Bedeutung von »motivationalen Faktoren und sozio-emotionalen Fähigkeiten« hervorgehoben[9] – was in Bezug auf musikbezogene kreative Prozesse unmittelbar einleuchtet.

- Komplexität: Vom klassischen Intelligenzbegriff unterscheidet sich der Kompetenzbegriff im hier verwendeten Sinne dadurch, dass sich Kompetenzen »auf wissensbasierte Fähigkeiten in bestimmten kulturellen und lebensweltlichen Domänen« beziehen. »Das heißt, sie müssen in aktuelle Lern- und Problemlöseleistungen umgesetzt werden, was die Stiftung einer direkten Beziehung zum Handeln in einer Domäne beinhaltet.«[10] Je größer die Rolle eines Kontextes für die Lösung von Aufgaben ist, desto höher ist aber auch der Grad der Komplexität der Anforderungen und desto mehr Zielgerichtetheit ist bei der Lösung der Aufgaben vonnöten.[11] Die Betonung der Komplexität von Kompetenzen beinhaltet aber noch einen weiteren Aspekt: »Der Kompetenzbegriff entspricht (…) auch einem stärker pragmatisch-funktionalen oder aktionalen (versus stoff-materialen oder kontemplativen) Wissens- und Bildungsverständnis und er steht, was seine intrapersonale Dynamik anlangt, in Beziehung zum Grundbedürfnis des Menschen nach Kompetenz und Selbstbestimmung (…) in der Interaktion mit der Umwelt.«[12] Hier wird deutlich, inwiefern der Kompetenzbegriff über eine rein kognitive Bestimmung hinaus motivationale, emotionale und soziale Bezüge einschließt.

- Erlernbarkeit: Aber nicht nur in Bezug auf die Komplexität problemlösender Kompetenzen ist die Tatsache von Bedeutung, dass Kompetenzen domänenspezifisch verstanden werden: »(…) es geht beim Kompetenzbegriff (…) um etwas Erlerntes und Erlernbares, mit Aebli:[13] um erworbene Handlungs-, Operations- und Begriffsschemata, die Personen dazu befähigen [sollen], innerhalb bestimmter bereichsspezifischer Rahmen Probleme zu lösen.«[14] Eine wichtige Rolle spielt für domänenspezifische Kompetenzen das Sammeln

[9] Ebd., S. 119.
[10] OELKERS / REUSSER 2008, S. 24.
[11] SCHWEIZER 2006, S. 119.
[12] OELKERS / REUSSER 2008, S. 24.
[13] AEBLI 1980 / 1981.
[14] OELKERS / REUSSER 2008, S. 26.

von Erfahrungen und das Lernen: »Kompetenzen sind je erreichte inhaltliche Fähigkeiten und Fertigkeiten (...), die durch nachfolgendes Lernen erweitert und verändert werden können, wenngleich immer nur graduell, oft langsam und stets in Verbindung mit Fachinhalten.«[15] Hier ist zu fragen, in welchen Hinsichten sich musikbezogenes Lernen vom Lernen in anderen Domänen unterscheidet – eine Frage, die hier nicht beantwortet werden kann, aber an das Grundverständnis des Faches rührt.

Nun ist allerdings zu beachten, dass es einen grundsätzlichen Unterschied gibt zwischen Kompetenzen und den Aufgaben, die Kompetenzen sichtbar machen sollen. Wenn beispielsweise davon die Rede ist, dass Kompetenzen die »Anpassung der Problemlösung an die sozialen Gegebenheiten«[16] beinhalten, erscheint ein paper-and-pencil-Test wenig sinnvoll – gerade in einem Fach wie Musik, in dem emotionale Zugänge und kollektive Musizierprozesse eine wichtige Rolle spielen. Deshalb muss festgehalten werden, dass es nur möglich ist, mit Hilfe der Testung näherungsweise bestimmte Kompetenzen zu erfassen, dass aber viele wichtige Aspekte sich der Testung schlicht entziehen. Wie so häufig stellt sich aber auch in diesem Kontext die Frage, ob man sich entscheidet, die Flasche als halb voll oder halb leer zu bezeichnen: Auch wenn das, was mit Hilfe von Testaufgaben gemessen werden kann, Kompetenzen nicht oder nur in Ansätzen erfasst, bedeutet das nicht eine generelle Untauglichkeit dieses Mediums. Die Frage, ob Schüler beispielsweise in der Lage sind, die Struktur oder den Gestus eines Musikstücks in einer Abbildung wiederzuerkennen, erfordert keine selbständige kreative Leistung im alltagssprachlichen Sinne, aber wenn man die Kompetenzen berücksichtigt, die zur Lösung der Aufgabe tatsächlich nötig sind, dann wird deutlich, wie vielschichtig die Prozesse bei der Wahrnehmung der Musik, der Kodierung der Informationen, der intuitiven Erfassung von Stimmungen und der gedanklichen Umsetzung in ein anderes Medium sein müssen. Und in diesem Sinne erscheint es sehr wohl möglich, von problemlösenden Kompetenzen zu sprechen: »Kompetenz ist die persönlich erreichte und automatisierte Fähigkeit, in bestimmten Wissensdomänen und nach Abschluss vieler verschiedener Lernsequenzen in begrenzter Generalisierung auf neue Anforderungen hin Probleme lösen zu können.«[17]

[15] Ebd.
[16] Ebd., S. 27.
[17] Ebd., S. 28.

Wie der Exkurs zur näheren Begriffsbestimmung gezeigt haben sollte, ist der Kompetenzbegriff besser konturiert und umfassender angelegt als der der Leistung. Er soll im Folgenden im Zentrum stehen, und zwar aus drei Gründen, die auf unterschiedlichen Ebenen angesiedelt sind:

- Er betont stärker die Individualität der Lernenden und berücksichtigt mögliche Besonderheiten beispielsweise motivationaler Art.
- Der Begriff der Kompetenz weist m. E. ein größeres didaktisches Potenzial auf, weil er mit der Fokussierung von Problemlösefähigkeiten Aussagen über eine wünschenswerte Qualität von Lernen trifft.
- Der letzte ist ein pragmatischer Grund: Der Begriff steht im Mittelpunkt des KOMUS-Projekts, an dem Andreas Lehmann-Wermser, Andreas C. Lehmann, Jens Knigge, Anne-Katrin Jordan und ich zusammen arbeiten.[18] Es geht um die Entwicklung von Kompetenzmodellen als Grundlage für die Erstellung von Bildungsstandards im Schulfach Musik. In diesem Kontext haben wir uns mit dem Begriff und der Problematik der Kompetenzmessung intensiv auseinandergesetzt.

Wenn oben die Rede davon war, dass Schulleistung eigentlich eine »verborgene« Fähigkeit darstellt und auch Kompetenzen als Fähigkeiten und Fertigkeiten betrachtet werden, dann stellt sich die Frage, bei welchen Gelegenheiten eigentlich diese »verborgenen«, zumindest aber nicht unmittelbar sichtbaren Fähigkeiten der Schüler erkennbar werden. Hierbei spielen zweifellos Aufgaben eine zentrale Rolle. Im Folgenden möchte ich deshalb der Frage nachgehen, welche Funktionen Aufgaben im Musikunterricht einnehmen können. Sind sie in der Lage, Kompetenzen sichtbar zu machen? Oder tragen Aufgaben sogar zur Entwicklung von Kompetenzen bei?

2. Aufgaben im Musikunterricht

Grob seien an dieser Stelle mehrere Funktionen von Aufgaben beschrieben, die üblicherweise unterschieden werden: zunächst als wichtigste die Lernen anregende Funktion, beruhend auf »(…) einem eher prozess- und entwicklungsbedingten Ver-

---

[18] Das KOMUS-Projekt (Kompetenzmodell für das Fach Musik) wird seit Januar 2007 von der Deutschen Forschungsgemeinschaft (DFG) gefördert und ist am Institut für Musikpädagogik und Musikwissenschaft der Universität Bremen angesiedelt. Weitere Informationen zum Projekt sind im Internet unter www.musik.uni-bremen.de/forschung/komus (zuletzt geprüft am 02.08.2008) erhältlich, siehe außerdem NIESSEN/LEHMANN-WERMSER/KNIGGE/LEHMANN 2008.

ständnis, bei dem es darum geht, Schüler dazu zu befähigen, Lern- und Entwicklungsprozesse selbständig zu bewältigen.«[19] Auf Aufgaben mit dieser Funktion zielen die folgenden Ausführungen in erster Linie ab. Daneben ist noch die klassische Rückmeldefunktion zu nennen mit eher diagnostischem oder eher bewertendem Schwerpunkt.[20] Aussagekraft besitzen die Aufgabenlösungen in diesem Fall für Lehrer zur »curricularen Kontrolle«, für Eltern als Rückmeldung sowie für Schüler im Hinblick auf Eigenkontrolle, Motivation und Anreiz, Disziplinierung und Sozialisation.[21] Daneben spielen Aufgaben eine wichtige Rolle in Schulleistungsstudien. Dort erfüllen sie noch eine andere Funktion: Dort geht es um die Messung der Leistung des Schulsystems einer Nation, eines Bundeslandes, um die Leistung einer Einzelschule oder sogar eines einzelnen Lehrers in Bezug auf bestimmte Klassen. In diesem Kontext spielt die Leistung des einzelnen Schülers keine Rolle in Bezug auf das Individuum – oder besser: Sie sollte keine Rolle spielen. De facto bricht die Bildungspolitik gelegentlich mit dieser Trennung zwischen systemischer und individueller Rückmeldung, wenn beispielsweise erlaubt wird, die Ergebnisse von Vergleichsarbeiten in bestimmten Fällen zur Notengebung heranzuziehen.[22]

Es gibt aber noch eine weitere mögliche Funktion von Aufgaben, die in der Aufzählung bislang nicht vorkam: Im Rahmen des KOMUS-Projekts dienen Aufgaben dazu, ein gestuftes Kompetenzmodell für den Bereich »Wahrnehmen und Kontextualisieren von Musik« zu operationalisieren und validieren. In diesem Kontext wurde nach einer ausführlichen Analyse der Richtlinien, einer Rezeption der didaktischen Diskussion sowie einem Blick in die USA, in denen Lernstandserhebungen im Fach Musik bereits durchgeführt werden,[23] ein Kompetenzmodell entwickelt, das wiederum innerhalb der Fachöffentlichkeit zur Diskussion gestellt wurde und das zurzeit folgendermaßen aussieht:

---

[19] EIKENBUSCH 2008, S. 7.

[20] Zu dem wichtigen Unterschied zwischen diesen beiden Funktionen siehe GREUEL 2007.

[21] Diese knappe Erwähnung des Problems der Leistungsbewertung und damit auch der Zensurengebung im Musikunterricht steht in keinem Verhältnis zur Relevanz des Themas für den Alltag von Musiklehrenden. Ihr Bedürfnis, über die Problematik der Leistungsbewertung im Musikunterricht zu sprechen, war im Verlaufe der Tagung zu diesem Thema in München im Juni 2008 deutlich zu spüren. Vgl. TILLMANN/VOLLSTÄDT 1999, S. 43–44; BOVET/HUWENDIECK 1995, S. 222–224.

[22] Das ist zum Beispiel der Fall bei VERA, den Vergleichsarbeiten in den Fächern Deutsch und Mathematik für das dritte Schuljahr in NRW: http://www.standardsicherung.schulministerium.nrw.de/vera3/upload/download/mat_07-08/Elterninfo_4-2008-Vera.pdf (zuletzt geprüft am 02.08.2008).

[23] PERSKY/SANDENE/ASKEW 1998.

Wahrnehmungsfähigkeit und musikalisches Gedächtnis	Reflektierter Einsatz musikalischen Sach- und Weltwissens		
III - Erkennen komplexer musikalischer Beziehungen (z. B. komplexe rhythmische und melodische Kombinationen, versteckte musikalische Zitate)	**C** - Interpretation und kritische Bewertung von Musik und ihrer Ausführung auf der Grundlage des Fachwissens - angemessener Umgang mit bzw. Einsatz von:		
	- differenzierter Verbalisierung (inklusive Fachterminologie)	- komplexer Visualisierung von Musik (z. B. traditioneller Notation)	- Wissen über historisch-kulturelle Kontexte von Musik
II - Erkennen kombinierter und versteckter Ereignisse - Vergleich musikalischer Ereignisse (z. B. differenziertere Sounds und Effekte) - Erkennen musikalischer Grundformen (z. B. Erkennen wiederkehrender Formteile ABA-Form, einfache Variation)	**B** - Erfassung der Zusammenhänge von musikalischen Mitteln und deren Wirkungen - angemessener Umgang mit bzw. Einsatz von:		
	- Verbalisierung auf mittlerem Differenzierungsniveau (inklusive Fachterminologie)	- Visualisierung auf einem mittlerem Komplexitätsniveau (z. B. traditioneller Notation)	- Wissen über musikalische Genres
I - Erkennen herausstechender Merkmale ('salient features'; z. B. Zäsuren) - Vergleich klar unterscheidbarer musikalischer Phänomene (z. B. Sounds unterschiedlicher Musikrichtungen) - Erkennen einfacher Formen (z. B. Bildung von Formteilen durch Zäsuren)	**A** - Erfassung der Wirkung von Musik - angemessener Umgang mit bzw. Einsatz von:		
	- basaler Verbalisierung (inklusive Fachterminologie)	- intuitiven grafischen Notationsformen	- Wissen über einfache Verwendungssituationen (soziale Kontexte) und Funktionen von Musik

(Leserichtung: Von unten nach oben.)[24]

Momentan ist ein Team aus Wissenschaftlern und Lehrern dabei, Aufgaben im Hinblick auf dieses Modell zu entwickeln, die zwei Fragen beantworten helfen sollen:

1. Über welche Kompetenzen verfügen Schüler der sechsten Jahrgangsstufe?
2. Sind diese Kompetenzen in einer gestuften Abfolge zu erfassen? Gibt es Kompetenzen, die Voraussetzung für die Erlangung weiterer Kompetenzen sind? Ist die gewählte Abfolge sinnvoll? Sind die Zusammenhänge plausibel?

[24] Dieses Modell wurde erstmals veröffentlicht in NIESSEN/LEHMANN-WERMSER/KNIGGE/LEHMANN 2008, wird aber permanent überarbeitet, so dass die hier abgedruckte Fassung (Stand: Mai 2008) schon Veränderungen gegenüber der ursprünglichen Version aufweist.

Anne Niessen

Es geht also um eine Bestandsaufnahme der Kompetenzen von Schülern der sechsten Jahrgangsstufe und um die Frage, ob unsere Annahmen darüber, wie diese Kompetenzen sich gestalten und aufbauen, zutreffend sind. In diesem Punkt besteht ein gravierender Unterschied zu Lernstandserhebungen, bei denen nach umfangreichen Pilotierungsphasen bereits davon ausgegangen werden kann, dass die gestellten Aufgaben geeignet sind, Auskunft über den Leistungsstand von Schülern zu geben. Das KOMUS-Team ist gerade erst dabei, Aufgaben zu entwickeln, und modifiziert dabei permanent an zwei Stellen: Die Auswertung der in einigen Klassen vorgetesteten Aufgaben führt einerseits zur Veränderung der Aufgaben und andererseits zur Modellierung des Kompetenzmodells: Je nachdem, wie die Schüler die Aufgaben lösen, erhalten wir Aufschluss über die Frage, ob die Aufgaben sinnvoll gestellt sind und ob die Kompetenzstufen so aufeinander folgen, wie das bei der Erstellung des Kompetenzmodells angenommen wurde. Bislang stimmen die Ergebnisse gerade in Bezug auf den letzten Punkt hoffnungsvoll, auch wenn wichtige Fragen, z. B. der Art und Weise der Kopplung der beiden Kompetenzsäulen, auch weiter intensiv diskutiert werden müssen und noch keineswegs befriedigend gelöst sind.

Im Folgenden möchte ich von diesem Prozess berichten, in dem Aufgaben entworfen, entwickelt, ausprobiert, im Hinblick auf die Durchführung evaluiert, ausgewertet, überarbeitet und weiterentwickelt werden, weil ich meine, dass die Fragen, mit denen wir uns in diesem Kontext beschäftigen, auch beim Erstellen von Aufgaben für den Musikunterricht von Interesse sein könnten.

2.1. »Was kann und soll gemessen werden?« oder: Was wird im Musikunterricht gelernt?

Ein Problem, mit dem wir uns bei der Erstellung von Aufgaben herumschlagen, ist immer wieder die Frage, wovon wir ausgehen können: Womit beschäftigen sich Lehrer und Schüler im Musikunterricht eigentlich – wenn er denn überhaupt stattfindet? Welche Werke werden gehört, welche Lieder gesungen, welche Begriffe thematisiert, welche Eigenschaften und Merkmale von Musik besprochen? Sind Schüler vertraut mit graphischer Notation, mit Epochenbezeichnungen, mit Komponistennamen und eventuell -biographien – und wenn ja: mit welchen? Besonders deutlich tritt diese Problematik beim Thema Notation hervor: Wenn ein Lehrer beispielsweise die traditionelle Notation im Musikunterricht nicht eingeführt hat, haben die Schüler ohne private musikalische Förderung natürlich kaum eine Chance, Aufgaben zu bearbeiten, für deren Lösung die Kenntnis von Notation vonnöten wäre. Aber auch wenn er Notation eingeführt hat, wird er das unterschiedliche Vorwissen der Schüler nicht ausgleichen können: In fast jeder Klasse gibt es Schüler, die im privaten Instrumentalunterricht Noten gelernt haben, und solche, die über keinerlei Vorkenntnis verfügen. Nun ist es im Rahmen des Forschungsprojekts nicht unser zentrales Anliegen, die Kenntnisse der Schüler in Bezug auf traditionelle Notation abzufragen. Vielmehr sind wir auf der Suche nach Aufgaben, die einen höheren Komplexitätsgrad aufweisen – was, nebenbei bemerkt, in Verbindung mit der Notwendigkeit, paper-and-pencil-tests zu entwickeln, grundsätzlich schwierig ist. In diesem Kontext interessiert uns sehr wohl, inwieweit Schüler in der Lage sind, Gehörtes mit Visualisierung sinnvoll in Verbindung zu bringen. Also erstellen wir Aufgaben mit vergleichbarem Schwierigkeitsgrad, die nur für Schüler mit Notenkenntnissen lösbar sind, und solche, deren Beantwortung ohne Notenkenntnis möglich ist. Damit bekommen wir heraus, wie viele Schüler über Kompetenzen in Bezug auf Notation verfügen – und ob ihre Kompetenzen in dieser Hinsicht über das bloße Benennen von Notennamen hinausgehen.

Beim Unterrichten einer Schulklasse, in der gerade in Bezug auf traditionelle Notation ein heterogener Kenntnisstand herrscht, stellt sich die Frage nach der Aufgabengestaltung mit anderer Brisanz: Wir suchen ja geradezu nach Aufgaben, die für einen Teil der Schüler lösbar sind und für einen Teil nicht, denn zu leichte und zu schwere Aufgaben sind für uns gleichermaßen fast ohne Aussage und damit ohne Erkenntnisgewinn. In einer Schulklasse geht es jedoch gerade darum, für möglichst viele Schüler Aufgaben mit optimaler Passung zur Verfügung zu stellen. Aus didaktischen Gründen sollte die Überforderung von Schülern vermieden werden. Deshalb scheidet z. B. die Möglichkeit aus, einfach allen Schülern Aufgaben zu stellen, die nur mit Kenntnis traditioneller Notation lösbar sind. Zu leichte Aufgaben, die eine permanente Unterforderung von Schülern mit Notenkenntnis darstellen, wären aber ebenso wenig sinnvoll. Wenn man denn – und das setzt eine didaktische Entscheidung voraus, die hier nicht Thema ist – überhaupt traditionelle Notation im Musikunterricht nutzen möchte, wären z. B. folgende Modelle denkbar:

- Diejenigen Schüler, die über Notenkenntnis verfügen, erhalten separate Aufgaben, die es ihnen erlauben, ihre spezifischen Kenntnisse einzubringen.
- Alle Schüler erhalten zusätzliche Informationen oder Lösungshilfen, die je nach Kenntnisstand in Anspruch genommen werden können, aber nicht müssen.
- Es werden Gruppen aus Schülern mit und ohne Notenkenntnis gebildet und komplexe Aufgaben gestellt, die unter anderem Notenkenntnis verlangen, so dass die notenkundigen Schüler als Experten innerhalb der Gruppe fungieren

und allen eine Lösung der Aufgabe ermöglichen. Allerdings darf diese Konstruktion nicht überstrapaziert werden und es muss klar sein, welche Teile der Aufgabe von den anderen Schülern gelöst werden müssen, damit bei den Anforderungen kein Ungleichgewicht entsteht.
- Eine Variante dieses Falls wäre eine Aufgabenstellung, die innerhalb einer heterogen zusammengesetzten Gruppe erfordert, dass alle Schüler auf den gleichen basalen Kenntnisstand in Sachen Notation gebracht werden, so dass die Experten ihr Wissen möglichst effizient an die anderen Gruppenmitglieder weitergeben sollten.

In jedem Fall erfordert das Thema »Umgang mit Notation« also Differenzierung, denn erst eine optimale Passung von Kompetenz und Anforderung macht eine Aufgabe didaktisch sinnvoll und ermöglicht allen Schülern einen sinnvollen Lernfortschritt. In diesem Punkt üben die unterschiedlichen Funktionen, die Aufgaben im Schulunterricht und im Rahmen unseres Projekts einnehmen, deutlichen Einfluss auf die Gestaltung und das Anforderungsniveau der Aufgaben aus. Didaktische Aufgaben, die im Rahmen des Schulunterrichts eingesetzt werden, so lässt sich festhalten, sollten Differenzierungsmöglichkeiten enthalten oder zumindest ermöglichen. Das lässt sich am Thema Notation gut darstellen und begründen, gilt aber prinzipiell auch für alle anderen Themenbereiche.

2.2. Was wird gemessen? oder: Die Frage der Validität

Betrachtet man eine Gruppe von Schülern bei der Erledigung ihrer Hausaufgaben, lassen sich sehr unterschiedliche Arbeitshaltungen beobachten: Einige Schüler arbeiten konzentriert, andere lassen sich gerne ablenken oder lenken sich selbst ab – und manche zeigen ratlose Gesichter oder sogar Ärger, wenn nämlich Aufgabenstellungen nicht so klar sind, dass die Schüler sie auf Anhieb verstehen. Das kann wiederum verschiedene Gründe haben: Die Aufgabe erschließt sich nicht sofort oder die Schüler fühlen sich durch sie überfordert; sie können keine Idee für einen Lösungsversuch entwickeln oder wissen einfach nicht genau, was sie tun sollen. Betrachtet man Aufgabenstellungen in Schulbüchern, stellt man übrigens fest, dass Instruktionen tatsächlich häufig ungenau formuliert und Missverständnisse vorprogrammiert sind oder einfach Informationen fehlen, die für die Lösung notwendig sind. Die in der Schule häufig nur mündlich und manchmal erst nach Stundenende gestellten Hausaufgaben sind nicht weniger anfällig für solche Mängel – und mit ihnen sind viele Schüler zu Hause völlig alleingelassen. An den hier nur angedeuteten Problemen lässt sich ablesen, wie wichtig für die Lösung von Aufgaben im Musikunterricht und anderswo nicht nur fachspezifische Kompetenzen, sondern noch ganz andere Fähigkeiten sind: empathische, kombinatorische, sprachliche, kreative – ganz zu schweigen von persönlichen Dispositionen. Im Folgenden möchte ich einige Aufgaben vorstellen, die wir im Rahmen des genannten Projekts entworfen haben, und an ihnen zeigen, auf welche musikbezogenen Kompetenzen[25] wir bei ihrer Konzeption abgezielt haben – und was außerdem zu ihrer Beantwortung nötig ist. Im Zentrum des Interesses soll dabei die Sprache stehen, weil sie eine besonders wichtige Rolle für die Beantwortung von Aufgaben in einem paper-and-pencil-Test spielt, weil sie auch im Musikunterricht generell wichtig ist und weil sie – so behaupte ich einfach schon einmal vorab – einen konstitutiven Bestandteil auch musikbezogener Fähigkeiten darstellt.

2.2.1. Sprachliche Fähigkeiten

Am Beispiel zweier Aufgaben zum Thema »Wirkung von Musik« möchte ich zeigen, welche Rolle sprachliches Vermögen bei der Lösung von musikbezogenen Aufgaben spielen kann.

Aufgabe
Du hörst jetzt gleich drei Musikstücke. Nach jedem Musikstück hast du eine Minute Zeit.
Beschreibe kurz mit ein bis zwei Stichwörtern, welche Stimmung die Musik hat. Hier einige Vorschläge: ruhig, wild, stürmisch, aufgeregt. Benutze auch eigene passende Wörter!

Musik Nr. 1 ✎ _____

_____

_____

Musik Nr. 2 ✎ _____

_____

_____

Musik Nr. 3 ✎ _____

_____

_____

---

[25] Zur Begrifflichkeit »musikalisch« und »musikbezogen« s. NIESSEN / LEHMANN-WERMSER 2005.

Anne Niessen

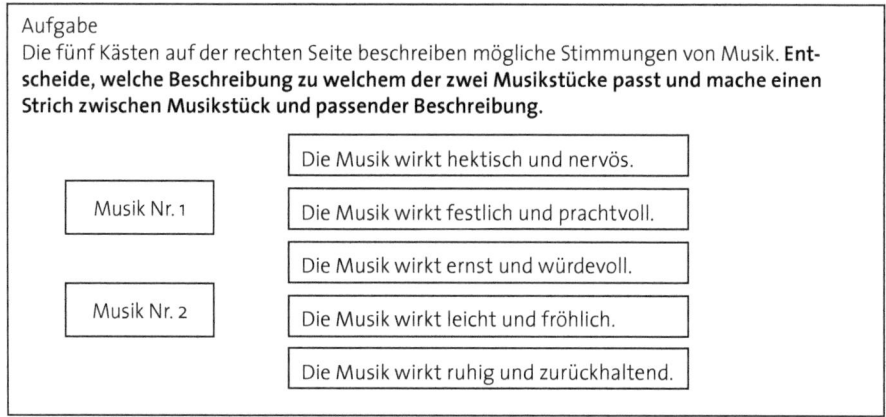

Die Mitglieder der Aufgabenentwicklungsgruppe sind aufgefordert, bei der Konstruktion von Aufgaben zur Modellierung des Kompetenzmodells Überlegungen in zwei verschiedene Richtungen anzustellen: Zum einen sollen die Aufgabenmerkmale beschrieben werden, wobei es um die Frage geht, was eigentlich gemessen wird und wo Probleme bei der Aufgabenlösung entstehen könnten, zum anderen muss die Aufgabe in ihrer Beziehung zum Kompetenzmodell beschrieben werden. Um mit letzterem zu beginnen: In diesem Fall wird schwerpunktmäßig die Kompetenzstufe A gemessen, also die Erfassung der Wirkung von Musik.[26] Immer spielt aber auch die zweite Säule eine Rolle, hier zum Beispiel der »Vergleich musikalischer Ereignisse« (II) oder das »Erkennen herausstechender Merkmale« (I).

Besonders interessant ist es aber, sich über die Aufgabenmerkmale Gedanken zu machen: In diesem Fall wird über das Hören und das Erfassen der Wirkung hinaus das begriffliche Vermögen der Schüler getestet: In Aufgabe b geht es zunächst einmal um das Verständnis von Begriffen wie »schwerfällig«, »prachtvoll«, »leicht« oder »verträumt«, die mit ihren Konnotationen möglicherweise

---

[26] Nur hingewiesen werden kann an dieser Stelle auf das Problem, inwieweit es möglich ist, die Erfassung emotionaler Ausdrucksqualitäten von Musik als zutreffend zu bewerten. KREUTZ/OTT/VAITL haben 2006 mit Hilfe einer Studie nachweisen können, dass in Musik tatsächlich ein intersubjektiv erfassbares »Potenzial zur Induktion verschiedener Emotionen« vorhanden ist (KREUTZ/OTT/VAITL 2006, S. 117). Solche Ergebnisse legen die Vermutung nahe, dass es möglich ist, sich über die Wirkung von Musik intersubjektiv so weit zu verständigen, dass eine Beurteilung der »Richtigkeit« solcher Aufgaben sinnvoll vorgenommen werden kann.

nicht allen Schülern gleichermaßen vertraut sind – eine erste Schwierigkeit. Ein zweites Problem ergibt sich daraus, dass es sich nicht um musikbezogene Begriffe handelt, sondern um Beschreibungen, die im Regelfall Bewegungen, Gestaltungen, Eigenschaften von Gegenständen oder Zustände von Personen erfassen.[27] Die dritte Schwierigkeit hat damit zu tun, dass eine Beschreibung auch zu mehreren Musikbeispielen passen kann. Die Aufgabe kann also nicht mit Hilfe kombinatorischer Überlegungen vereinfacht werden, indem beispielsweise Lösungen ausfallen, die schon gewählt wurden, sondern die Schüler müssen bei jedem Musikstück erneut alle Sätze daraufhin abklopfen, ob sie die Stimmung der Musik angemessen wiedergeben. Das stellt Anforderungen an die Lese- und Verarbeitungsgeschwindigkeit verbaler Informationen. Auch die ist bei den Schülern unterschiedlich ausgeprägt und hat sicher zunächst einmal wenig mit musikbezogenen Kompetenzen zu tun. Trotzdem spielt sie bei der Lösung eine Rolle, denn die Zeitspanne darf nicht so lang gewählt werden, dass die schnelleren Schüler sich langweilen, weil das wiederum die Ergebnisse in Bezug auf die zu messenden Kompetenzen verfälschen würde. Im Vergleich zur zweiten stellt die Aufgabe a) noch höhere Anforderungen an das sprachliche Vermögen der Schüler, weil sie dort selbst Begriffe für eine angemessene Beschreibung finden müssen. Diese Aufgabe wurde an den Anfang gestellt, um zu vermeiden, dass die Schüler bei der Beschreibung der Wirkung ausschließlich auf die im Rahmen der Aufgabe b) angebotenen Begriffe zurückgreifen. Für die Aufgabe a) müssen die Schüler also über einen aktiven Wortschatz verfügen, der ihnen erlaubt, die Wirkung der Musik »angemessen« zu beschreiben. Die Beispielwörter bieten nur eine kleine Hilfe.[28]

Betrachtet man die beiden Aufgaben, stellt sich die Frage, in welcher Weise musikbezogene und sprachliche Kompetenzen im Lösungsprozess ineinander greifen. Dass es fast nicht möglich ist, eindeutige Aufgabenstellungen zu konstruieren, die ohne den Einsatz von Sprache auskommen, liegt auf der Hand. Bei

---

[27] Ohne die zugehörigen Musikbeispiele mag es übrigens so aussehen, als wäre eine Zuordnung der Sätze nicht objektiv möglich. In der Besprechung mit den beteiligten Lehrern vorab herrschte aber Einigkeit darüber, dass die Beispiele hinreichend voneinander abgrenzbar sind und eindeutig zu den beschreibenden Sätzen passen.
Zum allgemeinen Problem des Sprechens über Musik vgl. u. a. BRANDSTÄTTER 1990, FRISIUS 1972, NEUMANN 1986, SCHMIDT 1979, WEBER 1979.

[28] Die Auswertung der Aufgabe a) im Rahmen des Projekts ist ungleich problematischer als die Auswertung der Aufgabe b), denn im Einzelfall wird es sicher schwierig sein, zwischen ungewöhnlichen und »falschen« Lösungen zu unterscheiden. Mit Hilfe dieser Aufgabe soll allerdings auch in erster Linie ein Pool von Schülerbegriffen zur Beschreibung von Musik erstellt werden, aus dem bei der Konstruktion späterer Aufgaben geschöpft werden kann.

diesen Beispielen besitzt die Sprache aber nicht nur eine Hilfsfunktion, sondern die Anforderung selbst besteht darin, nachvollziehbare Verbindungen zwischen Musik und Sprache herzustellen. Natürlich wäre es auch denkbar gewesen, die Wirkung von Musik mit Hilfe von Bildern widerzuspiegeln. Allerdings würden dabei vermutlich Konnotationen, die auf persönliche Erfahrungen zurückzuführen sind, eine noch größere Rolle spielen. Ein weiteres Argument für die Wahl der Sprache als Medium liegt darin begründet, dass Denken sich zumindest teilweise in Sprache konkretisiert und Kommunikation im Musikunterricht ebenfalls in den meisten Fällen sprachlich erfolgt. Deshalb wird auch die Beschreibung von Musik mit Hilfe von Sprache als musikbezogene Kompetenz erfasst und im Kompetenzmodell neben dem Umgang mit Visualisierungsformen aufgeführt.

Lässt sich aus diesen Überlegungen für den Musikunterricht profitieren? Abgesehen von dem ohnehin verbreiteten Bewusstsein darüber, dass der Stand der sprachlichen Fähigkeiten der Schüler sich sehr unterschiedlich gestaltet und dass darauf bei Aufgabenstellungen zu achten ist, kann der Anstoß mitgenommen werden, über die Rolle der Sprache in musikbezogenen Aufgaben nachzudenken. Es handelt sich um eine didaktische Entscheidung, ob dieser sprachliche Anteil billigend in Kauf genommen, als Bestandteil musikbezogener Kompetenz avisiert, im Sinne einer Sprachförderung fächerübergreifend genutzt wird – oder ob gerade im Musikunterricht Möglichkeiten nicht-sprachlicher Kommunikation stärker in den Mittelpunkt gerückt werden. Das kommt denjenigen Schülern entgegen, denen eine nonverbale Kommunikation schwer fällt, und stellt eine Möglichkeit dar, auch sie zur Mitarbeit zu motivieren. Im Unterschied zu einem paper-and-pencil-Test bietet der Musikunterricht dazu vielfältige Möglichkeiten.

2.2.2. Kombinationsvermögen und andere Fähigkeiten

Welche nicht-musikbezogenen Fähigkeiten können außerdem bei Aufgabenlösungen im Musikunterricht eine Rolle spielen? Einige weitere Beobachtungen im Prozess der Aufgabenerstellung:

- Bei der Vorbereitung einer Aufgabe, bei der ein Musikbeispiel einer passenden Grafik zugeordnet werden sollte, war in der Arbeitsgruppe zunächst nicht aufgefallen, dass die »richtige« Abbildung eine wesentlich höhere Komplexität aufwies als alle anderen. Das hätte zu der berechtigten und zutreffenden Vermutung Anlass geben können, dass sich die Aufgabensteller mit der Gestaltung der richtigen Lösung mehr Mühe gegeben hatten als mit der der

Distraktoren. Bei den zutreffenden Antworten hätten wir dann nicht unterscheiden können, ob die Schüler aufgrund ihrer Empathie mit den Aufgabenstellern oder aufgrund ihres Höreindrucks und der sinnvollen Verbindung zur Abbildung richtig entschieden hätten. Daraufhin wurde der Komplexitätsgrad der anderen Abbildungen erhöht.

- Bei einem weiteren Aufgabenformat ist das Rhythmusgedächtnis gefragt: Den Schülern wird ein Rhythmus vorgespielt, den sie sich merken sollen. Es folgen verschiedene weitere Rhythmen, unter denen sie den ursprünglich präsentierten wieder erkennen sollen. Hier wurde uns klar, dass es einen grundsätzlichen Unterschied macht, ob die Schüler den Höreindruck im Kurzzeitgedächtnis abrufen können, wenn der gesuchte Rhythmus z. B. als erster oder zweiter wieder erklingt oder ob sie sich bestimmte Merkmale des Rhythmus' möglicherweise sogar begrifflich merken müssen (z. B. »Der Anfang war kurz kurz lang.«), um den Rhythmus auch an einer späteren Position identifizieren zu können. Je nach Konstruktion der Aufgabe werden also sogar bei gleicher Aufgabenstellung u. U. sehr unterschiedliche musikbezogene Kompetenzen gemessen.

Bei der Konstruktion von Testaufgaben spielen also neben sprachlichen noch weitere Fähigkeiten eine Rolle, die es im Kontext der Aufgabenmodellierung im Forschungsprojekt möglichst gering zu halten gilt, um die musikbezogenen Kompetenzen der Schüler im engeren Sinne diagnostizieren zu können. Im Rahmen des schulischen Musikunterrichts mag es aber durchaus erwünscht sein, zur Förderung der Selbständigkeit von Schülern beispielsweise ihre empathischen, kombinatorischen oder organisatorischen Fähigkeiten herauszufordern. Tatsächlich sind sie für das (Über-)Leben nicht nur im Schulalltag wichtig. Wenn aber mit Hilfe von Aufgaben im Musikunterricht schwerpunktmäßig musikbezogene Kompetenzen gefördert werden sollen, stellt das genaue Avisieren dieser musikbezogenen Kompetenzen, so zeigen die Erfahrungen des Projekts, eine große Herausforderung dar.

3. Fazit

Bislang ist vieles nicht angesprochen worden, was bei der Erstellung von Aufgaben auch eine Rolle spielen sollte: Überlegungen zur Alltagsnähe, zum motivationalen Gehalt, zur Problemorientierung und zur Bewertbarkeit von Aufgaben beispielsweise. Wie gestaltet sich also der Ertrag der Betrachtungen und Überlegungen für den Musikunterricht? M. E. konnte gezeigt werden, dass folgende Aspekte im Zusammenhang mit der Arbeit an Aufgaben im Musikunterricht bedeutsam sind:

- Zunächst ist die Beachtung der Funktion von Aufgaben wichtig. So kann deutlichen Einfluss auf die Aufgabenkonstruktion ausüben, ob Aufgaben zur Leistungskontrolle eingesetzt werden oder ob sie dem Lernzuwachs der Schüler dienen sollen. Nur im günstigsten Fall vermögen sie beides und ermöglichen sowohl Kompetenzmessung als auch eine »angemessene Prozessqualität des Lernens.«[29]
- Aufgaben treffen auf Schüler mit den unterschiedlichsten Lernständen. Wenn sie der Förderung aller Schüler, und das bedeutet: der individuellen Förderung der einzelnen Schüler dienen sollen, müssen sie Differenzierungsmöglichkeiten bereitstellen, um eine optimale Passung zu erzielen. Die Differenzierung kann z. B. in einer Variation der Anforderungen, in vorgegebenen Lösungshilfen oder in arbeitsteiliger Zusammenarbeit der Schüler realisiert werden (s. Absatz 2.1.).
- In der Ausgestaltung von Aufgaben ist zu beachten, welche Kompetenzen tatsächlich für ihre Lösung erforderlich sind. Wie sich im Rahmen des Projekts gezeigt hat, spielt die sprachliche Vermitteltheit von Aufgaben eine prominente Rolle, die es zu reflektieren gilt. Darüber hinaus können aber auch z. B. logische und kombinatorische Fähigkeiten gefragt sein. Dass für die Lösung von Aufgaben im Musikunterricht immer wieder nicht-musikbezogene Fähigkeiten bedeutsam sind, ist nicht unbedingt ein problematischer Umstand, aber einer, der bedacht und reflektiert werden sollte.

Zum Schluss soll wenigstens als Ausblick erwähnt werden, was die bislang beschriebenen Hinweise nicht überflüssig macht, sie aber in übergreifender Perspektive um eine wünschenswerte Entwicklungsrichtung ergänzen sollte: eine neue Lern- und Aufgabenkultur, die Formen der Selbst- und Fremdbeobachtung auch auf Schülerseite nutzt, einen kreativen und positiven Umgang mit Fehlern propagiert und stark auf die Reflexion des eigenen Lernprozesses durch die Lernenden setzt.[30] Beispielsweise ist das Erstellen von Lerntagebüchern und Portfolios im Musikunterricht dann eine gelungene Aufgabe, wenn es die Schüler dazu anregt und ermutigt, weitere Erfahrungen mit und Informationen über Musik zu sammeln, in Gestaltungsaufgaben die eigene Kreativität ins Spiel zu bringen und das musikbezogene

---

[29] EIKENBUSCH 2008, S. 7.
[30] Vgl. u. a. JÜRGENS 1999.

Lernen als persönliche Herausforderung zu verstehen und zu reflektieren. Dafür sind Aufgaben wichtig, die in ihrer Rückmeldefunktion weniger die soziale als die individuelle Bezugsnorm[31] in den Vordergrund stellen und so den eigenen Lernfortschritt erfahrbar machen, statt permanent auf das zu verweisen, was Schüler im Vergleich zu ihren Mitschülern (noch) nicht können. Aufgaben sind dann gute Aufgaben, meine ich, wenn mit ihrer Hilfe gelingt, was Hartmut von Hentig schon vor Jahrzehnten als produktive und ambitionierte Forderung in die pädagogische Diskussion eingebracht hat: »Die Menschen stärken, die Sachen klären«.[32]

Literatur

BOVET, GISLINDE / HUWENDIEK, VOLKER (1995): *Leitfaden Schulpraxis. Pädagogik und Psychologie für den Lehrberuf.* Berlin

BRANDSTÄTTER, URSULA (1990): *Musik im Spiegel der Sprache. Theorie und Analyse des Sprechens über Musik.* Stuttgart

EIKENBUSCH, GERHARD (2008): *Aufgaben, die Sinn machen. Wege zu einer überlegten Aufgabenpraxis im Unterricht*, in: Pädagogik, Nr. 3, S. 6–10

ERWE, HANS-JOACHIM (2005): *Methoden des Musikunterrichts an allgemein bildenden Schulen (aktuelle)*, in: HELMS, SIEGMUND / SCHNEIDER, REINHARD / WEBER, RUDOLF (Hg.): *Lexikon der Musikpädagogik.* Kassel, S. 156–158

FRISIUS, RUDOLF (1972): *Musik – Sprache*, in: Musik & Bildung 4, S. 575–579

GIRMES, RENATE (2004): *(Sich) Aufgaben stellen.* Seelze

GREUEL, THOMAS (Hg.) (2007): *In Möglichkeiten denken – Qualität verbessern. Auf dem Weg zu einer musikpädagogischen Diagnostik.* (= Musik im Diskurs, Bd. 21). Kassel

HENTIG, HARTMUT VON (2003): *Die Menschen stärken, die Sachen klären. Ein Plädoyer für die Wiederherstellung der Aufklärung.* Stuttgart

HELLER, KURT A. / HANY, ERNST A. (2002): *Standardisierte Schulleistungsmessungen*, in: WEINERT, FRANZ E. (Hg.): *Leistungsmessungen in Schulen.* 2., unveränderte Auflage. Weinheim, S. 87–101

HEUKÄUFER, NORBERT (Hg.) (2007): *Musik Methodik. Handbuch für die Sekundarstufe I und II.* Berlin

JÜRGENS, EIKO (1999): *Brauchen wir ein pädagogisches Leistungsverständnis?*, in: Pädagogik, Nr. 01, S. 47–51

KLIEME, ECKHARD / AVENARIUS, HERMANN / BLUM, WERNER / DÖBRICH, PETER / GRUBER, HANS / PRENZEL, MANFRED et al. (2003): *Zur Entwicklung nationaler Bildungsstandards. Eine Expertise.* Hg. vom Bundesministerium für Bildung und Forschung. Berlin.

---

[31] BOVET / HUWENDIEK 1995, S. 224–227.

[32] HENTIG 2003.

(= Bildungsforschung, Bd. 1). Online verfügbar unter: www.bmbf.de/pub/zur_entwicklung_nationaler_bildungsstandards.pdf (zuletzt geprüft am 02.08.2008)

KREUTZ, GUNTER/OTT, ULRICH/VAITL, DIETER (2006): *Spezifität des emotionalen Ausdrucks klassischer Musikstücke: Ergebnisse einer Befragung von Musikstudenten*, in: BEHNE, KLAUS-ERNST/KLEINEN, GÜNTER/LA MOTTE-HABER, HELGA DE (Hg.): *Musikpsychologie – Inter- und multimodale Wahrnehmung*. Göttingen, S. 104–124

LÜTGERT, WILL (1999): *Leistungsrückmeldung. Anforderungen, Innovationen, Probleme*, in: Pädagogik, Nr. 03, S. 42–47

MEISSNER, ROLAND (1987): *Informelle Tests: Die Bewertung der Schülerleistung*, in: LA MOTTE-HABER, HELGA DE (Hg.): *Psychologische Grundlagen des Musik lernens* (Handbuch der Musikpädagogik, Bd. 4). Kassel/Basel/London, S. 431–469

PERSKY, HILARY R./SANDENE, BRENT A./ASKEW, JANICE M. (1998): *The NAEP 1997 Arts Report Card. Eighth Grade Findings From the National Assessment of Educational Progress*. National Center for Education Statistics. Washington. Online verfügbar unter: http://nces.ed.gov/pubsearch/pubsinfo.asp?pubid=1999486 (zuletzt geprüft am 02.08.2008)

NEUMANN, PETER HORST (1986): *Warum reden wir über Musik?*, in: Musik & Bildung 18, S. 223–224

NIESSEN, ANNE/LEHMANN-WERMSER, ANDREAS (2005): *Bildungsstandards in Musik*, in: Diskussion Musikpädagogik 27, S. 8–13

NIESSEN, ANNE/LEHMANN-WERMSER, ANDREAS/KNIGGE, JENS/LEHMANN, ANDREAS C. (2008): *Entwurf eines Kompetenzmodells »Musik wahrnehmen und kontextualisieren«*, in: Zeitschrift für Kritische Musikpädagogik, Sonderedition »Bildungsstandards und Kompetenzmodelle für das Fach Musik«, S. 3–33. Online verfügbar unter http://www.zfkm.org/sonder08-niessenetal.pdf (zuletzt geprüft am 02.08.2008)

OELKERS, JÜRGEN/REUSSER, KURT (2008): *Qualität entwickeln – Standards sichern – mit Differenz umgehen*. Hg. vom Bundesministerium für Bildung und Forschung. Bonn/Berlin (= Bildungsforschung, Bd. 27)

SACHER, WERNER (1999): *Tests und Klausuren in der Schule. Wie mache ich das?*, in: Pädagogik, Nr. 4, S. 42–47

SACHER, WERNER (2001): *Leistungen entwickeln, überprüfen und beurteilen. Grundlagen, Hilfen und Denkanstöße für alle Schularten*. 3., überarbeitete und erweiterte Auflage. Bad Heilbrunn

SCHMIDT, HANS-CHRISTIAN (1979): *»... weil uns die richtigen Wörter fehlen ...« Musikalische Eindrücke als ein sprachliches Formulierungsproblem auf der Orientierungsstufe, Klasse 5*, in: Musik & Bildung 2, S. 102–107

SCHWEIZER, KARL (Hg.) (2006): *Leistung und Leistungsdiagnostik*. Berlin/Heidelberg

TILLMANN, KLAUS-JÜRGEN/VOLLSTÄDT, WITLOF (1999): *Funktionen der Leistungsbewertung: Eine Bestandsaufnahme*, in: Pädagogik, Nr. 2, S. 47–51

WEBER, RUDOLF (1979): *Zum Problem der sprachlichen Vermittlung von Musik*, in: Zeitschrift für Musikpädagogik, Nr. 9, S. 223–224

WEINERT, FRANZ E. (Hg.) (2001): *Leistungsmessungen in Schulen*. 2., unveränderte Auflage. Weinheim

Stefan Orgass

›Entwicklung von Problemlösungskompetenzen‹ als schlechte Trivialisierung der Aufgabe des Musikunterrichts.
Überlegungen zu einem musikpädagogischen Leistungsbegriff

0. Einleitende Überlegungen zur »Konstruktvalidität« von Leistungsmessung im Musikunterricht

In offiziellen Angaben zum Sinn der Standardisierung von Leistungsanforderungen wird immer wieder argumentiert, er liege in der notwendigen Kompensation einer größer gewordenen Eigenverantwortlichkeit der Schulen – so als handelte es sich bei diesem Gewordensein um einen gleichsam naturwüchsigen Prozess. Auf der Internetseite des nordrhein-westfälischen Schulministeriums, dessen Argumentation hier für vergleichbare Erläuterungen anderer Bundesländer angeführt sei, war (und ist) Folgendes zum Sinn der Einführung des Zentralabiturs nachzulesen:

> »Warum führen wir 2007 zentrale Abiturprüfungen ein?
> Die Eigenverantwortlichkeit und die Gestaltungsspielräume der Schulen in Nordrhein-Westfalen werden immer größer. Die Schulen entwickeln zunehmend eigene Profile und setzen Schwerpunkte, die ihren Rahmenbedingungen entsprechen. Umso wichtiger ist es, für Abschlüsse und Berechtigungen die gleichen Anforderungen zu stellen. Deshalb wird die Allgemeine Hochschulreife in Nordrhein-Westfalen im Schuljahr 2006 / 07 erstmals nach einem neuen Verfahren mit zentral gestellten Prüfungsaufgaben vergeben.
> Zentrale Prüfungen sichern die Vergleichbarkeit der Anforderungen und damit auch die Vergleichbarkeit der Ergebnisse. Sie dienen der Feststellung des tatsächlich erreichten Lernstandes und der Einhaltung vorgegebener Standards. Zentrale Prüfungen schaffen zugleich mehr Transparenz und sorgen für mehr Bildungsgerechtigkeit. Der einzelnen Schule bieten sie die Chance, die Qualität des Unterrichts zu evaluieren und Ansätze zur Weiterentwicklung zu formulieren. Das Land kann aus der Auswertung der Prüfungsergebnisse Informationen über die Leistungsfähigkeit des Schulsystems gewinnen, es kann Stärken und Problemzonen identifizieren.
> Mehr Eigenverantwortlichkeit setzt also mehr Rechenschaftslegung voraus.«[1]

[1] Vgl. Schulministerium NRW: Zentralabitur.

Abgesehen davon, dass der einleitend genannte Prozess der Zunahme von Eigenverantwortlichkeit der Schulen sich selbstverständlich nicht per Zufall ereignet hat, sondern politisch gewollt ist (nicht zuletzt wegen der damit gegebenen Möglichkeit, auch einen Teil der ökonomischen Verantwortung für die Ausstattung von Schulen teilweise abgeben zu können),[2] ist die normative Grundlage für die gezogene Konsequenz – unterstellt man einmal die Korrektheit der Beschreibung der Ausgangslage, wie immer diese zustande gekommen sein mag – durchaus nachvollziehbar: Wer sollte schon gegen Transparenz und Bildungsgerechtigkeit etwas haben, zumal die erstgenannte Maßgabe mit der Rationalität der Lebensführung zusammenhängt?! Lediglich die Rede vom »tatsächlich erreichten Lernstand« gibt zu denken: Der »Lernstand« ist keine ›Tatsache‹, die sich ohne Bezugnahme auf Lernerwartungen seitens der Bildungsplaner und (vor diesem Hintergrund) der Lehrenden, letzten Endes also ohne Berücksichtigung normativer Entscheidungen, gleichsam ›wertfrei‹ beschreiben ließe. (Daher ist auch die sprachliche Nachordnung der »Einhaltung vorgegebener Standards« als Umkehrung des logischen und zeitlichen Verhältnisses zwischen erwarteter und festgestellter ›Leistung‹ zu bezeichnen.) Und die formale Korrektheit (s. o.) der Forderung nach »Einhaltung vorgegebener Standards« macht die Notwendigkeit der inhaltlichen Bestimmung dieser Standards vor normativem Hintergrund, der zu explizieren wäre, vergessen. Auf ihn aber käme es – zeitlich und logisch vor allem – an. Die ›materiale Bildungstheorie‹, die offenkundig den »Vorgaben zu den unterrichtlichen Voraussetzungen für die schriftlichen Prüfungen im Abitur in der gymnasialen Oberstufe im Jahr 2008«[3] zugrunde liegt, stellt jedenfalls – vor einem selbstverständlich ebenfalls zu erläuternden normativen Hintergrund – ebenso einen Rückfall hinter ältere Vorstellungen von ›kategorialer Bildung‹ dar, wie erst recht hinter neuere Vorstellungen von der Partizipation der Lernenden an den unterrichtlich relevanten didaktischen Entscheidungen, wie sie sich in den immer noch gültigen nordrhein-westfälischen Lehrplänen

---

[2] Vgl. hierzu die Pressemitteilung vom 11.07.2008: *Aktuelle Umfrage: 63 Prozent der weiterführenden Schulen in NRW arbeiten schon mit einem Unternehmen zusammen.* Wirtschaftsministerin Christa Thoben und Schulministerin Barbara Sommer erklären in dieser Pressemitteilung: »Das ist ein großartiger Erfolg (…). Wir wollen, dass alle Schulen in Nordrhein-Westfalen einen Partner aus der Wirtschaft haben.« Vgl. Schulministerium NRW Pressemitteilung.

[3] Vgl. Schulministerium NRW Pressemitteilung.
Zur Kritik an den Bestimmungen zur Durchführung des Zentralabiturs in Nordrhein-Westfalen vgl. ferner Orgass 2007b.

Musik für die Sekundarstufe II[4] artikulieren (obschon die Bestimmungen zu dieser Partizipation durch das Zentralabitur obsolet geworden sind).

Die folgenden Überlegungen sind also von der Sorge motiviert, dass einiges im Bereich der so genannten »Konstruktvalidität« im Zusammenhang mit Verfahren der Leistungsmessung im Musikunterricht im Argen liegt bzw. in Vergessenheit geraten ist, »Konstruktvalidität« verstanden als Übereinstimmung der »gemessenen Eigenschaften« mit einem theoretischen Modell« und ›Messung‹ von Eigenschaften – hier zunächst – im weitesten Verständnis von Bewertung beobachtbarer und beschreibbarer (musikbezogener) Handlungen oder Interaktionen.[5] Diese Feststellung bezieht sich direkt auf das Problem, das in der Musikpädagogik zurzeit im Rahmen der ›Entwicklung von Kompetenzmodellen für den Musikunterricht‹ diskutiert wird, allerdings im gesamten Schulwesen virulent ist. Jürgens resümiert:

> »Mit Blick auf die Schule gilt es festzustellen, dass der Aspekt der Konstruktvalidität dort nur einen marginalen Stellenwert besitzt, weil bislang ›kaum elaborierte theoretische Modelle für Komponenten von Schulleistungen‹ vorliegen.«[6]

Freilich sind solche theoretischen Modelle – eben die Kompetenzmodelle – selbst abhängig von übergeordneten Vorstellungen davon, was Schülerinnen und Schüler in der Schule überhaupt lernen sollen bzw. welche Aufgabe der Unterricht erfüllen soll.

Um die Formulierung der genannten Sorge auf den Bereich der Musikdidaktik zu beziehen (und auf diese Weise ›vor der eigenen Haustüre zu kehren‹, damit es nicht bei der Kritik an politisch zu verantwortenden Bestimmungen und beim Hinweis auf Probleme der allgemeinen Pädagogik bleibt), sei an Heinz Antholz' Mahnung erinnert, die dieser vor einiger Zeit mit Blick auf die von ihm diagnostizierte Orientierungslosigkeit der Musikdidaktik bezüglich der Aufgabe des Musikunterrichts und in Anlehnung an Mark Twain niederschrieb:

> »Maliziös ließe sich M. Twain zitieren (wobei ich provokant das gesperrte Anspruchspräfix einschiebe): *Und als sie das Gesamtziel aus den Augen verloren hatten, verdoppelten sie ihre Anstrengungen.*«[7]

Die in diesem Zitat implizit enthaltene Befürchtung lässt sich auch auf die empirische Erforschung von Kompetenzmodellen für das Fach Musik beziehen. Zwar lassen sich die Fragestellungen für solche Erforschung nur vor didaktisch-kon-

---

[4] Vgl. Lehrpläne Musik NRW, insbesondere S. 5ff. und 14ff.
[5] Vgl. JÜRGENS 2005, S. 79f.
[6] Ebd., S. 80. JÜRGENS zitiert SACHER, S. 41.
[7] ANTHOLZ, S. 213.

zeptionellem Hintergrund entwickeln – und auf dieser Ebene wären Dissense zu erwarten. Aber auf der konzeptionellen Ebene wird der kontroverse Diskurs zumeist gar nicht geführt, eher auf der Ebene systematischer Konstruktion von Kompetenzmodellen, die der empirischen Forschung den Weg weisen sollen. So kritisierte beispielsweise Jürgen Vogt die Art und Weise, in der das Team um Andreas Lehmann-Wermser bislang versucht hat, im Rahmen des DFG-Projektes »Entwicklung von Kompetenzmodellen als Grundlage für die Erstellung von Bildungsstandards im Schulfach Musik« Orientierung zu finden.[8] Vogt moniert die Vernachlässigung des Unterschieds zwischen curricularen Vorgaben und musikalischer Bildung sowie überhaupt zwischen der Intentionalität von Musiklehren und -lernen und der Unverfügbarkeit musikalischer Bildung in diesem Projekt.[9] Für Vogt ist dies eine Entsprechung zur jüngsten Veröffentlichung von Johannes Hartig und Eckhard Klieme,[10] in der, wie Vogt formuliert, die Katze aus dem Sack gelassen werde: Die »Bildungsprozesse«, deren »Effektivität« und »Effizienz« gemäß dieser Expertise durch »Bildungsforschung« messbar gemacht werden sollten, hätten, so Vogt, mit musikalischer Bildung »nun *gar* nichts mehr zu tun«.[11] Auf die erwähnte übergeordnete Ebene der didaktisch-konzeptionellen Entscheidungen, die ihrerseits auf Vorstellungen von musikalischer Bildung beruhen, wird also – wie zu erwarten ist – Bezug genommen. Aber offensichtlich setzt Vogt so etwas wie einen Konsens bezüglich der Mindestbedingungen für die Verwendung des Begriffs musikalischer Bildung voraus, wo umfängliche Arbeit an diesem Begriff (und sei sie auch nur erinnernder Art) eher am Platze (gewesen) wäre. Anders ausgedrückt: So notwendig der erwähnte Konsens als Grundlage für Empfehlungen zur Bildungspolitik wäre, so wenig kann ein solcher – offensichtlich – vorausgesetzt werden.

Ohne nun im einzelnen auf Vogts Konzept von musikalischer Bildung eingehen zu müssen, ist doch ersichtlich, dass dieser Autor

- von einer völlig anderen Vorstellung von Bildung ausgeht als dies die Autoren Hartig und Klieme tun;
- einen bildungsrelevanten Musikunterricht favorisiert, die Kluft zwischen didaktischer Intentionalität im Musikunterricht und (partieller) Intentionslosigkeit von musikalischer Bildung also nicht so begreift, dass Musikunterricht

---

[8] Vgl. KNIGGE et al. sowie NIESSEN et al.
[9] VOGT 2008.
[10] HARTIG / KLIEME 2007.
[11] VOGT 2008, S. 39; Vogt bezieht sich auf HARTIG / KLIEME 2007, S. 5.

schlechterdings nichts mit musikalischer Bildung zu tun haben könnte und damit schließlich
- den Musikunterricht nicht aller Evaluierbarkeit entzieht, wobei sich Evaluation – vor dem Hintergrund der hier nur angedeuteten Vorstellung von dem Verhältnis zwischen Kompetenzerwerb und musikalischer Bildung – wohl auf bildungsrelevante Tätigkeiten bzw. Interaktionen – respektive musikbezogene Performanzen (den sprachwissenschaftlichen Begriff verallgemeinernd im Sinne von beobachtbaren Tätigkeiten) – beziehen müsste.

In dieser Spur sei im Folgenden weitergedacht. Die Argumentation zielt darauf ab, *nicht* einfach einen Bildungsbegriff gegen einen anderen zu setzen (wenn man denn Kliemes Vorstellung von »Bildungsprozessen« überhaupt mit einem Bildungsbegriff in Verbindung bringen möchte) oder – da man füglich bestreiten kann, dass überhaupt ein ›Bildungsbegriff‹ bei dieser Vorstellung Pate gestanden hat, – einen Bildungsbegriff gegen eine bloße Vorstellung von Lehren und Lernen in Anschlag zu bringen. Vielmehr soll zunächst (1., S. 159) mit Hilfe von Überlegungen zur *musikbezogenen Bedeutungstheorie* – und zwar mit Blick auf die bedeutungstheoretischen Implikationen dreier verschiedener Bezugsnormen für Leistungsbeurteilung: einer intraindividuellen (1.1., S. 161), einer kriteriumsorientierten (1.2., S. 165) und einer interindividuellen (bzw. sozialen) Bezugsnorm (1.3., S. 167) – verdeutlicht werden, worauf sich Vorstellungen von Leistungsbeurteilung im Musikunterricht *in jedem Falle beziehen*, in welcher Weise auch immer. Hernach (2., S. 171) kann die übliche Fokussierung der Bestimmung des Kompetenzbegriffs auf das *Problemlösen* aus drei verschiedenen philosophischen Perspektiven – aus einer phänomenologischen (2.1., S. 175), einer hermeneutischen (2.2., S. 181) und einer konstruktivistischen Perspektive (2.3., S. 184) – sowie vor dem Hintergrund der bedeutungstheoretischen Überlegungen des ersten Teils als *defizitär* erkannt werden. Sodann (2.4., S. 188) ist zu zeigen, dass demgegenüber ältere musikbezogene Verwendungen des Problembegriffs musikpädagogisch relevant erscheinen, weil sie eine Affinität zu ›Fragestellungen‹, also zu situiertem Fragen, aufweisen (Dahlhaus; Lachenmann). Schließlich ist ein Fazit zur musikpädagogischen Fragwürdigkeit des Problembegriffs zu ziehen (2.5., S. 192). Sind die Überlegungen der ersten beiden Teile (vorwiegend) deskriptiv, wird hier also der Anspruch erhoben, dass die Nichtberücksichtigung der dort getroffenen Aussagen bei entsprechender Leistungsbeurteilung schlicht zur Inadäquatheit dieser Beurteilung führt, so sind im folgenden Teil (3., S. 197) die *Maßgaben* zu begründen, die Prozesse musikalischer Bildung prägen (sollen), auf die also Prozesse des Musik lernens bezogen sein

Stefan Orgass

sollen und die für die Beurteilung musikbezogener Leistung als gültig vorausgesetzt werden, dabei den Umgang mit sehr unterschiedlichen, ja gegensätzlichen ästhetischen Werten bzw. Kriterien auf friedfertige und erquickliche Weise ermöglichend: »Ästhetische Argumentationskompetenz« (3.1., S. 203), »Künstlerische Kreativität« (3.2., S. 205), »Hervorbringung des musikalisch oder musikbezogen Neuen in Interaktionen« (3.3., S. 207). Vor diesem Hintergrund kann ein Fazit mit Blick auf *musikbezogene Aufgaben und Erwartungshorizonte* im Rahmen von Leistungsbeurteilung im Musikunterricht gezogen werden (4., S. 209). Abschließend sollen *weitere Konsequenzen* für Leistungsbeurteilung im Musikunterricht und für die empirische Erforschung von ›Kompetenzmodellen‹ aus Sicht Kommunikativer Musikdidaktik benannt werden (5., S. 211).

Zuvor sei noch kurz überlegt, was es heißt, eine bedeutungstheoretische Überlegung als Grundlage für eine Reflexion über Leistungsbeurteilung im schulischen Musikunterricht anzustrengen, bezieht sich doch musikbezogene Bedeutungstheorie auf jedweden Umgang mit Musik, nicht aber im Speziellen auf einen schulisch-institutionellen Umgang. Ist mit einer solchen Herangehensweise nicht in normativer Weise präjudiziert, dass schulischer Musikunterricht alltägliche und vor allem außerschulische Umgangsweisen mit Musik aufgreifen soll? In der Tat können bezüglich des Verhältnisses zwischen schulischen (und damit institutionell ›gerahmten‹) und alltäglich-außerschulischen Umgangsweisen mit Musik sehr unterschiedliche Sollensbestimmungen ausgemacht werden, von bewusster Distanznahme bis zu möglichst reibungsloser und nur unmerklich pädagogisierender Fortsetzung außerschulischer Umgangsweisen im unterrichtlichen Kontext. Von hier aus führt also kein stringenter Weg zu Empfehlungen zur Leistungsbeurteilung im Musikunterricht, die sich auf dieses Verhältnis beziehen; das entsprechende Unterfangen liefe auf einen naturalistischen Fehlschluss hinaus. Aber umgekehrt kann auf bedeutungstheoretischer Grundlage gesagt werden, welche didaktischen (und anders zu begründenden) Entscheidungen eher geeignet sind, ein Kontinuum zwischen außerschulischen und schulisch-unterrichtlichen Umgangsweisen mit Musik zu ermöglichen und welche aufgrund der (oftmals unreflektierten) Inkaufnahme eines offensichtlichen Bruches zwischen diesen beiden Bereichen zusätzliche Anstrengungen (bis hin zu Zwangsmaßnahmen) bemühen müssen, um die Lernenden zu schulisch favorisierten Umgangsweisen mit Musik zu bringen oder zu zwingen, falls aus deren Sicht diese letztgenannten Umgangsweisen mit Musik nichts oder kaum etwas mit ihrer außerschulischen musikbezogenen Praxis zu tun haben. Bedeutungstheorie macht Schule gewissermaßen auf ihren Abstand zum ›Leben draußen‹ aufmerksam, der mit unterschiedlichen Begründungen unterschiedlich groß ausfallen kann, auf diese Weise die Begründung von Entscheidungen einfordernd, die ohne sie womöglich nicht getroffen würden, um sich dann als unreflektierte umso ungehinderter auszuwirken. Im Zuge einer solchen ›aufklärenden‹ Arbeit ist auch zu überlegen, inwieweit Leistungsbeurteilung eine rein schulische Angelegenheit ist oder – in welcher Form der Beobachtung auch immer – jedwede musikbezogene Interaktion kennzeichnet.

1. Leistungsbeurteilung aus bedeutungstheoretischer Sicht

Wenn jeder Umgang mit Musik mit dem Zuweisen von Bedeutungen und Bedeutsamkeiten verbunden ist, dann bezieht sich Leistungsbeurteilung notwendig auf diese Vorgänge. Eine der möglichen Bezugnahmen könnte freilich auch in deren Nichtberücksichtigung bzw. Ignorierung bestehen; dann aber müsste angegeben werden, welche Eigenschaften des Umgangs mit Musik denn außer dem Zuweisen von Bedeutungen und Bedeutsamkeiten auszumachen sind und wenn es solche Eigenschaften gibt, ob ihre Beobachtung für eine leistungsbezogene Beurteilung geeignet ist. In der Tat könnten Tätigkeiten im Zusammenhang mit dem musikbezogenen Machen ästhetischer bzw. musikalisch-ästhetischer Erfahrungen Gegenstände solcher Beobachtung sein. Es ist nicht auszuschließen, dass so etwas möglich ist. Andererseits ist aber davon auszugehen, dass in didaktischen Zusammenhängen insbesondere musikbezogene Tätigkeiten mit dem Ziel der Leistungsbeurteilung zu Gegenständen der Beurteilung gemacht werden sollten, die auf organisierbare und vor allem organisierte Weise – also in unterrichtlicher Interaktion – erlernt wurden. Ästhetische Erfahrungen können aber aufgrund ihrer Selbstbezüglichkeit, Vollzugsorientiertheit und Praxisenthobenheit nicht durch andere Personen intendiert herbeigeführt bzw. hervorgebracht, sondern auf organisierte Weise nur *ermöglicht* werden. Damit erscheint der Zusammenhang von didaktischer Intentionalität und beobachtbaren Handlungen, die Gegenstand von Leistungsbeurteilung werden können, als ein arbiträrer. Die aus didaktischer Sicht wahrnehmbare Kontingenz musikalisch-ästhetischer Erfahrung stellt den Sinn von deren Beurteilung, jedenfalls wenn der primäre Fokus der Leistungsbeurteilung das Machen oder Gemacht-Haben einer ästhetischen Erfahrung sein sollte, in Frage.[12] – Übrigens ist im Folgenden nur von Leistungs*beurteilung* die Rede. Dass auch im Musikunterricht Leistungs*messung* hier und da sinnvoll sein kann, soll nicht in Abrede gestellt werden; die

---

[12] Vgl. ORGASS 2007, S. 98–107.

Untersuchung wird aber (im 3. Teil) ergeben, dass letztere nur im Kontext der ersteren pädagogisch-didaktisch legitimierbar ist.

Nun lassen sich in musikbezogenen Lehrtätigkeiten auch Bedeutungen (wie auch erst recht Bedeutsamkeiten) nicht ›vermitteln‹: Auch die Erweiterung, Differenzierung und ggf. Korrektur bestehender musikbezogener Bedeutungszuweisungen durch das zuweisende Individuum – kurz: das Musik lernen – kann durch Lehrhandlungen (durch ›Perturbationen‹) höchstens *ermöglicht* werden. Da ein wahrnehmendes und deutendes Individuum ›kognitiv autonom‹ ist, lässt sich dessen Bewusstsein nicht heteronom – durch ein anderes Bewusstsein – im Sinne eines trivialen Ursache-Wirkung-Verhältnisses beeinflussen. Diese Beeinflussungsmöglichkeit ist aber durch Kommunikation gegeben, und zwar mit Blick auf musikbezogene Bedeutungszuweisungen auf der Ebene von deren struktureller Heteronomie, also hinsichtlich deren Bezogenheit auf Kultur(en) und Konvention(en). Letztere werden aber ›kognitiv autonom‹ prozessiert und ›wirken‹ auf diese nicht-triviale Weise.[13] Aus diesem Grunde elaboriert der Autor vorliegender Arbeit seit einiger Zeit die Begriffe musikalischer bzw. musikbezogener Bedeutung und Bedeutsamkeit als musikdidaktische Grundbegriffe, was mit dem Begriff musikalisch-ästhetischer Erfahrung – gleichsam einer musikdidaktischen ›Residualkategorie‹ – wegen der notwendigen Differenzierung zwischen den Begriffen des Lernens und der Erfahrung nicht recht (oder nur mit wenig hilfreichen Interferenzen dieser Begriffe) gelingen kann.

Die Theorie musikalischer bzw. musikbezogener Bedeutung und Bedeutsamkeit, die auch Martin Seels Unterscheidung zwischen ästhetischer Bedeutung und nicht-ästhetischer Bedeutsamkeit aufgreift,[14] kann im gegebenen Zusammenhang nicht gleichsam en passant referiert werden. Vielmehr sollen die

---

[13] Vgl. ORGASS 2007, S. 224–231; vgl. ferner GEUEN/ORGASS, S. 32ff. und 75ff.

[14] SEEL 1985, S. 271 und 141. Auf S. 159 (als einer dritten Referenzstelle) heißt es: »Ästhetische Wahrnehmung, Produktion und Erfahrung ist gerichtet auf Zeichenobjekte (und ihre Herstellung), die die Funktion haben oder auffällig (gemacht) werden in ihrer Eigenart und Eignung, Bezüge der Bedeutsamkeit dessen, was als ihre Bedeutung erkennbar ist, in ihrer situationsartigen Verweisungsdichte erfahrbar zu machen.« – Zum einen erscheint freilich der zeichentheoretische Hintergrund dieser Aussage problematisch (vgl. hierzu ORGASS 2007, S. 22f. insb.), zum anderen sind Seels Ausführungen dahingehend zu ergänzen, dass nicht-ästhetische (»weltkonstitutive«; SEEL 1985, S. 271) Bedeutsamkeiten nicht als im Kunstwerk artikulierte schlicht (wieder-)erkannt bzw. als Bedeutungsdimensionen ›gehoben‹, sondern vom wahrnehmenden und deutenden Individuum dem Kunstwerk mit unterschiedlichen Ansprüchen auf ›Adäquatheit‹ – also mit verschiedenen Graden und Ausprägungen der Bezugnahme auf historisch einschlägige Kriterien bzw. Deutungsperspektiven – zugeschrieben bzw. zugewiesen werden.

Bezugsnormen der Leistungsbeurteilung, die der Schulpädagoge Eiko Jürgens differenzierte, aus bedeutungstheoretischer Sicht kommentiert werden – in der Hoffnung, dass auf diese Weise der Stellenwert der Bedeutungstheorie für das Thema Leistungsbeurteilung deutlich werden wird. Im Rahmen seiner Überlegungen zur »Bezugsnormproblematik« der Leistungsbewertung unterscheidet Jürgens einen »intraindividuelle(n) Maßstab« bzw. ein »individuelles Bezugssystem« von einem »interindividuelle(n) Maßstab« bzw. vom »sozialen Bezugssystem« einerseits und von einem »kriteriumsorientierte(n) Maßstab« bzw. vom »sachlichen Bezugssystem« andererseits.[15] Jürgens gelangt zu dem Ergebnis,

> »dass die Anwendung der individuellen Bezugsnorm bzw. einer Kombination aus individueller und kriterialer Bezugsnorm am besten geeignet erscheint, die Zuversicht der Lernenden zu steigern bzw. aufrechtzuerhalten und selbstwertdienliche Attributionstendenzen zu ermöglichen bzw. die selbstwertbelastenden zu verhindern. (...) Bei Anwendung der sozialen Bezugsnorm ist lediglich im Hinblick auf eine kleine und besonders leistungsstarke Gruppe von Schüler/-innen von einer Zuversichtssteigerung und von selbstwertdienlichen Attributionstendenzen auszugehen. Sie sind allerdings nur auf Kosten ihrer (leistungsschwächeren) Mitschüler/-innen aufrechtzuerhalten, für die die Anwendung der sozialen Bezugsnorm aller Wahrscheinlichkeit nach mit Entmutigung und selbstwertbelastenden Attributionstendenzen verbunden ist (...).«[16]

Es ist offensichtlich, dass Jürgens' *ethische Beurteilung* der drei zunächst lediglich systematisch zu unterscheidenden Bezugsnormen nur vor dem Hintergrund von Werten erfolgen kann, die der Autor auch benennt (vgl. hierzu den 3. Teil). Wenngleich man prima vista eine gewisse Sympathie für Jürgens' wertende und hierarchisierende Einschätzung hegen mag, soll Jürgens' Unterscheidung der drei Bezugsnormen für Leistungsbewertung zunächst ohne eine solche Einschätzung zur Kenntnis genommen und im Folgenden vor bedeutungstheoretischem Hintergrund kommentiert werden. Aus systematischen Gründen, die im Zuge der Erläuterungen evident werden sollen, wird hierbei folgende Reihenfolge der Bezugsnormen gewählt: intraindividuelle – kriteriumsorientierte – interindividuelle bzw. soziale Bezugsnorm.

1.1. Die intraindividuelle Bezugsnorm

Diese Norm kann aus bedeutungstheoretischer (und konstruktivistischer) Sicht als eine durch das Individuum selbst erinnerte Referenz begriffen werden, die mit einer gegenwärtigen Wahrnehmung und Deutung eines musikalischen Phänomens verglichen wird. Den Unterschied zwischen dem erinnerten Wahr-

---

[15] JÜRGENS, S. 46.
[16] Ebd., S. 52.

nehmungs- und Deutungsmodell mit dem gegenwärtigen kann sich das lernende Individuum dann als ›Lernen‹ erklären: mit der Begrifflichkeit Siegfried J. Schmidts als eine »selbstbezügliche Selektion von Veränderungen« in seiner schemabezogenen Wahrnehmung und Deutung eines musikalischen Phänomens, d. h. »in Bezug zu Veränderungen der Umwelt«. Siegfried J. Schmidt erläutert: »Von ›Lernen‹ zu sprechen sagt damit in erster Linie etwas aus über den Beobachter und Erklärer von Veränderungen, und zwar sowohl in der Selbst- als auch in der Fremdbeobachtung von Lernprozessen.«[17] Die maßgebliche Instanz für die Deutung einer Hörperspektive, einer Sicht, einer neuen Spielweise etc., allgemein: einer Bedeutungszuweisung als – im Vergleich zu entsprechenden älteren kognitiven Interna – neue Hörperspektive, neue Sicht, neue Spielweise etc., allgemein: neue Bedeutungszuweisung ist also das lernende Individuum selbst, nicht die Lehrerin oder der Lehrer. (Dies ist nur eine nachdrückliche Erinnerung an die Tatsache, dass auch ohne die Bezogenheit auf das Lehren, erst recht ohne Verortung in organisierten oder institutionalisierten Lehr-/Lernprozessen, das Lernen möglich ist und permanent geschieht.)

In intraindividueller Perspektive kommt zudem der Verweisungszusammenhang von ästhetischer Bedeutung von Musik bzw. musikalischen Phänomenen einerseits und deren nicht-ästhetischer Bedeutsamkeit andererseits zur Geltung, also die Deutung von Beziehungen zwischen Tönen, Klängen, Geräuschen und/oder Stille als Artikulationen nicht-ästhetischer Situationen, Kontexte, Phänomene, Sinnzusammenhänge etc. qua struktureller Entsprechung (z. B. zwischen Prinzipien musikalischer Formung[18] und nicht-musikalischen Kategorien der Weltdeutung).[19] Die Bedeutung des ästhetisch besonderen Mediums des ›klingenden Materials‹, das in kategorialer Formung – im Zusammenhang des Schemainterpretierens[20] – gehört wird, verweist auf ›welthaltige‹ Bedeutsamkeit, wie auch umgekehrt die Weltbezüge der musikbezogenen Zuweisung ästhetischer Bedeutung den Weg weisen.[21]

Was haben die bislang benannten Facetten von intraindividueller Sicht auf das musikbezogene Lernen und die entsprechende Veränderung im Zuweisen

---

[17] SCHMIDT 2005, S. 98f.
[18] Vgl. ORGASS 1995, S. 132–138 insb. und ORGASS 2007, S. 30–36.
[19] Vgl. hierzu Orgass 2007, S. 35 und die *Lehrpläne Musik NRW* (hier S. 9 und 11–13), in denen in einem ähnlichen Zusammenhang von »ästhetischen Leitideen« die Rede ist; vgl. ferner die Tabelle in Teil 3 vorliegender Arbeit.
[20] LENK, S. 30–100.
[21] Vgl. SEEL 1985, S. 271; vgl. ORGASS 2007, S. 518–522; vgl. auch GEUEN/ORGASS 2007, S. 63ff.

von Bedeutung und Bedeutsamkeit mit Leistungsbewertung zu tun? Offensichtlich spielt in der Beobachtung des Lernens im Sinne der Veränderung der Zuweisungen von Bedeutung und Bedeutsamkeit, die das lernende Individuum selbst als Beobachtung von Beobachtungen tätigt, Bewertung eine Rolle, die auf bestimmte Kriterien rekurriert. Diese lassen sich in keinem Falle auf die Unterscheidung richtig / falsch beschränken. Eher handelt es sich um ein ganzes Spektrum von Beurteilungsmöglichkeiten, zu dem hier ein paar Beispiele genannt seien.

- Mit Blick auf Klangrealisation bzw. auf das Erlernen instrumentaler Spielweisen: sinnlich attraktiver / sinnlich weniger attraktiv;
- hinsichtlich analytischer bzw. interpretatorischer Zusammenhänge: angemessener (weil mehr wahrnehmbare Phänomene berücksichtigend) / weniger angemessen;[22] konventioneller / innovativer bzw. origineller;
- im Kontext von Komposition oder Improvisation wie auch im Zuge der Deutung von Musik: kohärenter bzw. ›stimmiger‹ / mit weniger Zusammenhang bzw. ›widersprüchlicher‹;
- bezogen auf weitere Kontexte des Gelernten bzw. des Feldes der Zuweisung von Bedeutung und Bedeutsamkeit: mehr Transfer– oder allgemeiner: Anschlussmöglichkeiten zeitigend / eher beschränkt auf das konkrete Phänomen;
- mit Blick auf die Anwendung bzw. das Zur-Geltung-Bringen des Erlernten bzw. der neu gewonnenen musikbezogenen Bedeutungen und Bedeutsamkeiten in intersubjektiven bzw. interindividuellen Zusammenhängen: (vermutlich) für andere nachvollziehbarer / (vermutlich) weniger nachvollziehbar bzw. nur für den eigenen Umgang mit Musik ›brauchbar‹ bzw. relevant.

Mit der letztgenannten Beurteilungsmöglichkeit wird in intraindividueller Perspektive bereits auf Interindividuelles rekurriert, denn die Vermutung, dass eine Bedeutungs- oder Bedeutsamkeitszuweisung für andere nachvollziehbar sein könnte, kann das Individuum nur aufgrund seiner Erinnerung an Interaktionen mit anderen hegen, in denen Sage- oder Zeigehandlungen, die auf vergleichbare musikbezogene Bedeutungs- und Bedeutsamkeitszuweisungen referierten, erfolgreich waren, also die Interaktionspartnerinnen und / oder -partner der eigenen Orientierungserwartung in beobachtbaren Handlungen bzw. Äußerungen entsprachen.[23] Solche individuelle Arbeit an

---

[22] Vgl. KAPP.
[23] Vgl. die »Attributionstheorie des Verstehens« von Gebhard Rusch (RUSCH 1992, 1999 und 2000).

musikbezogenen Bedeutungs- und Bedeutsamkeitszuweisungen vollzieht sich in ›symbolischen Interaktionen‹, die – zumindest hinsichtlich der *Genese* der Bedeutungszuweisungsangebote von ›Texten‹ – auf interaktive Interpretationspraxen bezogen sind. Das Musik-Lernen in Interaktionen, das freilich eher als Normalfall mit dem ihm entsprechenden ›sozialen Test‹ des Gelernten angesehen werden kann,[24] muss allerdings – nicht nur der Systematik halber – vom ›genialen‹ individuellen »Schematisieren« unterschieden werden, das ohne die erwähnte soziale Orientierung auskommt und sich nicht bloß im Falle musikalischer ›Spitzenleistungen‹ vollzieht: Oftmals sind musikbezogene Bedeutungszuweisungen, gerade wenn sie sich im Medium musikalischen Denkens vollziehen, nicht mitteilbar, gleichwohl aber für das Individuum ›von Bedeutung‹ bzw. relevant.[25]

Der – systematisch gesehen notwendige – Ausblick der intraindividuellen Leistungsbewertungsperspektive auf die einschlägige interindividuelle Perspektive korrespondiert mit der Bestimmung des Begriffs musikalischer Bedeutung. Letztere lässt sich begreifen, so formulierte der Autor vorliegender Arbeit kürzlich, als »das individuelle Wissen um die Möglichkeit anderer Bedeutungs- und Bedeutsamkeitszuweisungen – analytisch gesprochen – 1. durch das Individuum selbst in derselben Situation, 2. durch das Individuum selbst in anderen Situationen, 3. durch andere Individuen in derselben Situation und 4. durch andere Individuen in anderen Situationen, womit auch die Geschichte der Zuweisung von Bedeutungen zu einer Musik oder einem musikalischen Phänomen in den Blick kommen kann. Die Möglichkeiten 1 und 2 können in der konkreten Situation kommunikativ im Sinne einer kognitiv-internen virtuellen Interaktion des Individuums mit sich selbst bzw. im Zuge des Vergleichs zwischen einer gegenwärtigen und einer erinnerten musikbezogenen Zuweisung von Bedeutung bzw. Bedeutsamkeit virulent werden, im Falle der Möglichkeit 3 dagegen interaktiv. In diesen Fällen wird es dem Individuum möglich, sein Wissen um eine Bedeutung zu bestätigen, zu erweitern oder zu korrigieren. Im Rahmen eines Versuchs der Rekonstruktion der musikbe-

---

[24] Vgl. ORGASS 2007, S. 29, 54f. und 113. Auch situationstheoretische Überlegungen (ebd., S. 64–94) sind hier einschlägig, weil sie die individuelle Wahrnehmung der Situation als Bereich der Möglichkeiten für eigene Handlungen in den Blick bringen. Zur wahrgenommenen Situation gehören neben der laufenden Interaktion u. a. auch Kognitionen, die der individuellen (Lern-)Geschichte entstammen.

[25] Vgl. LENK, S. 172 und ORGASS 2007, S. 28f. sowie – im Rahmen einer Kritik an der sprachkritischen Position Matthias Flämigs (vgl. FLÄMIG) – S. 495ff., hier insbesondere die Tabelle auf S. 497.

zogenen Zuweisungen von Bedeutung und Bedeutsamkeit kann dies auch im Falle der Möglichkeit 4 geschehen.«[26]

Es ist ersichtlich, dass die interindividuelle Bezugsnorm für Leistungsbewertung – ebenso übrigens wie kriteriumsorientierte Maßstäbe (bzw. sachliche Bezugssysteme) – darauf angewiesen ist, intraindividuell prozessiert zu werden. Bliebe diese Rekurrenz auf individuelle kognitive ›Haushalte‹ – auf das im Zitat erwähnte »individuelle Wissen« – aus, wären sowohl interindividuelle als auch kriteriumsorientierte Maßstäbe für das Lehren und Lernen von Musik und also auch für musikbezogene Leistungsbeurteilung schlicht irrelevant.[27]

1.2. Die kriteriumsorientierte Bezugsnorm

Eine Theorie der Genese musikalischer bzw. musikbezogener Bedeutung in Interaktionen vermag zu zeigen, dass es »sachliche Maßstäbe« als solche nicht geben kann, sondern nur als individuelle Bedeutungszuweisungen, deren Bildung auf zumindest symbolische Interaktionen, zumeist aber auf Face-to-face-Interaktionen rekurriert, oder als Teile der Interaktionskultur selbst, in der sie implizit in Geltung sind oder explizit in Geltung gesetzt werden. Sachliche Maßstäbe sind Kriterien, also unterscheidende Merkmale; der Begriff ›Kriterium‹ ist über das Lateinische entlehnt aus dem griechischen ›kriterion‹, hat den griechischen Stamm ›kriter‹: Richter, Kampfrichter, meint also den Beurteilungsgesichts-

---

[26] ORGASS 2007, S. 39.
[27] Vor dem Hintergrund der »kognitiven Autonomie« von Individuen, deren Kognitionen gleichwohl auf »soziale Orientierung« bezogen sind, erscheint Hans Lenks Rede (und Hochschätzung) von »Eigenleistung« als Tautologie (vgl. LENK, S. 185–196): Lernen und Leistung müssen notwendig Deutungen des lernenden und leistenden Individuums sein. Denn erst als Selektionen aus prinzipiell Kontingentem kann das Individuum das Lernen in eine Lerngeschichte, zu der auch weitere Lernvorhaben gehören, einbetten (vgl. SCHMIDT 2005, S. 98f.) und die Leistung – auch im Sinne eines Motivs für die Arbeit an einer als besser eingeschätzten Leistung – einordnen. Musikalische Bedeutung wurde oben als Wissen des Individuums um andere Bedeutungszuweisungen bestimmt. (Zur Unterscheidung von »kognitiver Autonomie« und »sozialer Orientierung« vgl. SCHMIDT 1996.) – Aus situationstheoretischer Perspektive lässt sich ferner – wiederum mit dem Fokus auf die individuelle Wahrnehmung und Deutung – Leistungsmotivation als Funktion von Einflussmöglichkeit in einer und auf eine Situation mit dem ihr eigenen »Situationshorizont« begreifen (vgl. ORGASS 2007, S. 68ff. und 76f. in Anlehnung an MARKOWITZ, S. 66ff. und 109f.). Vor diesem Hintergrund erscheint dann jene »Humanisierung des Leistungsbegriffs«, die durch die (Forderung nach der) Partizipation der Lernendem am Zu-Lernenden ermöglicht wird, als – quasi – ›sachliche Notwendigkeit‹. Lenk hingegen klagt sie lediglich ein – aus gleichsam ›dritten Gründen‹, die nicht im Zu-Humanisierenden selbst angelegt erscheinen (vgl. LENK, S. 195).

punkt für den Richter.[28] Die Bestimmung von Merkmalen, mit denen ein Besser oder Schlechter – wie auch immer – unterschieden werden kann, beruht selbst wiederum auf einer Unterscheidung von anderen Merkmalen: Kriterien sind solche Eigenschaften, die sich von anderen Eigenschaften des zu Beurteilenden dadurch unterscheiden, dass sie die Unterscheidung zwischen Zuständen eines Gegenstandes oder Handlungen von Personen ermöglichen, die auch anders ausfallen können; Beispiele für diese Differenzierung wurden in musikbezogener Perspektive bereits oben angeführt.[29] Der Bezug auf Intraindividuelles und Interindividuelles ist allein schon durch die Notwendigkeit gegeben, dass sich Menschen für ein Kriterium – für die erwähnte Unterscheidungsmöglichkeit – *entscheiden* müssen, da jederzeit auch andere Merkmale des zu Beurteilenden vorhanden sind (d.h. durch Unterscheidung wahrgenommen werden können) und durch entsprechende Differenzierung als zu beurteilende Merkmale auszuschließen sind. Nur so kann ein bestimmtes Merkmal als Unterscheidungsmerkmal prozessiert bzw. in Geltung gesetzt werden.[30]

Bereits diese Überlegung zeigt, dass Beurteilungskriterien notwendig trivialisieren (wie in gewisser Hinsicht jede Wahrnehmung trivialisiert, indem sie das Wahrzunehmende auf eingespielte – viable – Unterscheidungen reduziert, die jederzeit auch anders ausfallen bzw. getroffen werden könnten). Heinz von Foerster gibt hierfür ein Beispiel:

»Der Schüler kommt zur Schule als eine unvorhersagbare ›nicht-triviale Maschine‹. Wir wissen nicht, welche Antwort er auf eine Frage geben wird. Will er jedoch in diesem System Erfolg haben, dann müssen die Antworten, die er auf unsere Fragen gibt, bekannt sein. Diese Antworten sind die ›richtigen‹ Antworten.

Frage: ›Wann wurde Napoleon geboren?‹
Antwort: ›1769‹
Richtig! (weil erwartet)
Schüler → Schüler
Aber:
Frage: ›Wann wurde Napoleon geboren?‹
Antwort: ›Sieben Jahre vor der amerikanischen Unabhängigkeitserklärung.‹
Falsch! (weil unerwartet)
Schüler → Nicht-Schüler.

---

[28] KLUGE, S. 488.
[29] In der Strichaufzählung in Kapitel 1.1. vorliegender Arbeit.
[30] Vgl. ORGASS / STRIEGEL, in: ORGASS 2007, im Anschluss u. a. an Niklas LUHMANN 1993. Vgl. ferner DERS. 1997 und SPENCER-BROWN.

Tests sind Instrumente, um ein Maß der Trivialisierung festzulegen. Ein hervorragendes Testergebnis verweist auf vollkommene Trivialisierung: der Schüler ist völlig vorhersagbar und darf daher in die Gesellschaft entlassen werden. Er wird weder irgendwelche Überraschungen noch auch irgendwelche Schwierigkeiten bereiten.«[31]

Es ist offensichtlich, dass man es im Umgang mit Musik mit ähnlichen Vorgängen nicht-trivialer und unvorhersagbarer Bedeutungszuweisung zu tun hat, weil die aus der jeweils individuellen musikbezogenen Lerngeschichte hervorgegangenen Bewusstseinsinhalte auf die Musik, der Bedeutung zugewiesen wird, bezogen werden: Aus Sicht des Komponisten einer Musik und des Darbieters einer Musik – z. B. einer Lehrerin oder eines Lehrers, die bzw. der Musik in einer Unterrichtsstunde hören lässt – verhalten sich die individuellen Bewusstseinsinhalte der Rezipientinnen und Rezipienten kontingent. Auch im unterrichtlichen Umgang mit Musik sind die erwähnten nicht-trivialen Bedeutungszuweisungsprozesse notwendig der Fall, selbst wenn Lehrende entscheiden, dass die Bezugnahme der individuellen kognitiven Haushalte auf die jeweilige Musik nicht interaktiv – z. B. durch den Versuch ihrer sprachlichen Thematisierung – zu Geltung kommen soll.

Sowohl die Verortung von Beurteilungskriterien im Intra- und im Interindividuellen als auch deren Nicht-Trivialität gilt es in den folgenden Überlegungen im Auge zu behalten.

1.3. Die interindividuelle (bzw. soziale) Bezugsnorm

Diese Norm differiert von Lerngruppe zu Lerngruppe, ist also situativ bzw. ›kontingent‹ und daher als Maßstab eher fragwürdig. Dies ist kritisch bemerkt worden, z. B. mit Blick auf die Relativität des ›Klassendurchschnitts‹, der von Lerngruppe zu Lerngruppe bei identischer Thematik und gleichem Anspruchsniveau – was immer darunter verstanden werden mag – variiert.[32] Allerdings wird in dieser Sichtweise der Stellenwert der Lehr-/Lernkultur einer Lerngruppe insofern unterschätzt, als erst in einer solchen Kultur Maßstäbe für die Beurteilung von Leistung relevant bzw. virulent werden können, indem sie nämlich in entsprechenden Kommunikationen in Geltung gesetzt werden. In dieser Lesart

---

[31] VON FOERSTER, S. 208. Die Pfeile stehen bei von Foerster für die – inadäquate – Erwartung eines trivialen Verhältnisses zwischen ›Input‹ und ›Output‹.
[32] JÜRGENS, S. 47.

haben interindividuelle Bezugsnormen mit der musikbezogenen unterrichtlichen Interaktion zu tun, in der kommunikativ ausgehandelt bzw. ermittelt wird, was überhaupt gelernt werden soll, wie also die Möglichkeiten für das musikbezogene Zuweisen von Bedeutung und Bedeutsamkeit situiert sein und in welcher Weise – wie oben erläutert in direktem Zusammenhang hiermit – Unterschiede hinsichtlich eines wie auch immer bestimmten Besser oder Schlechter beobachtbar werden sollen. Dass eine Orientierung am ›Klassendurchschnitt‹ wie auch an ›den Besten der Lerngruppe‹ ethisch problematisch sein mag, ist eine Sache. Eine andere ist es, die Notwendigkeit der Pflege einer Lehr-/Lernkultur, wobei sich diese Kultur in einer von Lerngruppe zu Lerngruppe unterschiedlichen Weise der musikbezogenen Interaktion konkretisiert, zu erkennen und im Rahmen musikdidaktischer Theoriebildung wie auch in entsprechender Unterrichtspraxis reflektiert soziale Bezugsnormen zu berücksichtigen.

Solche Normen werden, wenn sie im konkreten Unterricht nicht zum Gegenstand der Reflexion und der ethischen Beurteilung gemacht werden, von jedem an der unterrichtlichen Interaktion beteiligten Individuum gleichsam wildwüchsig in Anschlag gebracht: durch den zwangsläufigen Vergleich mit den anderen am Unterricht Beteiligten in recht unterschiedlichen Formen und verbunden mit den von Eiko Jürgens angedeuteten pädagogischen Problemen und Fragwürdigkeiten – als Orientierung am ›Klassendurchschnitt‹, am ›Wettbewerb‹, wo dieser womöglich als sinnlos erscheinen müsste, oder auch am ›Klassenbesten‹, der vor dem Hintergrund eines im schlechtesten Fall unverstandenen Maßstabs als solcher überhaupt erst gekürt werden kann. Mit der Überlegung, welche wünschenswerten Eigenschaften denn eine solche Lehr-/Lernkultur bzw. die musikbezogene Interaktion, in der es auch um Leistungsbeurteilung geht, aufweisen sollte, befindet man sich freilich bereits in den Gefilden normenbezogener Reflexion. Ohne dieser Reflexion, die im nächsten Teil erfolgen soll, vorzugreifen, lassen sich aber zwei Merkmale unterrichtlicher Interaktion benennen, auf die sich jedwede konkrete normenbezogene Entscheidung zur Kultur der Beurteilung musikbezogener Leistung beziehen muss. Es sind dies zum einen die *Nachvollziehbarkeit der Kriterien* für die Beurteilung von Leistung (die vor bestimmtem – eher fragwürdigen – normativem Hintergrund auch nicht angestrebt werden mag) und zum anderen der Umgang mit der *interaktiven Hervorbringung des musikalisch oder musikbezogen Neuen*, die sich aus der ›doppelten Kontingenz‹ jedweder Interaktion notwendig ergibt[33] (und die vor bestimmtem – ebenfalls eher problematischem – normativem Hintergrund gleichsam aus dem zu Beurteilenden z. B. wegen – vermeintlich – fehlender ›Objektivität‹ ausgeblendet werden mag).

---

[33] Vgl. LUHMANN 1987, S. 152; KIESERLING, S. 87 und ORGASS 2007, S. 42ff.

Der Anspruch auf *Nachvollziehbarkeit der Kriterien* ergibt sich tatsächlich bereits aus interindividueller Sicht, insoweit menschliches Handeln als durch einen wie auch immer näher zu spezifizierenden Bezug auf Sinn und damit durch einen basalen Wunsch nach Begründung und Begründbarkeit konstituiert betrachtet wird. Die Entwicklung der Fähigkeit zu einer begründeten Auseinandersetzung mit Musik als Aufgabe des Musikunterrichts zu bestimmen,[34] mag als in hohem Grade normative Entscheidung erscheinen; mit Blick auf jedweden Begriff menschlichen Handelns, der beispielsweise Handlung von Verhalten unterscheidet, hat der Bezug auf Rationalität im weitesten Sinne, zu der Begründung und Begründbarkeit als Formen von Rationalität im engeren Sinne gehören,[35] etwas Anthropologisch-Deskriptives.[36]

Mit Blick auf konkrete Prozesse musikbezogener Leistungsbeurteilung ergibt sich aus der Gewährleistung der Nachvollziehbarkeit der Kriterien für die Beurteilung musikbezogener Leistungen ein Problem hinsichtlich der Notwendigkeit, Leistungsbeurteilung als ›Momentaufnahme‹ durchzuführen: Wenn das Maß für diese Beurteilung bekannt ist, so müsste es – tendenziell – von jedem Lernenden erfüllt werden können, allerdings, wie zu vermuten steht, in unterschiedlicher Zeit. Wenn dies aber richtig ist, so würde die Leistungsbeurteilung, wenn sie in einem Moment erfolgt, der gleichsam in die individuell unterschiedlichen Lernprozesse hineinschneidet, nicht mehr auf ein Kriterium rekurrieren, sondern auf Lerngeschwindigkeit – eine Entscheidung, die jedenfalls mit dem in Anschlag gebrachten Kriterium allein nicht begründbar ist, sondern bestenfalls Lerngeschwindigkeit selbst zum Kriterium erhebt.[37] Dieses Problem ist im Kontext der Überlegungen zur interindividuellen

---

[34] So beispielsweise in den bereits erwähnten *Lehrplänen Musik NRW*, S. 5f.

[35] Vgl. Schnädelbach 1987; vgl. Orgass 1999.

[36] Ohne darauf im gegebenen Zusammenhang detailliert eingehen zu können, sei hier auf sehr unterschiedliche Handlungsbegriffe hingewiesen, die in nachstehenden Publikationen zu studieren sind: Weber 1920, S. 1–17 insb.; Joas, Wagner, Wöll und Kurt (Letzterer mit dem Vorschlag, Improvisation als handlungstheoretischen Grundbegriff zu fassen; vgl. ebd., S. 39–43).

[37] Es ist dies nur eines von vielen Beispielen für die in unterschiedlichen schulischen Kontexten nicht selten fehlende Berücksichtigung des Zeitfaktors. So wird dieser Faktor oftmals nicht nur mit Blick auf individuelle Lernprozesse, in denen er sehr unterschiedlich wirken kann, sondern auch in Lehrvorgängen nicht hinreichend berücksichtigt: Lehrende, die sich eine Analyse und die Begründung der Deutung eines Musikstücks mühsam – unter Aufbringung erheblicher Zeit – erarbeitet haben, vergessen bisweilen diesen Zeitaufwand und verlangen in der Folge Unmögliches von den Lernenden. Vgl. hierzu Orgass 2007, S. 607–637 *(Systematische Überlegungen;* hier wird der erwähnten »Prozessvergessenheit« musikalischer Analyse die Forderung gegenüber gestellt, die »prozessorientierte« und interaktive Durchführung von Analysen als deren konstitutives Prinzip zu begreifen.)

Bezugsnorm zu reflektieren, weil es den in jedwedem schulischen Unterricht zu bedenkenden (negativen) Zusammenhang zwischen Beurteilungsgerechtigkeit und begrenzten zeitlichen Ressourcen betrifft. Jedenfalls erscheint der Hinweis auf den Unterschied zwischen dem Erwerb einer musikbezogenen Fähigkeit, der mit erweiterten Möglichkeiten musikbezogener Bedeutungszuweisung zu tun hat und als Leistung beurteilt werden mag, und der Lerngeschwindigkeit, die als rein prozessuales Kriterium nichts (oder im schulischen Kontext nur in Ausnahmefällen) mit den Inhalten des Lernprozesses zu tun hat, aus bedeutungstheoretischer Sicht notwendig.

Was die Berücksichtigung oder Nichtberücksichtigung *der interaktiven Hervorbringung des musikalisch oder musikbezogen Neuen* im Unterricht angeht, so ist dies mit Blick auf die Bestimmung des Feldes musikbezogener Leistungsbeurteilung die normativ am meisten herausfordernde Tätigkeit des Beurteilers von Leistungen. Solche Hervorbringung ereignet sich aufgrund der doppelten Kontingenz, die Interaktionen kennzeichnet, mit Notwendigkeit, ohne dass aus dieser Tatsache die Sollensaussage abgeleitet werden könnte, das interaktiv hervorgebrachte Neue müsse notwendig Gegenstand von Leistungsbeurteilung sein. In deskriptiver Hinsicht lässt sich nur sagen, dass aufgrund der Unvorhersagbarkeit bzw. Unwägbarkeit musikbezogener Interaktionen[38] im Zusammenhang der unterschiedlichen Umgangsweisen mit Musik ebenso unterschiedlich Neues ›emergiert‹: Es entstehen allein schon aufgrund des Abgleichs je individueller musikalischer Schemata mit den gerade auf unwägbare Weise in der Interaktion sich Vollziehenden musikbezogenen (nicht nur sprachlichen) Äußerungen neue musikalische Schemata,[39] die umgekehrt auch – im Rahmen entsprechender Beobachtungen von Beobachtungen – zu Unterrichtsgegenständen werden können. Die Entscheidung, dieses musikalisch oder musikbezogen Neue in den Gegenstandsbereich der Leistungsbeurteilung zu integrieren, würde mit einer Hochschätzung von Kreativität bzw. von »Proflexion«[40] einhergehen, die sich aus einem bestimmten Begriff musikalischer Bildung ergibt, also aus Überlegungen zu Normen bzw. Maßgaben für didaktische Entscheidungen, wie sie z. B. in der Kommunikativen Musikdidaktik angestellt werden (hierzu Teil 3). Umgekehrt bedürfte die Entscheidung für die Nichtberücksichtigung des interaktiv hervorgebrachten musikalisch oder musikbezogen Neuen der normativen Begründung, mit der eine entsprechende Restriktion des Begriffes musikbezo-

---

[38] Vgl. ORGASS 2007b.
[39] Vgl. ORGASS 2007, S. 50–55.
[40] SCHALLER, S. 50f.; FISCHER.

gener Leistung auf das Wägbare bzw. Planbare sowie konkret (Zwangs-)Maßnahmen – beispielsweise – zur Ausklammerung der je individuellen Bestimmungen des Verhältnisses von ästhetischer Bedeutung und nicht-ästhetischer Bedeutsamkeit plausibel gemacht werden müssten.[41]

2. Philosophische ›Probleme‹ mit dem Problembegriff – oder: Die Fragwürdigkeit der Fokussierung eines musikbezogenen Leistungsbegriffs auf Problemlösungskompetenzen

Insbesondere die *Nicht-Trivialität jedweder musikbezogener Zuweisungen von Bedeutung und Bedeutsamkeit* und die *interaktive Hervorbringung des musikalisch oder musikbezogen Neuen* im Unterricht sind es, die in der Debatte um musikbezogene Kompetenzen, wie sie zur Zeit geführt wird, zumeist zu kurz kommen. Das kann u.a. auch an der Enge des Kompetenzbegriffs liegen, der fast immer wie selbstverständlich aus der PISA-Diskussion durch Musikpädagogen mehr oder weniger unkommentiert übernommen wird. So kritisieren Jens Knigge und Andreas Lehmann-Wermser an bundesrepublikanischen Lehrplänen für das Fach Musik, dass sie den durch Eckhard Klieme genannten Kriterien für die Entwicklung bereichsspezifischer Kompetenzmodelle – neben der Fachspezifität insbesondere die Festlegung von Kompetenzniveaus und die Formulierung entsprechender Aufgabenstellungen – nicht gerecht werden,[42] ohne damit die Enge des vorausgesetzten Kompetenzbegriffs selbst in den Blick zu bekommen. Maßgeblich für die gefragte ›bereichsspezifische‹ Tätigkeit ist Franz E. Weinerts Kompetenzbegriff. Weinert verstand bekanntlich unter Kompetenzen

»die bei Individuen verfügbaren oder durch sie erlernbaren kognitiven Fähigkeiten und Fertigkeiten, um bestimmte Probleme zu lösen, sowie die damit verbundenen motivationalen, volitionalen und sozialen Bereitschaften und Fähigkeiten, um die Problemlösungen in variablen Situationen erfolgreich und verantwortungsvoll nutzen zu können (...).«[43]

---

[41] Vgl. hierzu auch GEUEN/ORGASS 2008, S. 43f.: »Zumindest hätten unterrichtspraktische Entscheidungen, die gegen die Partizipation der Lernenden am Zu-Lernenden gerichtet sind, zusätzliche Zwangsmaßnahmen einzuführen, damit die ›störenden‹ individuellen Eigenheiten musikbezogener Bedeutungszuweisung im Unterricht erst gar nicht zur Geltung kommen können.«

[42] KNIGGE et al., S. 67f.

[43] WEINERT, S. 27f.

Im Zentrum dieser Begriffsbestimmung steht also der Problembegriff, über dessen Übertragbarkeit auf musikalische Praxen Christian Rolle bereits reflektierte und zu dem Ergebnis kam, es erscheine irgendwie irreführend, von Problemen zu reden, zu deren Lösung man im schulischen Musikunterricht erworbene Kompetenzen bräuchte, deren Erwerb mit Hilfe von Bildungsstandards zu sichern sei. Dass Schülerinnen und Schüler in vielen Inszenierungen des Unterrichts Problemlösungskompetenzen erwerben, sei richtig; die Zieldimension sei damit aber noch nicht hinreichend erfasst.[44] (Rolle spricht bekanntlich ästhetischer Argumentationsfähigkeit eine große Bildungsbedeutsamkeit zu; der Vollzug entsprechender Argumentationen sei Teil ästhetischer Bildungsprozesse, womit auch eine Zielperspektive für den Musikunterricht umrissen sei.[45] In der Tat lassen sich Zielperspektiven und überhaupt normative Aussagen aus ›Problemen‹ nicht extrahieren; darauf wird unter 3.1. zurückzukommen sein.)

Mit der erwähnten Aufforderung zur bereichsspezifischen, mithin fachspezifischen Konkretisierung der formal beschriebenen Kompetenzmodelle ist freilich nicht die Reflexion auf die Brauchbarkeit des Kompetenz- und des Problembegriffs aus musikpädagogischer Sicht visiert, sondern fachspezifische ›Umsetzung‹ bei Beibehaltung der impliziten Direktiven des Umzusetzenden. Aber bereits flüchtige Reflexion zeigt, dass es zwar auch musikbezogen identische Probleme in »variablen Situationen« geben kann (z. B. – als gegenstandsbezogene Aussage – das ›Reprisenproblem‹ in der Sonatenhauptsatzform), dass aber der Sinn einer Kunst nicht in der Wiedererkenntnis solcher Probleme zu suchen ist, sondern sprichwörtlich ›die Musik woanders spielt‹: in der situativ höchst unterschiedlichen Wahrnehmung und Deutung ›des‹ Problems durch einen Komponisten oder Improvisatoren sowie in der – in der Regel nochmals situativ anders gelagerten und motivierten – Auseinandersetzung mit dieser Deutung durch Rezipienten. Die Auseinandersetzung mit der Vielfalt der musikbezogenen Zuweisungen von Bedeutung und Bedeutsamkeit, die mit der Variabilität der Situationen in musikalischen Praxen direkt korrespondiert, ist – entsprechend – als Sinn musikwissenschaftlicher und musikpädagogischer Tätigkeit anzusprechen, nicht die wissenschaftliche oder didaktische ›Zuarbeit‹ für die erfolgreiche Applikation von Anwendungswissen.[46] – Vor diesem Hinter-

---

[44] ROLLE 2008, S. 46.

[45] Ebd., S. 53ff.

[46] Dass Georg Peez als Kunstdidaktiker den Problembegriff als Kernbestand des Kompetenzbegriffs durch den Begriff der »Herausforderung« ersetzt (mündliche Mitteilung gegenüber dem Autor vorliegender Arbeit am 03.06.2008), ist vor diesem Hintergrund nur noch aus pragmatischer Sicht nachvollziehbar und im übrigen eine Bestätigung des oben vorgetra-

grund ist zu beklagen, dass Franz E. Weinerts Bestimmung des Kompetenzbegriffs auch und gerade im Zuge einer fachspezifischen Konkretisierung, die ohne weitere Reflexion zur Tat schreitet, maßgeblich bleibt.

Die ›Wahrnehmung‹ eines Problems setzt seine Unterscheidung von Unproblematischem, also eine bestimmte Bedeutungszuweisung, bereits voraus: Die Deutung eines Sachverhalts, eines Zusammenhangs, einer Konstellation von Gegebenheiten, einer Handlung oder Interaktion etc. als Problem beruht auf der Unterscheidung dieser Gegebenheiten etc. von etwas als unproblematisch Bewertetem. Die Wahrnehmung einer Divergenz, einer Anormalität oder eines Widerspruchs etc. beruht zumindest implizit auf einer Vorstellung von einem ›Normalzustand‹ oder von Konsistenz bzw. Stimmigkeit etc., vor deren Hintergrund jene ›Unstimmigkeiten‹ – durch (bewussten oder unbewussten) Vergleich mit dieser Vorstellung – erst konturiert werden können. Sowohl diese Unterscheidung bzw. dieser Vergleich als auch Vorstellungen davon, in welchem Bereich und mit welchen Verfahren bzw. Methoden ›Lösungen‹ angestrebt werden sollten, sind im Letzten abhängig von basalen Entscheidungen normativer Art: Eine bestimmte Ausprägung von ›Normalität‹ bzw. Stimmigkeit wird angestrebt bzw. soll wieder hergestellt werden. (Ansonsten könnte ja auch die Beibehaltung einer »Unmöglichkeit«, als die beispielsweise Theodor W. Adorno jedes Kunstwerk begreift[47] – also eines immanenten Widerspruchs – gewollt sein, mithin das Auf-Dauer-Stellen eines Problems – in Adornos Fall gar des Pro-

genen Arguments. Bezeichnend ist die Artikulation einer bloßen, nicht näher spezifizierten Bezugnahme auf die Förderung »ästhetischer Kompetenzen« in der – hier beispielhaft herausgegriffenen – Formulierung, ein »offener, assoziativer, zunächst ›zweckfreier‹ Umgang mit dem Digitalen« könne »ganz neue Einsichten eröffnen, ästhetische Erfahrungen ermöglichen und ästhetisch bedeutsame Kompetenzen fördern« (PEEZ 2005, S. 39). In den aufgeführten »Strukturmomenten von ästhetischer Erfahrung« wird der Problembegriff nirgends berührt (ebd., S. 14f.), wie zu erwarten. In dieser Arbeit wie auch in der jüngsten Veröffentlichung Peez' wird der Begriff der ›künstlerischen Herausforderung‹, dem ja in der Theoriebildung – als Ersatz für den Problembegriff – eigentlich ein zentraler Stellenwert zukommen müsste, freilich nicht systematisch entfaltet. Vgl. PEEZ 2008, hier die Einführung durch den Herausgeber(S. 10–21) sowie seinen Schlussbeitrag (S. 182–190).

[47] ADORNO, S. 162f.: »Sinnzusammenhang, Einheit wird von den Kunstwerken veranstaltet, weil sie nicht ist, und als veranstaltete das Ansichsein negiert, um dessentwillen die Veranstaltung unternommen wird – am Ende die Kunst selbst. Jegliches Artefakt arbeitet sich entgegen. Werke, die als tour de force, äquilibristischer Akt angelegt sind, bringen etwas über alle Kunst an den Tag: die Verwirklichung des Unmöglichen. (...) An der prinzipiellen Unlösbarkeit ihrer technischen Probleme wird ihr der ästhetische Schein schmerzhaft fühlbar; am krassesten wohl in Fragen der künstlerischen Darstellung: der Aufführung von Musik oder Dramen. Sie richtig interpretieren heißt, sie als Problem formulieren: die unvereinbaren Forderungen erkennen, mit welchen die Werke im Verhältnis des Gehalts zu seiner Erscheinung den Darstellenden konfrontieren.«

blems der Kunst schlechthin.) Bei der Suche nach einer ›ersten Entscheidung‹, die allem Weiteren den Weg weist, wird man allerdings auf den ›Grund‹ einer »Lebensform« stoßen, für die Ludwig Wittgenstein das Bild des Felsens fand, auf dem sich der Spaten der Begründungssuche zurückbiegt.[48] – Diesen Aspekt der *normativen Situiertheit* der Wahrnehmung und Deutung von Problemen gilt es im Gedächtnis zu behalten.

Die Wahrnehmung und Deutung von etwas als Problem ist nicht nur hinsichtlich des Vergleichs mit der bereits existierenden Vorstellung vom ›Normalzustand‹ (von Stimmigkeit etc.) durch einen Bezug auf Bekanntes und insofern auch durch einen *Vergangenheitsbezug* konstituiert. Auch im Rahmen des Versuchs der Problemlösung wird auf Vorfindliches, auf unproblematische, leicht zu trivialisierende Gegebenheiten rekurriert. Die Problemlösung kann nicht mit Hilfe von selbst bzw. in sich problematischen ›Werkzeugen‹ angegangen werden. Wenn von ›kreativen Problemlösungen‹ oder ›kreativen Problemlösungsstrategien‹ die Rede ist, so mag die Neuartigkeit der gefundenen Kombination oder Konstellation von Gegebenheiten auf eine gewisse Kreativität seitens des Finders dieser Kombination bzw. Konstellation verweisen. Das darf aber nicht über den prinzipiellen Rekurs auf Triviales bzw. Unproblematisches im Zuge der Problemlösung hinwegtäuschen. – Auch dieser Aspekt der *Situiertheit der Problemwahrnehmung, -deutung und -lösung in alltagsweltlicher Normalität*, deren Wahrnehmung und Empfindung selbst individuell höchst unterschiedlich ausfällt und einen *Rekurs auf die je eigene Lebens- und Lerngeschichte* erforderlich macht, ist im Folgenden im Auge zu behalten.

Diese Überlegungen sollen nun in größere philosophische Kontexte – jeweils mit musikpädagogischem Kommentar – gestellt (2.1. bis 2.3.) und in musikwissenschaftlicher bzw. musikästhetischer Hinsicht vertieft werden (2.4.), um schließlich über Brauchbarkeit und Unbrauchbarkeit dieses Begriffs in musikpädagogischer Sicht abschließend befinden zu können (2.5.). Die Bezugnahme auf Normen ist in diesen Reflexionen selbst ein zu beschreibendes Faktum; die Inhalte der Normen werden dabei als Variablen gehandhabt. Die Entscheidungen, die im Rahmen einer ›Problembearbeitung‹ zu treffen sind, können also in normativer Hinsicht unterschiedlich ausfallen; sie müssen sich aber – so die zu erhärtende These – auf Bedingungen bzw. Eigenschaften musikbezogenen Handelns beziehen, die diesen Entscheidungen, wie immer sie getroffen werden mögen, vorausliegen.

---

[48] WITTGENSTEIN, Nr. 217 in der »Spätfassung«, S. 866f. und Nr. 210 (211) in der »Zwischenfassung«, S. 693. Vgl. auch ORGASS 2007, S. 288 sowie die dortige Anmerkung 94.

2.1. Phänomenologische Untersuchungen zum Problembegriff (Waldenfels)

Im Rahmen seiner Überlegungen zum Problembegriff akzentuiert Bernhard Waldenfels – zunächst – die notwendigerweise ›kreative‹ Bezugnahme auf die Situation, aus der Wege der Problemlösung ›emergieren‹:

> »Von Problemen sprechen wir dann, wenn sich verschiedene Betrachtungs- und Behandlungsmöglichkeiten anbieten, die ineinander verwickelt sind wie ein zu lösendes Knäuel oder ein zu lösender Knoten; bei der Lösung kommt es auf den rechten Ansatzpunkt, die Reihenfolge der Schritte, die Entdeckung entlegener Möglichkeiten und ähnliche Faktoren an. Die Einsicht ist hier mehr als bloße Ansicht oder Anschauung, nämlich eine Durchsicht, die sich im Durchgehen einzelner Momente und in der Überwindung von Hindernissen ergibt, selbst wenn die abschließende Lösung sich vielfach blitzartig einstellt. Eine solche Problemlösung lässt sich niemals adäquat beschreiben als ein Ziel- oder Regelverhalten. Selbst wenn bei der Problemlösung ein Ziel verfolgt wird, und sei es auch nur das der Lösung, so ist das Ziel im Problemknäuel nicht wiederzuerkennen außer auf dem Wege der Lösung selbst. Und selbst wenn bei der Problemlösung Regeln beachtet werden, etwa gewisse Faustregeln, so ist die Situation nicht als Fall einer Regel zu erkennen, außer wiederum auf dem Wege der Lösung selbst. Die entscheidende Leistung der Problemlösung lässt sich nicht als bloßes Erreichen eines vorschwebenden Zieles oder als bloße Befolgung zuständiger Regeln charakterisieren, da weder das rechte Ziel noch die passende Regel feststeht, bevor eine Lösung gefunden wird. Eine Lösungsskizze, in der sich ein Lösungsweg abzeichnet, ist kein Grundriss, der lediglich auszufüllen wäre. In concreto weiß der Suchende nicht, was er sucht oder was er zu tun hat, wenn er auf eine Lösung ausgeht. Hinterdrein lassen sich Lösungen erlernen, sogar errechnen und programmieren, doch eine erlernbare Lösung ist wie eine verfügbare Antwort, die als ein bestimmtes savoir-faire zum Wissens- und Handlungsrepertoire gehört. Auch Lösungen sedimentieren sich in Form von Lösungsschemata.«[49]

Diese Vorstellung von Problemlösung ist kompatibel mit einem Handlungsbegriff, der die Intentionalität einer Handlung (als notwendige Eigenschaft) von deren Teleologie trennt und die Emergenz von Handlungszielen aus der Situation, in der gehandelt werden soll, im Blick behält, wie dies bei dem Soziologen Hans Joas der Fall ist. Dieser Handlungsbegriff ist gleichzeitig leitend für die Kommunikative Musikdidaktik.[50]

Trotz dieser Sicht des Problembegriffs, die die prozessual bedingte und zu verortende Kreativität (der Bearbeitung) von Problemen akzentuiert, führt Waldenfels dann aber vier Argumente an, welche zeigen, dass dem, »was man gemeinhin unter Pro-

---

[49] WALDENFELS 1994, S. 180.
[50] JOAS. Vgl. auch ORGASS 2007, S. 707 – 770 (Musikalische Improvisation als Merkmal und Gegenstand des Musikunterrichts: S. 709 – 715). Eine gekürzte Fassung dieses Aufsatzes (mit demselben Titel) erschien in: KURT/NÄUMANN 2008, S. 183 – 213.

blemstellung und Problemlösung versteht, bestimmte Züge anhaften, die sich mit einer radikalen Fraglichkeit nicht vertragen«.[51]

a) Probleme lassen sich als *vorgefundene Fragen* verstehen, die zu bestimmten Antworten nötigen. Waldenfels kritisiert in diesem Zusammenhang die Vorstellung, das ›Mängelwesen Mensch‹ (Arnold Gehlen) habe sich an bestimmten und vor allem zu seinem Wesen gehörigen Grundproblemen abzuarbeiten, »als wäre der Mensch nicht beteiligt an der Stellung und Formulierung der Fragen, auf die er zu antworten hat«.[52]

Zunächst ist evident, dass der obige Hinweis auf die *normative Situiertheit* von Problemen nicht recht zu Waldenfels' Aussage passen will. Der Hinweis beruht – im Rahmen einer ersten Überlegung – auf der Annahme, Probleme würden von Menschen ›gestellt‹ und ›formuliert‹ (in der weiter oben gewählten Diktion: als solche wahrgenommen und gedeutet). Selbst wenn sie als »vorgefundene Fragen« begriffen werden, werden Menschen spätestens im Zuge der Bobachtung der Tatsache, dass sich diese Fragen stellen (also durch eine Beobachtung zweiter Ordnung) auf den Zusammenhang zwischen Problemstellung und Vorstellung von Normalität, mithin auf jene normative Situiertheit von Problemen, stoßen. Auf diese Weise lässt sich ein immanenter Konnex zwischen Problemstellung und Fragestellung plausibel machen, allerdings nur insofern, als sich Fragestellungen reflexiv auf Problemstellungen beziehen können. Waldenfels stellt also die Rede von vorgefundenen Problemen unter ›Ideologieverdacht‹: Probleme machen als *vermeintlich vorgefundene* jene normative Situiertheit vergessen; in ihrer Logik liegt nicht deren Reflexivwerden. Der Verdacht erscheint einerseits mit Blick auf den Kompetenzbegriff in der bildungspolitischen Diskussion begründet (vgl. auch die einleitenden – u.a. ›ideologiekritischen‹ – Bemerkungen zum nordrhein-westfälischen Zentralabitur). Andererseits gilt es aber jene *Möglichkeit der Reflexion auf die Konstitutionsbedingungen der Problemwahrnehmung und -deutung* – im Sinne von Waldenfels also die Nobilitierung von Problemen zu (situierten) Fragen – im Gedächtnis zu behalten.[53]

---

[51] WALDENFELS 1994, S. 180.

[52] Ebd., S. 181. Waldenfels bezieht sich implizit auf Arnold GEHLEN 1997.

[53] Einige der kritischen Hinsichten, die in vorliegender Arbeit mit Waldenfels auf den Problembegriff gerichtet wurden, waren auch maßgeblich für die Kritik am »Grundmodell des Handelns« im amerikanischen Pragmatismus, »das nach einem Modell zyklisch sich wiederholender Phasen gedacht wird« (»selbstverständliche Gegebenheiten« / »erfolgreiche Gewohnheiten« – Problemstellung – »neue Handlungsweise« – deren Stabilisierung). Vgl. JOAS, S. 190. Joas weist nun fünf Vorwürfe – darunter auch den des objektivistischen Verständnisses der Konstitution von Problemen« (ebd., S. 192) – unter Hinweis auf die Weiterentwicklung des pragmatistischen Programms durch John Dewey, George Herbert Mead und William Isaac Thomas zurück. Zwar hätten die Einwände (augenblicksgebundener Charakter des Bewusstseins im Handlungsmodell des Pragmatismus; sensomotorisches Lernen als Modell allen menschlichen Lernens; ob-

Sodann: Soweit Musik als kulturelle Hervorbringung des Menschen und genauer als spezifische, nämlich auf ästhetische Rationalität bezogene,[54] im klingenden Material sich vollziehende ›Antwort‹ auf Fragen begriffen wird, die selbst auf Vorstellungen vom guten, glücklichen Leben bezogen sind, jedenfalls den mit den Überlebenschancen des Individuums und der Gattung bezogenen Fragenkreis transzendieren,[55] ist klar, dass sich musikbezogene Fragen, insbesondere Fragen nach der Relevanz von Musik, nicht im Sinne von vorgefundenen Fragen als Probleme deklarieren lassen. – Selbstverständlich ›fungieren‹ in dem angedeuteten Musikbegriff normative Entscheidungen; es wird sich jedoch kein Musikbegriff entwickeln lassen, der Musik nicht in irgendeiner Hinsicht als Hervorbringung von Menschen in den Blick nimmt. Selbst die radikale Sicht, als Musik seien die als sinnvoll wahrgenommenen Beziehungen zwischen Tönen, Klängen, Geräuschen und/oder Stille zu bezeichnen – wobei diese Sicht auch die Wahrnehmung solcher Beziehungen einbegreift, welche nicht als sinnvolle produziert wurden (vgl. z. B. Cage) – ›rettet‹ die Hervorbringung von Sinn in den Bereich der kategorial geformten – durch die jeweilige Lerngeschichte bedingten – Wahrnehmung des Individuums.[56]

jektivistisches Verständnis der Konstitution von Problemen; individualistischer Charakter des pragmatistischen Grundmodells; instrumentalistische Reduktion des Handelns; ebd., S. 191f.) mit Blick auf William James' und auch Charles Sanders Pierces Arbeiten eine gewisse Berechtigung gehabt. Die Innovationen der genannten anderen Autoren hätten aber die erwähnte Kritik obsolet gemacht (ebd., S. 192). So habe Dewey ein weiteres Stadium in das pragmatistische Grundmodell eingefügt, nämlich das der »Problemdefinition« (ebd., S. 193). Es werde ferner nach der »Konsistenz der Situationsdefinitionen eines Handelnden« gefragt, womit auch der Vorwurf des subjektivistischen bzw. individualistischen Charakters des pragmatistischen Handlungsmodells entkräftet werde (ebd., S. 194). Der Pragmatismus dieser jüngeren Provenienz könne geradezu als *Theorie situierter Kreativität* begriffen werden (ebd., S. 197; vgl. auch ebd., S. 203ff.). – Im Kontext der Argumentation des obigen Haupttextes nähert sich also der pragmatistische Problembegriff in dieser jüngeren Fassung dem Begriff des Fragens an: Probleme können nicht nur post hoc auf die Voraussetzungen ihrer Wahrnehmung befragt werden, sondern – zeitlich umgekehrt – ermergieren sie durch situiertes Fragen. – Joas räumt aber auch die »verzerrten Wiedergaben des Pragmatismus« in der europäischen Rezeption des Pragmatismus vor dem Zweiten Weltkrieg ein, die mit den genannten Vorwürfen zusammenhängen (ebd., S. 188). Es ist nicht auszuschließen, dass im Zuge der Amerikanisierung des europäischen Hochschulwesens (seit den Bologna-Beschlüssen Mitte der 90er-Jahre) und – möglicherweise im Zusammenhang damit – des Schulwesens im Rahmen der PISA-Diskussion ebenfalls eine sachlich unangemessene Rezeption des Pragmatismus Pate gestanden hat, jedenfalls eine Rezeption, die ihn gerade nicht als *Theorie situierter Kreativität* begreift. Es ist ein Desiderat der Forschung, diesen Zusammenhang zu erhellen, worauf an dieser Stelle nur hingewiesen sei.

[54] Kaiser 1996 und 1997.
[55] Vgl. Gethmann-Siefert S. 268.
[56] Vgl. Orgass 2007, S. 173ff.

b) Antworten auf Fragen, in denen Probleme artikuliert werden, wären, falls die unter a) genannte Annahme korrekt ist, *Lösungen, die letzten Endes gefunden, nicht gegeben werden.* Für Waldenfels ist die Fraglichkeit aber nicht in die Dinge selbst zu verlegen, sondern verweist auf konkrete Antwort durch den anderen (durch einen Dialogpartner).[57] – Dieses Verständnis von Fraglichkeit korrespondiert mit dem oben bereits erläuterten Zusammenhang von musikalischer Bedeutung und Interaktion (bzw. Situationswahrnehmung) und mit der entsprechenden Ablehnung der Vorstellung, Bedeutungen seien in einer Musik enthalten und man müsse sie nur mit Hilfe bestimmter Methoden ›heben‹ bzw. ›hervorlocken‹.

c) Durch die *Dekontextualisierung* von Problemgehalten, die sich in Problemkreise einschließen sowie bewahren und wiederholen lassen, werden Probleme zu berechenbaren Möglichkeiten; Problemfelder wandeln sich in eindeutig geregelte Systeme. Waldenfels' Beispiel ist das der »Schachprobleme«:

> »So sprechen wir nicht von Schachfragen[,] sondern von Schachproblemen, wenn wir bestimmte Spielkonstellationen im Auge haben, die eine endliche Anzahl von Zügen und ebenfalls eine endliche Anzahl von Lösungen zulassen. Ein derartig formuliertes Problem hat in sich selbst keine offenen Horizonte, prinzipiell ist es ohne Rest lösbar. Diese Lösbarkeit ist dadurch bedingt, dass das Ereignis des Fragens getilgt wird zugunsten eines verfügbaren Fragegehaltes. Die Verwandlung der Diachronie des Fragens in die Synchronie des Gefragten ließe sich aber nur dann voll und ganz durchführen, wenn beispielsweise die Erfindung des Schachspiels selbst noch ein bestimmter Zug im Schachspiel wäre. Nur so ließe sich eine ›Frageschleife‹ denken, die an ihren Ausgangspunkt zurückführt, als hätte sich strukturell gesehen nichts ereignet.«[58]

Dieses Beispiel lässt sich auf musikbezogene ›Sprachspiele‹ übertragen, deren Gehalte reproduzierbar sein mögen, deren ›Regeln‹, die auf Klärung des Verhältnisses von ästhetischer Bedeutung und nicht-ästhetischer Bedeutsamkeit bezogen und individuell hervorgebracht werden, aber auf offene Spielräume der Bestimmbarkeit solcher Regeln verweisen. Um das Bild nochmals zu bemühen: Die Situationen und Interaktionen, in denen Musik wahrgenommen und gedeutet wird, sind keine festgelegten ›Züge‹ in den genannten ›Sprachspielen‹.

d) Den bislang erwähnten Eigenschaften von Problemen entspricht die *Anonymisierung* und *Neutralisierung* von Problemstellern und Problemlösern, die das Problemlösen dem Wissensstreben angleicht. Waldenfels erläutert:

---

[57] WALDENFELS 1994, S. 181.
[58] Ebd., S. 182.

»Wenn es nur auf eine richtige oder beste Lösung ankommt, so ist es gleich, wer sie findet. Die praktische Möglichkeit des ›ich kann‹ wird neutralisiert zu einem ›es geht‹. Das Problemlösen ist in seinem Kern monologisch, eben weil eine Lösung gefunden, nicht gegeben wird – es sei denn, die Aufforderung, die in der Problemsituation liegt, enthält einen Anspruch, der bestenfalls einzulösen, jedenfalls nicht zu lösen ist. Der erwähnte Aufforderungscharakter ist so etwas wie der Grenzsaum, der Fragestellung und Problemlösung verbindet und der verschwindet, wenn das *faciendum* nur noch vom *facibile* her gedacht wird als ein: *something goes*.«[59]

Es ist evident, dass aus den bereits erläuterten Gründen des konstitutiven Subjektbezuges musikbezogener Zuweisung von Bedeutung und Bedeutsamkeit zwar der Erwerb von trivialem musikbezogenem Wissen mit der Aussage »es geht« verbunden werden könnte, alle Formen nicht-trivialer Auseinandersetzung mit Musik aber, die im Letzten auf die bereits oben erwähnte Relevanzfrage bezogen sind, unter bestimmten Bedingungen mit der Selbstaussage »ich kann« einhergehen. Vor dem Hintergrund der prinzipiellen Kontingenz musikbezogener Zuweisung von ästhetischer Bedeutung und nicht-ästhetischer Bedeutsamkeit vermögen musikbezogene Aufgaben, die mit (der Differenzierung von) Bedeutungszuweisungen zu tun haben und insofern Nicht-Triviales versieren, bestenfalls auf ein faciendum zu verweisen, dessen »Aufforderungscharakter« – selbst ein durch das wahrnehmende und deutende Individuum hervorzubringendes Konstrukt (so wäre aus konstruktivistischer Sicht zu paraphrasieren) – ein Feld von Bearbeitungsmöglichkeiten in den Blick zu bringen vermag, nicht aber eine – die eine – ›Lösung‹. Mit Waldenfels zu sprechen: Die individuelle ›Einlösung‹ des in einer solchen musikbezogenen Aufgabe erhobenen Anspruchs ließe sich auf keinen Fall in eine – die eine – überindividuelle ›Lösung‹ ›auflösen‹: Der Prozess der musikbezogenen Zuweisung von Bedeutung und Bedeutsamkeit ist bereits aus Gründen der neuronalen Vernetzung und wegen des Stellenwertes der Erinnerung an die eigene musikbezogene Lerngeschichte als hochgradig komplex, eben als nicht-trivial zu modellieren. – Dagegen können triviale Aufgaben – Aufgaben, in denen triviales Wissen abgefragt wird – nichts mit der Relevanz von Musik zu tun haben. Solches Wissen kann im genannten Prozess bestenfalls zu einer hilfreichen Größe werden, niemals aber dessen interpretatorischen Kern bestimmen.

Man muss nicht Waldenfels' gesamten Gedankengang, der auf die ethische Hochschätzung der Unantastbarkeit des Fremden, Fremd-Bleibenden und Fremd-bleiben-Sollenden im Antworten auf ›Ansprüche‹ hinausläuft, zur Gänze

---

[59] Ebd.; hier die kursiven Hervorhebungen.

referieren oder gar teilen,[60] um dennoch eines zu erkennen: Hier wurde eine Position formuliert, die mit Blick auf jedwede kulturelle Betätigung, also auch hinsichtlich der (unterrichtlichen) Auseinandersetzung mit Musik, Wichtiges benennt, das nur bei Strafe von letzten Endes menschenunwürdiger Trivialisierung menschlicher Hervorbringungen, die auf die (Ermöglichung der) Erfahrung von Sinn bezogen sind, ignoriert werden kann.

Waldenfels' Überlegungen zur Enge des Problembegriffs lassen sich zudem ex negativo als Beitrag zur Theorie musikalischer Bildung lesen. Von der Unverfügbarkeit, Unabschließbarkeit und Unwägbarkeit von Bildung, auch von musikalischer Bildung, ist oft die Rede.[61] Auch der Autor vorliegender Arbeit hat hierzu veröffentlicht, insbesondere auf die Unvorhersagbarkeit musikbezogener Interaktionen mit Blick auf deren doppelte Kontingenz verweisend.[62] Waldenfels' Abgrenzung des »Wissensstrebens« vom Umgang mit Unwägbarkeit (vgl. oben, d)) korrespondiert mit der Differenzierung zwischen Musiklernen und musikalischer Bildung, die der Autor aus bedeutungstheoretischer Sicht unter Verwendung der doppelten Unterscheidung individuale / soziale Kategorie und intendierbar / nicht intendierbar traf: Musiklernen kann dann als – primär – intentionale und individuale Tätigkeit betrachtet werden, musikalische Bildung als nicht-intentionaler (und nicht intendierbarer im Sinne von ›absichtlich herbeizuführender‹) und – wiederum primär, aber nicht ausschließlich – sozialer Vollzug einer musikbezogenen Interaktion, in der musikalisch und / oder musikbezogen Neues emergiert (es lassen sich auch bildungsrelevante Tätigkeiten des Individuums benennen, die nicht auf Face-to-face-Interaktion, sondern auf symbolische Interaktion bezogen sind).[63] Jedenfalls erscheint aus dieser Sicht die Gleichsetzung von Bildung und Lernen, wie sie gegenwärtig oftmals im ›bildungswissenschaftlichen‹ Diskurs begegnet und im Kompetenzbegriff virulent wird, dazu geeignet, ganze Dimensionen

---

[60] Vgl. z. B. den – freilich auf eine andere Waldenfels-Veröffentlichung bezogenen – Kommentar von Gustav Falke: *O ehre, was du nicht verstehst. Bernhard Waldenfels beweist Routine im Umgang mit dem Fremden*, in: *Frankfurter Allgemeine Zeitung* vom 7. Mai 1998. Falke bezieht sich auf Bernhard Waldenfels: *Grenzen der Normalisierung. Studien zur Phänomenologie des Fremden*, Bd. 2. Frankfurt a. M. 1998. Falkes kritische Anmerkungen lassen sich aber durchaus auf Waldenfels 1994 beziehen. – Für den Hinweis auf Falkes Artikel danke ich der sehr geschätzten Bochumer Kollegin Käte Meyer-Drawe (Erziehungswissenschaft).

[61] Stellvertretend für eine Fülle von Veröffentlichungen GIESELER und KAISER 1996.

[62] Vgl. ORGASS 2007b.

[63] ORGASS 2007, S. 118f.

musikalischer Bildung sowie von deren Ermöglichung durch institutionalisierten Unterricht abzublenden.

Aber auch mit Blick auf das Musik lernen und auf die Beurteilung von dessen Ergebnissen führen Waldenfels' Überlegungen weiter: Wer das Feld bestellen will, auf dem Musikbezogenes ›geleistet‹ werden kann und auf das sich dementsprechend auch Leistungsbeurteilungen beziehen müssen, tut gut daran, erstens über den Sinn musikalischer und musikbezogener ›Kompetenzen‹ nachzudenken und zweitens – damit zusammenhängend – den Sinn von Fragen und Aufgaben im Rahmen von Leistungsbeurteilung zu bestimmen. Nach der Auseinandersetzung mit Waldenfels ist jedenfalls die gedankenlose Rede von musikbezogenen ›Problemlösungskompetenzen‹ nicht mehr möglich. Die Auseinandersetzung mit trivialen musikbezogenen Problemen im erläuterten Sinne (Beispiel: Modulationsmöglichkeiten von einer Tonart in eine entfernte andere) mag im Kontext von komplexeren Aufgaben sinnvoll sein, die – wie direkt oder indirekt auch immer – mit dem nicht-trivialen musikbezogenen Zuweisen von ästhetischer Bedeutung und nicht-ästhetischer Bedeutsamkeit zu tun haben (Beispiel: Reflexion über die Konsequenzen für den musikalischen Ausdruck, die sich aus der Beschleunigung des harmonischen Rhythmus' in Verbindung mit dem Ausweichen oder Modulieren in entfernte Tonarten etwa im Kontext der Durchführung eines Sonatensatzes bei Beethoven ergeben, wobei diese Reflexion wiederum auf die Auseinandersetzung mit der individuellen Relevanz oder zumindest mit der ›Gegenwartsbedeutung‹ dieser Musik bezogen sein sollte). Ohne diesen Kontext sollten ›Probleme‹ – zumal im Musikunterricht in institutioneller ›Verordnung‹ – nicht behandelt bzw. ›gelöst‹ und erst recht nicht als Maß der Dinge in Sachen der Leistungsbeurteilung aufgefasst werden. Letzteres ist leider im Sinne der und im Anschluss an die PISA-Diskussion auch mit Blick auf den Musikunterricht der Fall.[64]

2.2. Der Problembegriff aus der Sicht philosophischer Hermeneutik (Gadamer)

Die im Anschluss an die Waldenfels-Lektüre getroffenen Hinweise können durch die Berücksichtigung einschlägiger Überlegungen Hans-Georg Gadamers

---

[64] Vgl. auch BOENICKE/GERSTNER/WETZ S. 174. Die Autorinnen und der Autor geben hier zu bedenken: In der gegenwärtigen Diskussion »droht der Kompetenzbegriff eine eigene selektive Dynamik zu entfalten, insofern er Bewusstseinsqualitäten vernachlässigt, wenn sie keine instrumentelle Entsprechung haben. Dies hat mit Gründen der Messbarkeit zu tun: Kompetenz ist ein operationalisierbarerer Begriff als der der Bildung, insofern er sich auch auf leichter definierbare und messbarere Teilqualifikationen bezieht, als dies je für den Bildungsbegriff gegolten hat.«

insbesondere zu den Begriffen ›Problem‹ und ›Problemgeschichte‹ noch ergänzt und teilweise auch radikalisiert werden. Waldenfels' Überlegungen bezogen sich ja *in phänomenologischer Hinsicht* kritisch auf die Irrelevanz der Situiertheit der Problemwahrnehmung respektive des Fragenstellens für die Bestimmung des Problembegriffs. Wird hier also die Subjekt- und Kommunikationsbezogenheit ›wirklicher‹ Probleme eingeklagt, so wird diese Kritik in Hans-Georg Gadamers *Wahrheit und Methode* durch ihre Begründung im Programm *philosophischer Hermeneutik* noch erweitert und ins Grundsätzliche getrieben:

> »Der Begriff des Problems formuliert (...) eine Abstraktion, nämlich die Ablösung des Frageinhalts von der ihn allererst aufschließenden Frage. Er meint das abstrakte Schema, auf das sich wirkliche und wirklich motivierte Fragen reduzieren und worunter sie sich subsumieren lassen. Ein solches Problem ist aus dem motivierten Fragezusammenhang herausgefallen, aus dem es die Eindeutigkeit seines Sinnes empfängt. Es ist daher so unlösbar wie jede Frage, die keinen eindeutigen Sinn hat, weil sie nicht wirklich motiviert und gestellt ist. (...) Probleme sind also keine wirklichen Fragen, die sich stellen und damit die Vorzeichnung ihrer Beantwortung aus ihrer Sinngenese empfangen, sondern sind Alternativen des Meinens, die man nur stehen lassen kann und die daher nur eine dialektische Behandlung finden können. Dieser dialektische Sinn von ›Problem‹ hat nicht eigentlich in der Philosophie, sondern in der Rhetorik seinen Ort. Es gehört zu seinem Begriff, dass es eine eindeutige Entscheidung aus Gründen nicht gestattet.«[65]

Entsprechend fällt Gadamers Verdikt gegen die Konzeption der Problemgeschichte aus, die der Neukantianismus entwickelt hat:

> »Problemgeschichte wäre nur wahrhaft Geschichte, wenn sie die Identität des Problems als eine leere Abstraktion erkennen und sich den Wandel in den Fragestellungen eingestehen würde. Einen Standort außerhalb der Geschichte, von dem aus sich die Identität des Problems im Wandel seiner geschichtlichen Lösungsversuche denken ließe, gibt es in Wahrheit nicht. Zwar ist es richtig, dass alles Verstehen von Texten der Philosophie Wiedererkenntnis des in ihnen Erkannten verlangt. Ohne dieselbe würden wir überhaupt nichts verstehen. Aber wir treten keineswegs damit aus der geschichtlichen Bedingtheit heraus, in der wir stehen und aus der wir verstehen. Das Problem, das wir wiedererkennen, ist in Wahrheit nicht einfach dasselbe, wenn es in einem echten fragenden Vollzug verstanden sein soll. Nur aufgrund unserer historischen Kurzsichtigkeit können wir es für dasselbe halten. Der überstandpunktliche Standpunkt, von dem aus seine wahre Identität gedacht würde, ist eine reine Illusion.«[66]

---

[65] GADAMER 1986, S. 381f.

[66] Ebd., S. 381. Gadamer bezeichnet die Problemgeschichte des Neukantianismus gar als »Bastard des Historismus«: »So kennzeichnet es die Verlegenheit des philosophischen Bewusstseins gegenüber dem Historismus, dass es sich in die Abstraktion des Problembegriffs flüchtete und kein Problem darin sah, in welcher Weise Probleme eigentlich ›sind‹. Die Problemgeschichte des Neukantianismus ist ein Bastard des Historismus. Die Kritik am Problembegriff, die mit den Mitteln einer Logik der Frage und Antwort geführt wird, muss die Illusion zerstören, als gäbe es die Probleme wie die Sterne am Himmel. Die Besinnung auf die hermeneutische Erfahrung verwandelt die Probleme zurück in Fragen, die sich er-

Mit dieser Kritik zielt Gadamer auf Nicolai Hartmanns Begriff von Problemgeschichte.[67] An Wilhelm Windelbands Konzeption von Problemgeschichte, die größeren ›historischen Takt‹ zeigt, erinnerte unlängst Matthias Kemper. Sie macht »die eigentümliche Dynamik« des Problembegriffs »zum prozesstheoretischen Ausgangspunkt und Gegenstand der Auseinandersetzung (…) Der Vernunftbegriff selbst wird dabei konträr zur Auffassung von Hartmann dynamisch gedacht und in kulturphilosophische Überlegungen eingebettet.«[68] Kemper erinnerte auch daran, dass Gadamers Überlegungen gegenkritisch durch Helmuth Holzhey zurückgewiesen wurden.[69] Kempers Zusammenfassung der Argumentation Holzheys sei hier zitiert. Gemäß dem begriffsgeschichtlichen Ursprung des Problembegriffs »lasse sich eine geometrische Verwendung« dieses Begriffs »von einer topisch-dialektischen trennen«.

> »Der von Gadamer erhobene Vorwurf, dass der philosophische Problembegriff im Grunde ausschließlich in der Rhetorik oder Dialektik seinen passenden Ort habe, sei, so Holzhey, ungerechtfertigt, weil in unterschiedlichen Gewichtungen immer beide Traditionen im Begriff vereint gewesen seien. (…) Kennzeichen dieser eigentümlichen Dynamik des Problembegriffs ist die Verschränkung der aus der geometrischen Tradition stammenden fragwürdigen Gegebenheitsweise mit der aus der topischen Orientierung hinüberspielenden Bedeutung des beständigen Aufgegebenseins eines Problems, so dass aus der Not schließlich eine Aufgabe formuliert werde.«[70]

Diese Gegenkritik vermag freilich nicht Gadamers berechtigten Hinweis auf die mangelnde ›Motivation‹ und Situiertheit eines Problems hinfällig zu machen. Mit Gadamer lässt sich vor diesem Hintergrund festhalten: In der Logik von

heben und ihren Sinn aus ihrer Motivation haben.« (Ebd., S. 382f.) Als Beispiel dafür, »in welcher Weise Probleme eigentlich ›sind‹«, differenziert Gadamer andernorts jeweils mehrere Vorstellungen, die mit den Begriffen Freiheit, Subjekt, Materie und Substanz in der Philosophiegeschichte verbunden wurden. (Vgl. DERS. 1970). – Zu Gadamers Überlegungen passt Karl R. Poppers Reduktion des Problembegriffs aufs Technische, die sein Statement impliziert, »alles Leben« sei »Problemlösen«. »Alle Organismen sind Erfinder und Techniker, gute oder weniger gute, erfolgreich oder weniger erfolgreich im Lösen von technischen Problemen. So ist es bei den Tieren, zum Beispiel den Spinnen. Die menschliche Technik löst menschliche Probleme, etwa Kanalisierung, Wasser- oder Nahrungsmittelbeschaffung und Speicherung, wie es zum Beispiel schon die Bienen tun.« (Vgl. POPPER S. 257). Andere menschliche Tätigkeiten, die mit der Hervorbringung und Thematisierung von Sinn zu tun haben (z. B. künstlerische Tätigkeiten), berücksichtigt Popper freilich nicht, wodurch die Berechtigung des ›Allquantors‹ in der zitierten Aussage fraglich wird.

[67] Vgl. z. B. HARTMANN.
[68] KEMPER S. 170.
[69] Ebd., S. 169. Vgl. HOLZHEY, GELDSETZER und HÜBENER.
[70] KEMPER S. 169.

Problemen liegt es, dass für ihre Formulierung irrelevant erscheint, wer sie aus welchen Gründen wahrnimmt und zum Anlass des eigenen Fragens werden lässt. Demgegenüber richtet sich das situierte Fragen – und darin zeigen Gadamers Überlegungen eine größere Schärfentiefe als diejenigen Waldenfels' – auf das Gewordensein der gegenwärtigen Situation, auf deren geschichtliche Bedingtheit; es ist ein zutiefst hermeneutisches Fragen.

Der oben erwähnte *Rekurs auf die je eigene Lebens- und Lerngeschichte* im Zusammenhang mit der Problemwahrnehmung, -deutung und -lösung, der auf die *Situiertheit von Problemen in alltagsweltlicher Normalität* verweist, kann vor hermeneutischem Hintergrund als Ausgangspunkt für die Frage nach der geschichtlichen Bedingtheit der gegenwärtigen Situation insgesamt bzw. als Grundlage, von der aus über den je eigenen Lebens- und Wirkungskreis hinaus gefragt wird, begriffen werden. Gadamers Argumentation legt nahe, ein solches Fragen von der Wahrnehmung, Deutung und Lösung von Problemen scharf abzugrenzen. Da aber aus musikpädagogischer Sicht die Existenz von Problemen mittlerer geschichtlicher Reichweite, die in strukturgeschichtlichen Überlegungen thematisiert werden, nicht zu leugnen ist (wozu auch kein Grund besteht), lassen sich Gadamers Überlegungen als Aufforderung oder gar Mahnung lesen, die vermeintliche (oder auch als solche proklamierte) Überzeitlichkeit musikbezogener Probleme immer als Anlass für die situierte, aus gegenwärtigem Fragen erwachsene Kritik und Konkretisierung zu nehmen. Der Sinn der jeweils gegenwärtigen Auseinandersetzung mit Problemen ist diesen selbst nicht zu entnehmen, sondern kann sich nur aus der fragenden Auseinandersetzung mit dem Gewordensein der gegenwärtigen Situation ergeben.[71]

2.3. Konstruktivistische Hinsichten auf den Problembegriff (in Abgrenzung zur hermeneutischen Position Gadamers)

Die *konstruktivistische Lesart* des ›Problems‹, das man mit den Problemen haben kann (und sollte), wurde bereits zu Beginn dieses Kapitels – vor der Diskussion

---

[71] Gadamers Begriffe der »hermeneutischen Situation« und des »historischen Horizontes« (vgl. GADAMER 1986, S. 307f.) sind selbstverständlich anders dimensioniert als die entsprechenden soziologischen Begriffe in der Situationstheorie Jürgen Markowitz' (vgl. die Anmerkungen 27 und 24 vorliegender Arbeit). Gadamers Akzentuierung der Unmöglichkeit, die eigene Situation vollständig zu ›erhellen‹ – »*Geschichtlichkeit heißt, nie im Sichwissen Aufgehen*« (ebd., S. 307) – lässt sich als Fazit aus einer Beobachtung zweiter Ordnung begreifen, deren Gegenstand viele (selbst erlebte) Situationen sind, welche mit Markowitz' soziologischer Begrifflichkeit beschrieben werden könnten.

von Waldenfels' einschlägigen Einlassungen – vorgestellt: Nicht nur ist das Fragen situiert und eine Angelegenheit des Individuums, das sich mit der Welt auseinandersetzt; sondern die Tatsache, dass die Art und Weise, in der die Welt als ›Aufgabe‹ begriffen wird, durch die je eigene Lern- und Erfahrungsgeschichte geprägt ist, kann auch bedingen, dass es gar nicht zum hermeneutischen Fragen kommt, dass also die ›Aufgegebenheit‹ der Welt, ihr Anspruch, nicht in einem hermeneutischen Sinne wahrgenommen wird und der Wunsch nach dem Verstehen der Überlieferung[72] – verbunden mit einem Sich-Einlassen auf eine »Horizontverschmelzung« im wünschenswerten »wirkungsgeschichtlichen Bewusstsein«[73] – erst überhaupt nicht aufkommt. Stellt sich die Differenz zwischen dem hermeneutischen Fragen und der (Re-?)Konstruktion eines Problems bereits als eine fundamentale dar, so wird in konstruktivistischer Perspektive die Notwendigkeit der individuellen Konstruktion sowohl einer Frage als auch eines situationsenthobenen ›Problems‹ betont. Nun wäre der Vorwurf, Gadamer leugne den subjektiven Faktor des Befragens eines Textes, ungerechtfertigt: Nach Gadamer lässt

> »die Dialektik von Frage und Antwort (...) das Verhältnis des Verstehens als ein Wechselverhältnis von der Art eines Gespräches erscheinen. Zwar redet ein Text nicht so zu uns wie ein Du. Wir, die Verstehenden, müssen ihn von uns aus erst zum Reden bringen.«[74]

Das folgende »Aber« erweist sich allerdings aus konstruktivistischer Sicht als ›problematisch‹:

> »Aber es hatte sich gezeigt, dass solches verstehendes Zum-Reden-Bringen kein beliebiger Einsatz aus eigenem Ursprung ist, sondern selber wieder als Frage auf die im Text gewärtige Antwort bezogen ist. Die Gewärtigung einer Antwort setzt selber schon voraus, dass der Fragende von der Überlieferung erreicht und aufgerufen ist. Das ist die Wahrheit des wirkungsgeschichtlichen Bewusstseins.«[75]

Eine »im Text gewärtige Antwort« ist eine Konstruktion, deren Stimmigkeit durch die (Re-?)Konstruktion einer Überlieferung, einer Tradition des Zuweisens von Bedeutung und Bedeutsamkeit zu diesem Text, erhärtet werden mag; mit dem Gewärtigen im Sinne eines ›Ablauschens‹ von Gehalten hat diese Tätigkeit nichts zu tun. Das ist die eigentliche bedeutungstheoretische Begründung der Berechtigung einer Vielfalt von Bedeutungs- und Bedeutsamkeitszuweisungen, die ein Werk als Text historisch zu zeitigen vermag: Nicht es selbst ist

---

[72] Vgl. ebd., z. B. S. 363f.
[73] Ebd. z. B. S. 311f.
[74] Ebd., S. 383.
[75] Ebd.

offen für diese Vielfalt – es bleibt material immer dasselbe – sondern die wechselnden Situationen, in denen es wahrgenommen und gedeutet wird, bedingen diese Offenheit (soweit ›Situation‹ selbst als individuell wahrgenommenes Ensemble von Möglichkeiten der Einflussnahme begriffen wird).[76]

Indem aber die *Notwendigkeit* der Bezugnahme auf Tradition bzw. Überlieferung in Abrede gestellt wird, erscheint – erstens – die Konstruktion überzeitlicher, situationsenthobener Probleme (in der durch Gadamer kritisierten Bedeutung) auch aus musikpädagogischer Sicht als eine Möglichkeit der Auseinandersetzung mit (der) Welt. In diesem Sinne ist der Problembegriff weiterhin brauchbar – wenn nur im Blick bleibt, dass das motivierte, aus der Situation sich als notwendig darstellende Fragen, das Gadamer zu Recht gegen die – aus konstruktivistischer Sicht auch nur vermeintliche – Situationsenthobenheit des Problembegriffs einklagt, das ›Maß‹ der Auseinandersetzung mit (der) Welt, auch mit der Welt der Musik, darstellt. Anders ausgedrückt muss die Konstruktion überzeitlicher, situationsenthobener Probleme durch das sie hervorbringende Individuum als relevant (als individuell in Frage stehend) oder zumindest ›interessant‹ (als fragwürdig, als des zeitlichen Aufwands des Fragens würdig) aufgefasst werden, wenn diese Konstruktion – und dies nicht nur im didaktischen Sinne – nicht blutleer und sinnlos sein soll.[77]

---

[76] Vgl. ORGASS 2007, S. 114ff. sowie Anmerkung 27 vorliegender Arbeit.

[77] Diese Position scheint mit Ansätzen heutiger Analytischer Philosophie zwar kompatibel, aber nicht selbst in deren Logik angelegt zu sein. Eines der Merkmale der »Analytischen Einstellung« besteht nach Ansgar Beckermann darin, »dass sie von der Annahme ausgeht, dass es *zeitunabhängige philosophische Probleme* gibt, Fragen, die seit dem Beginn der Philosophie immer wieder gestellt wurden und die heute noch dieselbe Bedeutung haben wie damals. Dasselbe gilt für Argumente. Der Analytischen Einstellung zufolge sind auch Argumente nicht relativ zu einer bestimmten Zeit, Kultur oder einem philosophischen System. (…) Wenn die Aufgabe der Philosophinnen und Philosophen nicht ist, große Systeme zu entwerfen, sondern an der Klärung zeitübergreifender philosophischer Fragen mitzuwirken, dann können auch kleine Beiträge einen Fortschritt bedeuten. Sie müssen nur auf eine gemeinsame Frage bezogen sein und helfen, der Antwort auf diese Frage näherzukommen. Allerdings ist die Hoffnung, dass es möglich sei, philosophische Probleme ein für alle Mal zu lösen, heute bei weitem nicht so ausgeprägt, wie sie es vielleicht einmal war. (…) Fortschritt in der Philosophie bedeutet im allgemeinen nicht die Lösung, sondern die Klärung von Problemen.« (BECKERMANN, S. VIIIf., hier die kursive Hervorhebung) – Wenn »analytische Sätze« »unabhängig von allen Erfahrungen, die wir gemacht haben und die wir machen können«, wahr sind, wenn sie »also nicht aufgrund von Erfahrung revidierbar« sind (ebd., S. 96), dann können Aussagen über musikbezogene Bedeutungs- und Bedeutsamkeitszuweisungen nur a posteriori begründet werden. (Vgl. ebd., S. 102f.) Immerhin kann analytische Philosophie *der Kunst* zeigen, »dass ästhetische Begriffe nicht einfach ›rein visuelle‹ Phänomene bezeichnen, die man aufgrund einer neutralen und verbindlich geregelten Wahrnehmungsweise erkennen kann, wie das

Zweitens muss aus demselben Grund die – »Damals und Heute« vermittelnde – hermeneutische Dimension der »Applikation« im Rahmen der *Auseinandersetzung* mit (der) Welt (der Musik) reflexiv werden. Aber: Das *Verstehen*, dessen Ziel die *Interpretation* – als Tätigkeit im Rahmen dieser Auseinandersetzung – ist und zu dem die »Applikation« gehört, ist aus konstruktivistischer Sicht durch das *Benutzen* historischer ›Texte‹ zum Zwecke eines Ausdrucks zu ergänzen, der nicht hermeneutisch zu legitimieren wäre. Freilich ließe sich auch dies noch als eine besondere Spielart des Verstehens im hermeneutischen Sinne qualifizieren;[78] es geht dabei jedoch nicht um einen bewussten, um Perspektiven des historischen Verstehens informierten Gebrauch historischer Texte, sondern um deren Verwendung im Rahmen der Artikulation eines Ausdrucksbedürfnisses, das ganz bei sich bleibt, sich also auf Wirkungsgeschichte gar nicht einlässt, ohne dies als Abstinenz oder historische ›Taktlosigkeit‹ reflektieren *zu müssen*. Die »Rede des Interpreten« – sein »Dazwischenreden« – bringt hier selbst einen neuen Text hervor, sie dient nicht einem Text.[79]

---

bei normalen deskriptiven Wahrnehmungsbegriffen der Fall ist. Sie dienen auch nicht dazu, bestimmte Sinneseindrücke, Gefühle oder Einstellungen des Sprechers zu beschreiben oder expressiv zu äußern oder bei anderen hervorzurufen. Sie werden vielmehr aufgrund einer Art von Aspekt-Sehen verwendet, das aber durch einen normativen Anspruch ergänzt wird, dass die damit vorgenommene Akzentuierung des Wahrgenommenen die korrekte Sehweise ist. Der Geltungsanspruch ästhetischer Urteile kann daher weder aufgrund der allgemein akzeptierten Regeln der Sprache, noch durch eine empirische Verifizierung durchgesetzt werden. Ästhetische Urteile sind wesentlich normative Urteile, die unsere Beistimmung zwar fordern, aber nicht erzwingen können.« (Vgl. LÜDEKING, S. 155). Das »Problem« (!), sagt Lüdeking, »wie man Kunstwerke zuverlässig von anderen Dingen unterscheiden kann«, lässt sich nicht verbindlich lösen (ebd., S. 210f.). Da bleibt nur eine Praxis des kunstbezogenen Urteilens, die man allerdings mehr oder weniger vernünftig gestalten kann (z. B., indem man sich über Sinn und Geltungsansprüche ästhetischer Urteile klar geworden ist). Analytische Philosophie entlässt ihre Adressaten in dieser Angelegenheit in die Unwägbarkeit (und ›Kreativität‹ sowie ›Spannung‹) der Situationen, in denen der Kunst (auch der Musik als einer Kunst) Bedeutungen und Bedeutsamkeiten zugewiesen werden, – allerdings auch mit dem Wissen darum, dass diese Unwägbarkeit nicht auf irgendeinem Unvermögen seitens des ästhetisch Urteilenden beruht, sondern notwendig (bzw. unumgänglich) ist.

[78] Vgl. GADAMER 1986 (Kapitel *Wiedergewinnung des hermeneutischen Grundproblems*), S. 339. Ebd. S. 346 heißt es: »Der Sinn von Applikation, der in allen Formen des Verstehens vorliegt, hat sich jetzt geklärt. Applikation ist keine nachträgliche Anwendung von etwas gegebenem Allgemeinen, das zunächst in sich verstanden würde, auf einen konkreten Fall, sondern ist erst das wirkliche Verständnis des Allgemeinen selbst, das der gegebene Text für uns ist. Das Verstehen erweist sich als eine Weise von Wirkung und weiß sich als eine solche Wirkung.« – Zum »Benutzen« vgl. ECO S. 47f. sowie ORGASS 2007, S. 269f.

[79] Vgl. GADAMER 1983, S. 350 (hier die kursive Hervorhebung): »Das Befremdende, das einen

2.4. Ältere explizite und implizite musikbezogene Verwendungen des Problembegriffs: Problemgeschichte des Komponierens und Metier (Dahlhaus; Lachenmann; Adorno)

Der Problembegriff wurde (und wird) andernorts – durch seine jeweilige Nähe zum Begriff des Fragens bzw. der Fragestellung – auch auf musikpädagogisch relevante Weise verwendet, so z. B. – explizit – in der Festschrift für Hans Heinrich Eggebrecht aus dem Jahre 1984 oder auch – implizit – durch den Komponisten Helmut Lachenmann im Rahmen von Ausführungen zum ›Metier‹. Im *Vorwort* zur genannten Festschrift geben die Herausgeber zu verstehen:

> »Die Beschreibung und Problematisierung kompositorischer Verfahren an ausgewählten Fixpunkten der Musikgeschichte erhellt (...) nicht nur die Individualität der Werke selbst, sondern schließt sich zu Aspekten einer Problemgeschichte des Komponierens zusammen.«[80]

So ist durchaus eine Balance zwischen einem idiographischen[81] Zugriff und einer analytischen Fragestellung ›mittlerer‹ Abstraktionsebene denkbar, die sich ihrerseits als aus der Wahrnehmung mehrerer Werke abgeleitet begreifen lässt. Eine solche Balance wird z. B. in Carl Dahlhaus' Beitrag zur genannten Eggebrecht-Festschrift greifbar: Die an Beethovens opus 2,3 und opus 14,2 exemplifizierte Methode, eine Vielzahl relativ unabhängiger Motive sekundär aufeinandertreffen zu lassen und miteinander zu vermitteln, erscheint

---

Text unverständlich macht, soll durch den Interpreten aufgehoben werden. Der Interpret redet dazwischen, wenn der Text (die Rede) seine Bestimmung, gehört und verstanden zu werden, nicht zu erfüllen vermag. Der Interpret hat keine andere Funktion als die, in der Erzielung der Verständigung ganz zu verschwinden. Die Rede des Interpreten ist daher nicht ein Text, sondern *dient* einem Text.«

[80] Vgl. BREIG et al.

[81] Vgl. WINDELBAND (Dieser Aufsatz ist ab der dritten Auflage in der Aufsatzsammlung *Präludien* [1907] enthalten; ab der vierten Auflage [1911] sind die *Präludien* in zwei Bände unterteilt; erste Auflage: Tübingen 1883.) Beim Aufsatz *Geschichte und Naturwissenschaft* handelt es sich um die am 1. Mai 1894 gehaltene *Rede zum Antritt des Rektorats der Kaiser-Wilhelm-Universität Straßburg*. Ebd., S. 145 heißt es (hier die Hervorhebungen durch Sperrung): »(...) die Erfahrungswissenschaften suchen in der Erkenntnis des Wirklichen entweder das Allgemeine in der Form des Naturgesetzes oder das Einzelne in der geschichtlich bestimmten Gestalt; sie betrachten zu einem Teil die immer sich gleich bleibende Form, zum anderen Teil den einmaligen, in sich bestimmten Inhalt des wirklichen Geschehens. Die einen sind Gesetzeswissenschaften, die anderen Ereigniswissenschaften; jene lehren was immer ist, diese was einmal war. Das wissenschaftliche Denken ist – wenn man neue Kunstausdrücke bilden darf – in dem einen Falle n o m o t h e t i s c h, in dem anderen i d i o g r a p h i s c h. Wollen

»als ›Weiterdenken‹ – oder sogar ›Rettung‹ – einer Form, die für Beethoven in der Tradition, von der er ausging, bereit lag. Haydns Prinzip, Kompositionsgeschichte als Problemgeschichte zu begreifen – und die Reihe der Haydnschen Streichquartette lässt sich ohne Gewaltsamkeit als Entwicklung interpretieren, in der aus den Schwierigkeiten, die das eine Werk hinterließ, der Ansatz des nächsten hervorging –, wurde von Beethoven gewissermaßen auf die Mozart-Überlieferung übertragen.«[82]

Mit Gadamer ließe sich mit Blick auf die von Dahlhaus genannte Art der Problemsicht und Problembehandlung bei Beethoven auch von ›Fragen‹ sprechen, die aus einer bestimmten Situation des Komponierens heraus gestellt werden und insofern ›motiviert‹ sind und ihren geschichtlichen ›Sinn‹ ausweisen (können). Jedenfalls handelt es sich bei dem genannten kompositorischen ›Problem‹ keineswegs um ein Überzeitliches; und ließe es sich – z. B. vor dem Hintergrund allgemeiner musikalischer Formungsprinzipien – als ein solches ausweisen, so erhielte Beethovens Vorgehensweise nicht aus diesen Prinzipien ihren spezifischen Sinn, könnte mithin nicht unter deren *alleiniger* Berücksichtigung ›verstanden‹ werden.[83] Vielmehr muss hierfür die besondere Motivation von

wir uns an die gewohnten Ausdrücke halten, so dürfen wir ferner in diesem Sinne von dem Gegensatz naturwissenschaftlicher und historischer Disziplinen reden, vorausgesetzt, dass wir in Erinnerung behalten, in diesem methodischen Sinne die Psychologie durchaus zu den Naturwissenschaften zu zählen.« Windelbands Unterscheidung zwischen einem »nomothetischen« und einem »idiographischen« wissenschaftlichen Denken ist ebenso bekannt (und geläufig) wie problematisch, worauf bereits Robin George Collingwood hinwies: »When he speaks of an idiographic science he is implying that there can be scientific, i.e. rational or non-empirical, knowledge of the individual; but, strange as it may seem in so learned an historian of thought, he does not realize that the whole tradition of European philosophy from the early Greeks to his own day declared with one voice that this knowledge is an impossibility: the individual, as a fleeting and transient existence, can only be perceived or experienced as it occurs and can never be the object of that stabile and logically constructed thing which is called scientific knowledge.« (COLLINGWOOD S. 167. Vgl. ferner das Kapitel 3.1.2 *Geschichte als Ereigniswissenschaft*, in: KEMPER, S. 130: Die »Unentschlossenheit und das Zaudern zwischen dem logischen und dem ästhetischen Zugang zur Begründung der Geschichtswissenschaft bleibt das Kennzeichen der Rektoratsrede (...)«.)

[82] DAHLHAUS S. 256.
[83] Mit Gadamer lässt sich sagen, »dass die jeweilige Frage*stellung* nicht durch die Voraussetzung verständlich wird, dass es sich um das identische Problem (...) handelt. Es kommt vielmehr darauf an, die wirklichen Fragen, wie sie sich stellen – und nicht solche abstrakt formalisierten Fragemöglichkeiten – als das, was es zu verstehen gilt, anzusehen. Jede Frage ist motiviert. Jede Frage bekommt ihren Sinn von der Art ihrer Motivation.« Vgl. GADAMER 1970, S. 82, hier die kursive Hervorhebung; Gadamer bezieht sich auf die unterschiedlichen *Fragestellungen* zur Freiheit des Menschen, die geschichtlich der Fall waren und die Identität *eines* Freiheitsproblems als Fiktion erscheinen lassen. Vgl. auch Anmerkung 66 vorliegender Arbeit.

Beethovens Frage*stellung* berücksichtigt werden, die mit des Komponisten Wahrnehmung der besonderen Situation des thematischen Komponierens im deutschen Sprachbereich um die Wende vom 18. zum 19. Jahrhundert zusammenhängt. Diese Wahrnehmung bestimmt – in einem situationstheoretisch bestimmbaren Sinne[84] – gleichzeitig den Bereich der Möglichkeiten des Komponierens, also des Treffens kompositorischer Entscheidungen, zu denen die von Dahlhaus beschriebene Möglichkeit eben gehörte.

Ob in musikdidaktischer Hinsicht beispielsweise im Rahmen einer Gruppenkomposition Fragen aufgeworfen werden können, die auf die Ermittlung von Möglichkeiten der durch Dahlhaus an den genannten Sonatensätzen aufgezeigten kompositorischen Vermittlung einer Vielzahl relativ unabhängiger Motive gerichtet sind, sei dahingestellt. Im konstruktivistischen Sinne wären jedenfalls Situationen zu ›arrangieren‹, die den Nachvollzug der kompositorischen Entscheidungen Beethovens ermöglichen – wenn denn die Vermittlung des musikalisch Disparaten überhaupt als kompositorisches ›Problem‹ vor dem Horizont eines echten, ›undidaktischen‹ Fragens erscheint.[85]

An der Poetik Helmut Lachenmanns lässt sich – mit ästhetisch gesehen extremeren Konsequenzen, als dies bei Beethoven vor dessen regelpoetischem Hintergrund überhaupt der Fall sein kann – studieren, dass ›kompositorische Probleme‹ mit ihrer Eigenschaft der (mehr oder weniger regelmäßigen) Wiederkehr und – damit zusammenhängend – der Rekurs auf Konventionen selbst ›problematisch‹ werden kann. Begreift man in der folgenden Passage das Wort ›Metier‹ als (das Verfügen über) Technik bzw. einen ›Pool‹ kompositorischer Möglichkeiten, mit wiederkehrenden kompositorischen Problemen fertig zu werden, so

---

[84] Vgl. ORGASS 2007, S. 68f., in Anlehnung an die Situationstheorie Jürgen Markowitz' (vgl. die Anmerkungen 27 und 24 vorliegender Arbeit).

[85] Zur unterscheidungstheoretischen Diskussion der Rekonstruktion künstlerischer Entscheidungen vgl. ebd. S. 46ff. sowie Anmerkung 30 vorliegender Arbeit. Zum ›unpädagogischen‹ Moment pädagogischer Fragen vgl. bereits GADAMER 1970, S. 82: »Wir kennen es alle an der sogenannten pädagogischen Frage, wie es ist, wenn man etwas gefragt wird, ohne dass der andere wirklich deshalb fragt, weil er wissen will. Da weiß man ganz genau, dass der Prüfende das weiß, wonach er da fragt. Was ist das schon für eine Frage, die ich frage, wenn ich es schon weiß! Die pädagogische Frage, die so gestellt wird, muss man aus hermeneutischen Gründen unpädagogisch nennen. Sie kann sich nur daraus rechtfertigen, dass der Fortgang des Prüfungsgesprächs die Unnatur solcher Fragen überwindet, indem es schließlich vor ›offene‹ Fragen führt. Nur an ihnen kann herauskommen, was einer kann.« – Wird die Beschränkung auf das Stellen echter Fragen im didaktischen Bereich sich in der Tat nicht rechtfertigen lassen (vgl. Anmerkung 95 vorliegender Arbeit), so macht Gadamers Hinweis, der sich fast wie eine Bemerkung in einer konstruktivistischen Didaktik ausnimmt, doch Mut zu offenen Fragestellungen, in deren Kontext der Sinn engerer Fragen erst zu erkennen ist.

werden die folgenden Ausführungen für eine Geschichte des Problembegriffs und deren Auswertung in musikpädagogischer Absicht relevant:

> »Über die Mittel nachdenken heißt (...) nicht nur (...), solche Mittel in den Zusammenhängen erkennen, in denen sie vorab gebunden sind, sondern heißt auch: andere Zusammenhänge erproben, in die sie unter welchen Aspekten auch immer gerückt werden können, heißt: die Mittel neu beleuchten. Meine erste Beobachtung sagt so auch, dass wir letztlich über keinerlei Mittel vorab verfügen, etwa im Sinne eines abgeklärten ›Metiers‹, und sie sagt, dass es im Hinblick auf musikalische Mittel nichts gibt, was es nicht gibt, dass es also niemals darum gehen kann, irgendwelche Materialien kategorisch auszugrenzen, weder historisch befrachtete, wie auch immer tabuisierte, noch anderweitig als nicht salonfähige, absolut abgestempelte – aber auch nicht unbefrachtete, zumal deren Unbefrachtetheit sich oft als charakteristische, penetrante Form von Befrachtetheit herausstellen wird, wie etwa die Erfahrung im Bereich der elektronischen Musik oft gezeigt hat.«[86]

Im Grunde wird hier Lachenmanns ›Lesart‹ eines ›Problems‹ greifbar, das Adorno in seiner *Ästhetischen Theorie* anspricht (und wie ein ›Leitmotiv‹ behandelt), ohne dass hiermit behauptet sein müsste, Lachenmann hätte sich in diesem Sinne mit Adorno auseinandergesetzt:

> »Metier in der Moderne ist grundverschieden von handwerklich-traditionalen Anweisungen. Sein Begriff bezeichnet das Totum der Fähigkeiten, durch welche der Künstler der Konzeption Gerechtigkeit widerfahren lässt und dadurch die Nabelschnur der Tradition gerade durchschneidet. Gleichwohl stammt es nie allein aus dem einzelnen Werk. Kein Künstler geht je an sein Gebilde mit nichts anderem heran als den Augen, den Ohren, dem sprachlichen Sinn für jenes. Die Realisierung des Spezifischen setzt stets Qualitäten voraus, die jenseits des Bannkreises der Spezifikation erworben sind; nur Dilettanten verwechseln die tabula rasa mit Originalität. Jenes Totum der ins Kunstwerk hineingetragenen Kräfte, scheinbar ein bloß Subjektives, ist die potentielle Gegenwart des Kollektivs im Werk, nach dem Maß der verfügbaren Produktivkräfte: fensterlos enthält es die Monade. (...) Stets noch mag für viele der Einzelsituationen, mit denen das Werk seinen Autor konfrontiert, eine Mehrheit von Lösungen verfügbar sein, aber die Mannigfaltigkeit solcher Lösungen ist endlich und überschaubar. Metier setzt die Grenze gegen die schlechte Unendlichkeit in den Werken. Es bestimmt, was mit einem Begriff der Hegelschen Logik die abstrakte Möglichkeit der Kunstwerke heißen dürfte, zu ihrer konkreten. Darum ist jeder authentische Künstler besessen von seinen technischen Verfahrensweisen; der Fetischismus der Mittel hat auch sein legitimes Moment.«[87]

Allerdings: nur sein legitimes Moment, wie man mit Adorno hinzufügen muss, setzt sich doch andererseits – auch in der Ausübung von ›Metier‹ durch den Komponisten – die »Idee des Schönen« noch darin durch, dass sie »alles ihr Heterogene, konventionell Gesetzte, alle Spur von Verdinglichung ausscheiden muss. Auch um des Schönen willen ist kein Schönes mehr: weil es keines mehr

---

[86] LACHENMANN S. 76.
[87] ADORNO S. 71f.

ist.«[88] – Realisiert sich ein solcher ästhetischer Ansatz und eine ihm entsprechende Poetik eines Komponisten – wie bei Lachenmann – im permanenten Umgang mit Unmöglichkeiten,[89] so tendiert die Reduktion der Auseinandersetzung mit Musik auf ›Probleme‹, genauerhin auf ihren Aspekt der Übertragbarkeit sowohl der Wahrnehmung der ihnen zugrunde liegenden Phänomenkonstellationen wie auch des qua Neuordnung ›lösenden‹ Umgangs mit ihnen, mit Adorno zu reden zur »Verdinglichung«.

Ohne den Gedankengang Adornos nun überzustrapazieren, lässt sich zusammenfassend sagen: Solange die Spannung zwischen einer unterschiedlich artikulierbaren Konstellation von Phänomenen, die unter einem bestimmten Gesichtspunkt als Problem begriffen werden kann, und deren konkreter Artikulation sowie die neue ›Formulierung‹ dieser Spannung in der konkreten Situation, die hinsichtlich bestimmter, jeweils zu benennender Aspekte *auch* durch Inkommensurabilität gekennzeichnet ist, in den Blick kommt bzw. kommen soll, ist gegen den Problembegriff auch im (musik-)pädagogischen Kontext nichts einzuwenden.

2.5. Fazit zur musikpädagogischen Fragwürdigkeit des Problembegriffs

Der Problembegriff, der in jedem Fall einen gewissen Grad an ›Abstraktheit‹ impliziert, erscheint also weder wegen der Unlösbarkeit von Problemen, mit der rhetorisch der jeweilige Gegner konfrontiert werden soll, noch wegen des fehlenden ›idiographischen‹ Moments als für musikalisch-künstlerische Fragen ungeeignet, sondern wegen der von Gadamer zu Recht kritisierten Abgehobenheit der Probleme von Situationen, in denen Motivationen fürs Fragen entstehen. Mag man auch nicht allen Details in den Ausführungen Gadamers zustimmen, so erweist sich doch der Begriff der Motiviertheit und Situiertheit von Fragestellungen als in hohem Grade an eine musikbezogene Bedeutungstheorie anschlussfähig, welche die Entstehung und das Prozessieren musikalischer oder musikbezogener Bedeutung und Bedeutsamkeit in individuell wahrgenommenen Situationen verortet, zu denen (zumindest symbolische) Interaktionen gehören. Es dürfte eine der zentralen Intuitionen Kommunikativer Musikdidaktik sein, dass die Situiertheit musikalischer oder musikbezogener Zuweisungen von Bedeutung und Bedeutsamkeit im Zentrum der

---

[88] Ebd., S. 85.
[89] Vgl. zur »Unmöglichkeit eines jeglichen Kunstwerks« ebd., S. 162f. und in vorliegender Arbeit die Überlegungen zu Beginn des 2. Kapitels sowie Anmerkung 47.

Theoriebildung stehen müsse. (Dieser Ansatz wurde dann aus – u. a. – konstruktivistischer Perspektive theoretisiert.) Vor diesem Hintergrund wird zudem die zentrale Stellung des Partizipations- und des Relevanzbegriffs in der genannten Konzeption einsichtig.[90]

Umgekehrt wird die Inadäquatheit der *Standardisierung von Lerninhalten und Leistungsniveaus* mit Hilfe der Entwicklung von Kompetenzmodellen evident: Durch diese Modelle werden nur Fähigkeiten zur Lösung jener Probleme beschrieben, von denen nach den obigen Erörterungen feststeht, dass sie die (nicht nur musikpädagogisch) relevanten nicht-trivialen musikbezogenen Tätigkeiten auf lediglich unzureichende bzw. falsche Weise dimensionieren können. Standardisierung bezieht sich nämlich in ihrer gegenwärtig politisch verordneten Gestalt (zumeist) auf Probleme im Sinne Waldenfels' und Gadamers, vermag also die fachlich unbedingt zu berücksichtigende Dimension des situierten Fragens nicht in den Blick zu bringen. Im Rahmen der *Problemformulierung* wird notwendig auf Eigenschaften von Gegenständen und deren (Er-)Kenntnis rekurriert, also auf eine – aus Sicht der Lernenden sich so darstellende – ›Außenseite‹, die erst durch den – durch die Adressaten zu ›leistenden‹ – Abgleich mit der ›Innenseite‹ der Bewusstseinsinhalte, welche in jeweils individuellen Lebens- und Lerngeschichten gebildet wurden, – Wirklichkeit und potenzielle Relevanz gewinnen kann. Erst dieser Abgleich ist Voraussetzung und Motivation *situierter Fragen*, erst diese rechtfertigen die Rede von einer ›Auseinandersetzung‹ mit Musik. Es dürfte gerade die durch Waldenfels beschriebene *Anonymisierung* und *Neutralisierung* von Problemstellern und Problemlösern sein, die den Kompetenzbegriff, der ja an zentraler Stelle (durch Franz E. Weinert) mit der Fähigkeit zur Lösung fachspezifischer Probleme erläutert wird, bei dem Ansinnen bzw. Vorhaben der erwähnten *Standardisierung* als attraktiv erscheinen lässt. Im Folgenden seien noch ein paar Hinweise zur Begründung des Urteils angeführt, die *Standardisierung von Lerninhalten und Leistungsniveaus* sei in der bislang geübten Form, also in der Form *gegenstandsbezogener Standardisierung* (vgl. den Anfang vorliegender Arbeit), inadäquat.

Gegenstandsbezogene Standardisierung entfernt sich notwendig von kulturwissenschaftlichen Fragestellungen, die sich auf die Kontingenz – Situationsbezogenheit und damit Wandelbarkeit – menschlicher Hervorbringungen beziehen. *Musikwissenschaftliche* Fragestellungen können in zwei Kraftfeldern verortet werden, nämlich einerseits zwischen Norm und Konkretion bzw. Gat-

---

[90] Vgl. ORGASS 2007, S. 413–481 und GEUEN/ORGASS 2007.

tung und Kompositionstechnik und andererseits zwischen Genesis und Geltung bzw. Entstehungsgeschichte (Philologie / Kritik, Komponistenbiographie, Sozialgeschichte der Musik etc.) und Rezeption.[91] Auch *kompositorisches Handeln* vollzieht sich in diesen Kraftfeldern. Das Fragen in beiden Hinsichten hängt mit unterschiedlichen Formen der Sinnbildung zusammen, die aber im Begriff des – temporären, vorläufigen, zu revidierenden – sinnvollen Umgangs mit Kontingenz durch die Hervorbringung – temporärer, für den Einzelfall – stimmiger Zusammenhänge (Geschichten im Falle der Musikwissenschaft,[92] Werke, Improvisationen etc. im Falle der Hervorbringung von Musik) konvergieren.[93] Aus *musikpädagogischer Sicht* lässt sich sagen, dass Problembegriffe nur dann musikdidaktisch ›handhabbar‹ erscheinen, wenn sie Fragestellungen in den erwähnten Kraftfeldern ermöglichen, also konkretes, situativ motiviertes Fragen nicht strukturell – in Gestalt ›kristalliner‹ Strukturen[94] – ›stillstellen‹, sondern

[91] ORGASS 2007, S. 198f.

[92] Vgl. ORGASS 2007, S. 571–603.

[93] Selbst im Falle der Poetik eines Anton Webern, in der von der Vorstellung einer ›Erfüllung‹ musikalischer Gesetze ausgegangen wird, handelt es sich immer nur um eine *jeweilige* ›Erfüllung‹ im einzelnen Werk. Vgl. ORGASS 2007, S. 687–702.

[94] »Kristallisation« ist ein Lieblingsausdruck Arnold Gehlens »für Gestaltfixierung und Erstarrung von Großstrukturen«. Vgl. NIETHAMMER S. 39, Anmerkung 25. Niethammer sucht in diesem Buch »nach der Bedeutung und Herkunft dieser nicht nur für Historiker beunruhigenden Gegenwartsdiagnose, nämlich dass die Geschichte vorbei sei und sich in einem künftigen Einerlei verliere, das Gehlen 1972 als ›Beweglichkeit auf stationärer Basis‹ definierte.« (Ebd., S. 67.) Vgl. auch GEHLEN 1975, S. 122. Begreift man die Stillstellung motivierter Fragestellungen durch Problemgeschichte (im Sinne Hartmanns) als Strategie der ›Kristallisation‹ von Geschichte, so gewinnt Niethammers Fazit auch in pädagogischer und musikpädagogischer Hinsicht an Brisanz: Eine historische Zuarbeit, »die sich mit der Klärung der Eigenerfahrungen verknüpfen lässt, deren Selbstverständlichkeiten sprengt und orientierende Entwürfe geschichtlicher Zusammenhänge erschließt, überschreitet die Entgegensetzung von intellektuellem Führer und Masse, in der sich die Deuter zu viel zumuten und die Einzelnen nicht praktisch ermutigt werden, Geschichte nach Kräften selbst zu machen. In solcher Entgegensetzung – das lehrt eine Lektüre von Posthistoire-Diagnosen gegen den Strich – aber gefriert oder explodiert Geschichte – und zwar nicht einfach in der Vorstellung, sondern in der Wirklichkeit. Explosionen drohen, wenn die historische Zuarbeit für ein geschichtliches Selbstverständnis die Subjekte nicht erreicht, sondern deren Suche nach Orientierung in fundamentalistische Kollektividentitäten und schließlich in den Kurzschluss zwischen Masse und politischer Macht entlässt. Die Wiederkehr politischer Theologie signalisiert dann den Bankrott der Kultur und den gewalttätigen Zusammenprall unvermittelbarer Identitäten. Das andere Extrem könnte man als den – kristallinen oder atomaren – Kältetod bezeichnen, der aus dem Selbstlauf ›sekundärer Systeme‹, ihrer kulturellen Erstarrung und ihrem Risiko einer menschheitlichen Katastrophe erwachsen kann. Diese systemisch angelegte Gefahr kann zwar von Intellektuellen beschworen, aber nur von jenen ›Massen‹ vermindert werden, die in

umgekehrt solches Fragen (nach den konkreten Parametern von Kontingenz, nach deren historischer Bedingtheit sowie nach sinnvollen Möglichkeiten des Umgangs mit Kontingenz) gerade erforderlich machen, um überhaupt subjektive Relevanz gewinnen zu können. Im Vorgriff auf die Überlegungen zu Maßgaben des 3. Kapitels lässt sich sagen: Im Letzten geht es beim Ansinnen, die Spielräume der Kontingenz offen zu halten, um den Wert der Freiheit. Der Geschichtstheoretiker und -didaktiker Jörn Rüsen führt hierzu aus:

> »Das historische Denken hält den Kontingenzspielraum offen, in dem Handlungen sich im Verhältnis zu ihren leitenden Absichten bewegen und in dem Absichten sich realisieren. Damit bringt es in den Orientierungsrahmen der Lebenspraxis einen Erfahrungsüberschuss über die menschliche Handlungsrationalität ein, an dem diese sich abarbeiten muss, wenn ihre Freiheit kein bloßer Schein sein soll. Auch damit geht es dem historischen Denken also grundsätzlich um die menschliche Freiheit: Sie wird in den Umkreis der Bedingtheiten verwiesen, in dem sie einzig Realisationschancen hat. Der historische Aufweis ihrer Begrenztheit fungiert als Stachel ihrer Handlungsmotivation.«[95]

Wahrheit aus Einzelnen mit einem Quentchen Freiheit und Verantwortung bestehen und zu denen auch die Intellektuellen gehören.« (NIETHAMMER S. 172.) – Aus bedeutungstheoretischer Sicht wie auch aus allgemein pädagogischer Sicht – und sei es auch nur mit dem Hinweis auf jene Kontingenzerfahrung, die die Älteren in der Auseinandersetzung mit den Jüngeren machen (›es gibt Kinder‹) – erscheinen allerdings auch die Chancen für die ›Fortsetzung von Geschichte‹ nicht schlecht.

[95] RÜSEN 1986, S. 42f. – Es ist dem Verfasser vorliegender Arbeit nicht ersichtlich, wie man als Lehrender – auch als Musik Lehrender – auf ein Fragen, das den von Rüsen erwähnten Kontingenzspielraum wie auch Möglichkeiten des sinnvollen Umgangs mit ihm in den Blick bringt, sich also auch als ein Propädeutikum für das historisch orientierende Fragen im Sinne Gadamers verstehen lässt, im Unterricht soll verzichten können, wie dies Jürgen Vogt vor einiger Zeit vorgeschlagen hat (VOGT 1998). Zum einen ist es bereits durch die didaktische Intentionalität, die Unterricht konstituiert, der Fall, dass die Lernenden mit Notwendigkeit Fragen an sie stellen; auch die Antworten auf diese Fragen seitens des Lehrenden sind dann in eins Fragen – wegen der durch Vogt in Anlehnung an Waldenfels erwähnten »responsiven Differenz« (also wegen des Unterschieds zwischen dem, was geantwortet wird und dem, was beantwortet wird; vgl. VOGT 1998, S. 96 und WALDENFELS 1994, S. 242). Zum anderen ergibt sich die musikbezogene Wahrnehmung von Kontingenz – völlig ›unhysterisch‹ – durch die Wahrnehmung musikalischer Vielgestaltigkeit in der individuell zu deutenden Situation des Unterrichts, also durch die bekannten oder expressis verbis artikulierten Präferenzen von sehr unterschiedlicher Musik, die die am Unterricht Beteiligten hegen. (Vgl. dagegen Vogts Hinweis auf den »hysterischen Lehrer«, der fragt: »Nicht wahr, das willst Du doch bestimmt auch gerne wissen?!« Vgl. VOGT 1998, S. 95.) Die historische Verortung und Strukturierung jener Kontingenz mag sich dann individuell aufgrund der Faszination einer Musik oder durch den Wunsch, sich im Rahmen der Komposition oder Improvisation von Musik aus der Geschichte – aus vorhandenen Kompositionen oder Tonträgern vergangener Improvisationen – belehren zu wollen, als sinnvoll erweisen. Ein Propädeutikum zu solcher Verortung und Strukturierung sollte den Lernenden – durch Reduktion der sich im Unterricht artikulierenden Rationalität

Genau dieser Kontingenzspielraum ist es jedoch, der durch den zum Zwecke gegenstandsbezogener Standardisierung (und inhaltlicher Vergleichbarkeit von Leistungen) in Anschlag gebrachten Problembegriff gerade nicht geöffnet wird, sondern vielmehr tendenziell in Vergessenheit gerät, indem er an der (Er-)Kenntnis von bestimmten Eigenschaften von Gegenständen festgemacht wird.

Wenn man aus den genannten Gründen die durch die zentrale Stellung des Problembegriffs in der bisherigen Praxis der Standardisierung von Gegenständen des Lernens und von Leistungsniveaus ins Werk gesetzte *Anonymisierung* und *Neutralisierung* von Problemstellern und Problemlösern für fachlich inadäquat hält, so zeitigt dies bestimmte Konsequenzen für wünschenswerte Eigenschaften von Standards für das Fach Musik. Diese Standards – will man denn an ihrer Formulierung aus (fach-)politischen Gründen festhalten – sollten sich (bzw. können sich auf fachlich zu verantwortende Weise) nur auf Qualitäten komplexer, jedenfalls nicht-trivialer musikbezogener Tätigkeiten und Interaktionen beziehen. Dabei müssen unterschiedliche Möglichkeiten inhaltlicher Konkretisierung bestimmter Methoden der Auseinandersetzung mit Musik unter Berücksichtigung konkreter situativer Bedingungen offen bleiben bzw. bewusst eröffnet werden. Zu den letztgenannten Bedingungen gehört auch der musikbezogene Erfahrungshintergrund der Lernenden, der nicht im Musikunterricht, sondern außerschulisch gebildet wurde, auf den sich aber alle am Unterricht Beteiligten – jeweils – notwendig beziehen müssen. Sicherlich handelt man sich hiermit Schwierigkeiten – ›Probleme‹ (!) – im Rahmen der ›Messung‹ von Leistung ein; nur lassen sich diese Schwierigkeiten nicht dadurch aus dem Weg räumen, dass man den für das musikbezogene Zuweisen von Bedeutung und Bedeutsamkeit konstitutiven Bezug aufs Individuum leugnet. Wer so handelt, räumt mit den genannten Standardisierungsschwierigkeiten die fachliche Adäquatheit von Leistungsbeurteilung gleich mit aus dem Weg und schafft hierdurch das Fach Musik am allgemeinbildenden Schulwesen tendenziell ab – nicht zuletzt wegen des in diesem Falle vollkommen rationalen Vermeidungsverhaltens der Adressaten: Abwahl des Faches Musik (soweit dies möglich ist) nach der Sekundarstufe I durch die Schülerinnen und Schüler wegen fehlender Relevanz der Inhalte, die sich herumgesprochen hat!

auf »responsive Rationalität« (vgl. VOGT 1998, S. 98 und WALDENFELS 1987, S. 47) – nicht vorenthalten werden. (Vgl. auch Anmerkung 85 vorliegender Arbeit).

3. Überlegungen zur normativen Dimension von Leistungsbeurteilung: Maßgaben und ästhetische Werte

Ging es bisher darum zu zeigen, in welchem ›Flussbett‹ die Diskussion um Leistungsbeurteilung im Musikunterricht aus primär bedeutungstheoretischen Gründen sich eigentlich bewegen müsste (Teil 1) und zu verdeutlichen, dass sie sich zurzeit wegen der zentralen Stellung des Kompetenz- und damit des Problembegriffs dort nicht bewegt (Teil 2), so ist nun zu reflektieren, welche politisch-normativen Dimensionen – auch im europäischen Kontext – zu berücksichtigen wären, um Maßgaben für Leistungsbeurteilung im Musikunterricht zu gewinnen. Solche Maßgaben lassen sich ja – wie gesagt – nicht aus bedeutungstheoretischen Überlegungen, die im Deskriptiven verbleiben, ableiten.

Rose Boenicke, Hans-Peter Gerstner und Martin Wetz erinnerten unlängst daran, dass die Gestaltung des Bildungswesens eine politische Frage sei; die Gestaltung des Schulwesens sei nicht nur eine Frage der Kulturbürokratie und Bildungsökonomie, sondern beziehe sich zentral auf unser Selbstverständnis und das unserer Gesellschaft.[96] Sie führen aus:

> »Tatsächlich aber wurde und wird in erster Linie auf der Basis von ökonomischen Argumenten diskutiert. Wie auch in den 60er Jahren, wo es zunächst um die Ausschöpfung der Begabungsreserven für den technologisch-wissenschaftlichen Fortschritt ging, so geht es auch heute um die Konkurrenzfähigkeit des Wirtschaftsstandortes und um Bildung als Ressource beziehungsweise als Dienstleistung. Anders aber als in den 60er Jahren, wo die Diskussion bald auch eine politisch-ethische Ebene erreichte und etwa ›Bildung als Bürgerrecht‹ gefordert wurde, bekommt man derzeit den Eindruck, dass die Verwendung von Argumenten, die nicht aus der ökonomischen Sphäre stammen, ja dass allein schon Begriffe wie Selbstentfaltung, Kritikfähigkeit oder Emanzipation ihren Autor bzw. ihre Autorin für die weitere Diskussion diskreditieren. Dabei wird aber übergangen, was Bildung bedeuten kann – statt des selbstzweckhaften Befolgens alltäglicher Routinen und vermeintlicher ökonomischer Notwendigkeiten die Selbstbestimmung des Einzelnen in der Gesellschaft.«[97]

Die Berechtigung dieser Bedenken wird durch mehrere Wahrnehmungen bestätigt: Zu oft bleiben die Werte, die in den fachbezogenen Lehrplänen vorangehenden Richtlinien durchaus benannt werden, unberücksichtigt bzw. folgenlos für die Bestimmungen eben dieser Lehrpläne, die eigentlich die Richtlinien auch mit Blick auf die dort formulierten Maßgaben fachspezifisch zu konkretisieren hätten. Wenn in Richtlinien beispielsweise die Erziehung zur Demokratie erwähnt wird, so müsste dies Konsequenzen für die fachspezifische Ermöglichung

---

[96] BOENICKE / GERSTNER / WETZ S. 178 und 179.
[97] Ebd., S. 178.

von Schülerpartizipation zeitigen, was zumeist nicht der Fall ist. Freilich steht dem die derzeitige Tendenz zur Zentralisierung von Prüfungen entgegen; das lässt sich paradigmatisch am ›Veralten‹ der nordrhein-westfälischen *Lehrpläne Musik für die Sekundarstufe II* studieren, die als Ausnahme von der erwähnten Regel der ausbleibenden Bezugnahme der Lehrpläne auf die vorangestellten Richtlinien genannt seien: Die hier – in der Zeit ab 1999 – vorgeschriebene »Themenfindung in der Lerngruppe« wird – wie eingangs gezeigt – durch die späteren Bestimmungen zur Durchführung des Zentralabiturs (seit 2006) konterkariert.[98]

Ein anderes Beispiel für die angedeutete ›Wertevergessenheit‹ im Bildungswesen: Die Belege, die Eiko Jürgens für die Erörterung der normativen Rahmung eines pädagogischen Leistungsbegriffs anführt, stammen zumeist aus den 70er Jahren, seltener aus den 80er Jahren, nirgends aus dem gegenwärtigen Schrifttum. Insbesondere rekurriert Jürgens immer wieder auf eine einschlägige ältere Arbeit Wolfgang Klafkis aus dem Jahre 1973 und auf die *Empfehlungen der Bildungskommission. Strukturplan für das Bildungswesen*, die 1970 vom Deutschen Bildungsrat herausgegeben wurden.[99] Von der jüngsten Veröffentlichung von Johannes Hartig und Eckhard Klieme, in der in puncto Irrelevanz des Bildungsbegriffs, wie Vogt formuliert, die Katze aus dem Sack gelassen werde, war bereits eingangs die Rede.[100] Im Sinne Vogts wäre entsprechend auch der Begriff der »Bildungsforschung«, also jene Forschungstätigkeit, durch die die »Effektivität« und »Effizienz« von »Bildungsprozessen« messbar gemacht werden soll, ideologiekritisch zu durchleuchten und in der Konsequenz der Sinn solcher Forschung in Frage zu stellen.[101]

Aber die Erinnerung an (ältere) Bildungskonzepte wirkt hinsichtlich der inzwischen übermächtig (da zur Selbstverständlichkeit) gewordenen Trivialisierung sowohl von lernenden Individuen als auch von ›Bildung‹ wie eine Fahrradbremse an einem Düsenjet. Dies ließe sich beispielsweise auch an der Kritik studieren, die Rose Boenicke an Niklas Luhmanns systemtheoretischer Sicht der Selektionsaufgaben der Schule übte: Der alles bestimmende »Gut / Schlecht-

---

[98] Vgl. *Lehrpläne Musik NRW*, S. 14ff.

[99] JÜRGENS, z. B. S. 14–16 und S. 19–24; vgl. auch KLAFKI (es handelt sich um die Druckfassung eines Vortrags, den Klafki zuerst 1973 in der Werner-von-Siemens-Stiftung München gehalten hat), vgl. ferner: Deutscher Bildungsrat (Hg.) 1970.

[100] HARTIG / KLIEME 2007.

[101] Demgegenüber stellt sich Dietrich Benners jüngste Veröffentlichung als Versuch dar, den Begriff ›Bildungsforschung‹ durch erneute bildungstheoretische Reflexion zu ›retten‹ bzw. inhaltlich sinnvoll zu füllen (vgl. BENNER 2008).

Code der Bewertungssituationen«, der selbst als Ableitung aus dem ebenfalls binären Code »Vermittelbar/Nicht-Vermittelbar« zu begreifen sei,[102] müsse durch situationsadäquate (!) Maßgaben für Beurteilung – wie dies im finnischen Schulsystem der Fall sei – ersetzt werden. Entsprechend beschwörend – und die durch entsprechende politisch-ökonomische Interessen bedingte Präponderanz der erwähnten Trivialisierung unterschätzend – nimmt sich ihr Fazit aus:

> »Für alle anderen Arten von Schulen gilt, dass Lernen stets in Gefahr ist, vom Gut/Schlecht-Code der Bewertungssituationen präformiert zu werden: Umwege und Fehler, aus denen man lernen könnte, müssen vermieden werden, kurzfristig abrufbare Produkte werden wichtiger als Lernprozesse, die auch außerhalb der Schule Bedeutung behalten. Diese Beschädigung des Zugangs zum Lernen wird jedoch zunehmend zum Problem – nicht nur in den Augen wohlmeinender Pädagogen, sondern vor allem im gesellschaftlichen Maßstab. Luhmanns Skizze des Erziehungssystems reflektiert die Anforderungen einer Gesellschaft, der Zuverlässigkeit in der Erfüllung vorgegebener Regeln als oberste Tugend ihrer Staatsbürger galt und die dabei übersieht, dass längst die nicht-trivialen Maschinen das Leitbild abgeben.«[103]

Um argumentativ einen Schritt weiter zu kommen, wurde in vorliegender Arbeit nicht einfach ein bestimmter Bildungsbegriff, der z.B. bei Hartig und Klieme greifbar wird, durch einen anderen ersetzt, sondern mit bedeutungstheoretischen Mitteln und durch eine Analyse des Problembegriffs gezeigt, dass der Gegenstandsbereich von Leistungsbeurteilung im Musikunterricht von vornherein – ungeachtet dessen, welcher Bildungsbegriff bei der Bestimmung dieses Bereichs Pate steht – als Ensemble musikbezogener Tätigkeiten Eigenschaften aufweist, die jene Vorstellung von Leistungsmessung, welche mit Hartigs bzw. Kliemes Begriff von Bildungsforschung korrespondiert, als inadäquat bzw. ihrem Anwendungsfeld eben nicht angemessen erweist. Die Unangemessenheit zeigt sich vor bedeutungstheoretischem Hintergrund nicht in einer völligen Verfehlung dieses Feldes, sondern in dessen quasi gewaltsamer Begrenzung auf die Beobachtung von Performanzen, in denen die Lernenden die (Er-)Kenntnis von Sachverhalten nachweisen. Aber die Auseinandersetzung mit Musik, die sich im Stellen und Beantworten situierter Fragen vollzieht, lässt sich nicht auf solche (Er-)Kenntnis reduzieren, werden doch die thematisierten Sachverhalte durch ihre Zurichtung zu Problemen (oder Zusammenhängen von Problemen) notwendig trivialisiert. Greifbar wird solche Trivialisierung in ›Erwartungshorizonten‹, die sich auf die Nennung von Eigenschaften der oben so genannten ›Außenseite‹ beschränken müssen und notwendig nicht jenen Abgleich mit der Innenseite der individuellen ›passenden‹ Bewusstseinsinhalte erfassen können.

---

[102] Boenicke S. 79f.
[103] Ebd., S. 84.

Die (Er-)Kenntnis solcher Sachverhalte kann freilich – im günstigen Fall – bei der Erweiterung, Differenzierung oder Korrektur musikbezogener Zuweisungen von Bedeutung und Bedeutsamkeit, die selbst nur als nicht-triviale Prozesse beschreibbar bzw. deutbar sind, im Sinne von so etwas wie *potenziell hilfreichen Kategorien der Wahrnehmung und Deutung von Musik* – als Entsprechung zum Metier einer Komponistin bzw. eines Komponisten (vgl. Kapitel 2.4.) oder des ›musikalischen Sprachvermögens‹ einer Improvisatorin bzw. eines Improvisators sinnvoll sein. So wird beispielsweise die Kenntnis des Quintenzirkels in Dur und Moll die Auseinandersetzung mit Frédéric Chopins *Préludes* op. 28 zweifelsohne bereichern und differenziertere Bedeutungszuweisungen ermöglichen, als dies ohne diese Kenntnis möglich wäre.

Wenn nun im Folgenden Maßgaben für Leistungsbeurteilung im Musikunterricht untersucht werden, so wird hierbei auf den Bildungsbegriff rekurriert, den der Autor bereits mehrfach erläutert und zuletzt in europäischer Perspektive entfaltet hat: Musikalische Bildung wird im Sinne der Kommunikativen Musikdidaktik und in Anlehnung an die Pädagogik der Kommunikation des Erziehungswissenschaftlers Klaus Schaller als soziale Kategorie (und eben nicht als individuale Kategorie) begriffen.[104] Musikbezogen realisiert sich Bildung in Interaktionen, in denen auf unwägbare, nicht vorhersehbare Weise neuer musikalischer und musikbezogener Sinn entsteht – im Komponieren und Improvisieren neuer, unerhörter Musik oder im Deuten von bereits existierender Musik. Die doppelte Kontingenz von Interaktionen, die auch musikbezogen jene Unwägbarkeit zeitigt, wird hier nicht als Störfaktor, sondern als Chance für gleichsam ›spannend‹ bleibende Interaktionen begriffen, auch wenn sie so hochgradig konventionalisiert und systemisch ›überformt‹ sind wie im allgemeinbildenden Schulwesen. Letzteres kann wegen jener Unwägbarkeit musikalische Bildung nicht ›herbeiführen‹, aber immerhin ermöglichen.

Das musikalisch gebildete Individuum vermag sich entsprechend in musikbezogene Interaktionen ›konstruktiv‹ – die Hervorbringung von musikalisch oder musikbezogen Neuem ermöglichend – einzubringen. Hierzu muss es neben musikalischen und musikbezogenen Fähigkeiten im engeren Sinne (beispielsweise Fähigkeiten im Musikmachen und Kenntnis musikbezogener Terminologie) auch über die für die Interaktion relevanten musikbezogenen Sprach- und Begründungskompetenzen verfügen. – Musiklehrerinnen und Musiklehrern wird empfohlen, für die Maßgaben »Achtsamkeit auf andere und Anderes« sowie »Parteinahme für Gemeinsam-

---

[104] ORGASS 2007, S. 108–120; SCHALLER S. 65.

keit« – bürgerlich auch als Gerechtigkeit und Solidarität bekannt – einzustehen und für diese zu werben. Schaller hat immer wieder zur Begründung dieser Entscheidung auf die Geschichte der bürgerlichen Gesellschaft mit ihrer partiell unabgegoltenen »Erwartung« – »Demokratisierung der Lebensverhältnisse« und »Rationale Lebensführung« – hingewiesen.[105] Die genannten politischen Maßgaben konkretisieren sich in den beiden Maßgaben für musikbezogenes Handeln und musikbezogenes Interagieren, die Vielgestaltigkeit der Musik solle zur Geltung kommen und ein grundsätzliches Interesse an fremder Musik solle dieses Handeln und Interagieren bestimmen.[106] Mit Blick auf diese Maßgaben ist zu bedenken, dass sie für alle am Unterricht Beteiligten nach entsprechender Erläuterung bzw. Aushandlung verbindlich – handlungsverbindlich sein müssen (›Restdogmatismus‹ der Kommunikativen Musikdidaktik).

In ›europäischer Perspektive‹ kann bei der Erläuterung dieser Maßgaben die Erinnerung an die ästhetische Vorstellung des ästhetisch autonomen musikalischen Kunstwerks insofern helfen, als dieses eine tendenziell unendliche Zahl von Zuweisungen von Bedeutung und Bedeutsamkeit ermöglichen bzw. geschichtlich freisetzen kann. Die Entscheidung, dies solle auch so sein sowie die Übertragung der hiermit korrespondierenden offenen Haltung auf den Umgang bzw. die Auseinandersetzung mit ganz anderer (auch nicht-europäischer) Musik, kann als eine spezifisch europäische – zumindest hinsichtlich der Möglichkeit ihrer historischen ›Begründung‹ – ausgewiesen werden.[107] Sie hängt nicht zuletzt mit dem europäischen »Individualisierungsgedanken« bzw. mit dem »Selbstverständnis von Personen« zusammen, »frei und verantwortlich handeln zu können«.[108]

Im Unterschied zu den genannten Maßgaben kann mit ästhetischen Kriterien wie überhaupt mit kulturellen Werten nicht der Geltungsanspruch handlungsverbindlicher Normen erhoben werden.[109] Um ein paar Beispiele für solche ästhetischen Kriterien zu nennen: In den nordrhein-westfälischen Lehrplänen für das Fach Musik[110] werden so genannte »ästhetische Leitideen« aufgeführt, die als Hinsichten auf »Sachaspekte« fungieren:

---

[105] SCHALLER beispielsweise S. 61 ff.
[106] ORGASS 2007, S. 553 ff.
[107] Vgl. ORGASS 2007, S. 239–309 (*Auseinandersetzung mit musikalischer Vielfalt (...)*; eine gekürzte Fassung dieser Arbeit (mit demselben Titel) findet sich in: JAEGER/JOAS [Hg.]).
[108] STURMA S. 191; vgl. auch ORGASS 2007, S. 108–120, 287f. sowie ORGASS 2008 (in: JAEGER/JOAS [Hg.], S. 259f.).
[109] Vgl. HABERMAS S. 41.
[110] Vgl. *Lehrpläne Musik NRW*.

Bereiche des Faches I–IV	Sachaspekte (zwei sind je Bereich des Faches obligatorisch)	ästhetische Leitideen
»Musik gewinnt Ausdruck vor dem Hintergrund von Gestaltungsregeln«	»Harmonieschemata«, »Melodiemuster«	»Ordnung«, »Spiel«
»Musik erhält Bedeutung durch Interpretation«	»Bearbeitungsgrundsätze«, »Aufführungsideale«, »Regiekonzepte«, »Rezeptionskonstanten und -varianten«	»Differenziertheit«, »Trivialität«, »Authentizität«, »Modernität«
»Musik hat geschichtlich sich verändernden Gehalt«	»Stilmittel«, »Satzmuster«, »Gattungsmerkmale«, »Klangideale«	»Widerspiegelung«, »Natürlichkeit«
»Musik wird zur Aussage durch Verwendungszusammenhänge«	»Kompositionsstereotype«, »Klangkonnotationen«, »Kunstauffassungen«	»Transzendenz«, »Illusion«, »Nachahmung«, »Ware«, »Gegenwelt«

Solche ästhetischen Vorstellungen (bzw. Leitideen) würden im Moment ihrer Inauguration als Normen zu ästhetischen Dogmen, die freilich nicht argumentativ zu legitimieren wären.[111]

Ästhetische Urteile über Musik, die sich u. a. solcher Vorstellungen bedienen, sind besondere Formen musikbezogener Zuweisungen von Bedeutung und Bedeutsamkeit: Die nicht-ästhetische Bedeutsamkeit, die einer Musik zugewiesen werden kann, weist Gemeinsamkeiten mit Ideen zur ästhetischen Bedeutung derselben Musik auf. Am Beispiel: Die ›Modernität‹ des zweiten Prélude aus Chopins op. 28, die man der Harmonik des Stückes zuschreiben mag (ästhetische Bedeutung), verweist auf den Verlust (oder zumindest auf die Möglichkeit des Verlusts) einer Ordnung, in der sich das empfindende Subjekt aufgehoben wissen bzw. geborgen fühlen kann (nicht-ästhetische Bedeutsamkeit). Die sukzessive Dekomposition der Stimmigkeit der Harmonisierungen, die der Komponist der knappen Melodie angedeihen lässt, kann als Hinweis auf den Verlust einer solchen, ›Stimmigkeit‹ des Lebenssinns verbürgenden Ordnung – z. B. einer gottgewollten Ordnung – aufgefasst werden. Andererseits kann die Verunsicherung, die durch solches Hören und Deuten dieses Stücks hervorgerufen werden kann, ganz anders beurteilt werden, dann z. B., wenn von einem Chopin-Prélude eher eine gewisse Klangschönheit erwartet

---

[111] Vgl. hierzu ORGASS 2007, S. 159–188 (*Bestimmung eines Musikbegriffs (...)*); hier findet sich u. a. (S. 180ff.) eine kritische Auseinandersetzung mit den einschlägigen Überlegungen Hans-Jürgen Feurichs zu »universalen Geltungsaspekten ästhetischer Urteile«. Vgl. FEURICH S. 74–78.

wird. Diese Einordnung des Stücks in den Bereich der Salonmusik brächte eher die ästhetische Idee der ›Trivialität‹ zur Geltung und zeitigte prompt eine Enttäuschung beim Wahrnehmen und Deuten des Préludes, die mit dessen negativer ästhetischer Beurteilung einherginge.

Musikalische Bildung würde sich interaktiv im Austausch über derart verschiedene Zuweisungen von ästhetischer Bedeutung und nicht-ästhetischer Bedeutsamkeit realisieren, dergestalt, dass die Nachvollziehbarkeit dieser Zuweisungen hörend und am Notentext überprüft und überlegt würde, ›wes ästhetischen Geistes Kind man ist‹, wenn man zu der einen oder zur anderen Zuweisung gelangt, wie also die ästhetischen Urteile begründet sind bzw. begründet werden können. Solche Wahrnehmung von Differenz könnte insofern ›perturbierend‹ wirken, als aus Sicht des Trivialität unterstellenden Hörers ein Überdenken der grundlegenden Erwartung an Chopins Musik fällig würde, während dem Hörer, der die Modernität dieses Stücks Musik aus der Zeit um 1838/39 akzentuiert, die Schwierigkeiten der Rezeption solcher Musik des »Selbstbekenntnisses«[112] noch zu Beginn des 21. Jahrhunderts einsichtig würden.

Von einer solchen Verknüpfung von Bedeutungen ist eine quasi-biologische (und bei genauerer Reflexion eben doch kulturell geprägte) wertende ›Einordnung‹ einer Musik zu unterscheiden, die durch die Eigenart der dem Neokortex vorgeordneten wertenden ›Zurichtung‹ des Gehörten durch das limbische System[113] bedingt und gleichsam unweigerlich der Fall ist. Es ist im übrigen nicht von einem ›limbischen Determinismus‹ auszugehen, der sich etwa so auswirken würde, dass die bewussten Kognitionen, die selbstverständlich hochgradig kulturell und durch die eigene Lerngeschichte geprägt sind, nur post hoc bestätigen könnten, was ihnen das limbische System vorgegeben und zur Bestätigung aufgegeben hat. Vielmehr können erste Bedeutungszuweisungen im Zuge ästhetischer Kritik revidiert und korrigiert werden.

3.1. »Ästhetische Argumentationskompetenz«

Eine auch vor diesem Hintergrund brauchbare Antwort auf die Frage nach der Tätigkeit, die im Musikunterricht beurteilt werden sollte, hat kürzlich Christian Rolle mit dem Hinweis auf die »ästhetische Argumentationskompetenz« gegeben. Diese Kompetenz wird auch im Rahmen der von der Kommunikativen

---

[112] Vgl. die Formulierung in der älteren Chopin-Biographie Bourniquels (BOURNIQUEL S. 142–148).
[113] Vgl. ROTH S. 194–212 und 228–231; vgl. LANGER et al. S. 15ff.

Musikdidaktik empfohlenen »gemeinsamen Themenfindung« gefordert und gefördert. Rolle stellt zu Recht die Frage nach dem Zusammenhang von Bildung und Kompetenzentwicklung. Er gelangt zu folgendem Ergebnis:

> »Es liegt nahe, musikalisches Urteilsvermögen in einem solchen Sinne, verstanden als Fähigkeit und Bereitschaft musikbezogen ästhetisch zu argumentieren, als einen Teilbereich musikalischer Kompetenzen aufzufassen, der im Hinblick auf die pädagogische Zielperspektive musikalische Bildung von zentraler Bedeutung ist.«[114]

In solchen Argumentationen stehen musikbezogene Bedeutungs- und Bedeutsamkeitszuweisungen zur Disposition, die die ästhetischen Erfahrungen thematisierbar bzw. diskursiv machen, welche – gemäß Martin Seel – durch Praxisenthobenheit, Selbstbezüglichkeit und Vollzugsorientierung zu charakterisierenden ästhetischen Praxen[115] gewonnen werden können. – Da bereits unter 3. ein Beispiel für ästhetisches Argumentieren gegeben wurde, sei hier lediglich auf den Aspekt des Neuen in solchen interaktiven Argumentationszusammenhängen hingewiesen: Wie die jeweils anderen ästhetisch argumentieren werden, lässt sich nicht vorhersehen; ebenso weiß jeder an einer musikbezogenen ästhetischen Argumentation Beteiligte, dass die anderen dieses Nichtwissen teilen (doppelte Kontingenz). Die jeweils wahrgenommenen und gedeuteten Zeigehandlungen und Äußerungen können Auswirkungen auf das individuelle ästhetische Urteil nebst seiner Begründung zeitigen und sind dann Teil der Hervorbringung neuer Bedeutungs- und Bedeutsamkeitszuweisungen. Für die Leistungsbeurteilung ist einerseits die Stimmigkeit und Nachvollziehbarkeit eines musikbezogenen ästhetischen Urteils interessant, andererseits aber in mindestens gleichem Maße die Bereitschaft zur Modifikation des eigenen Urteils und die Art und Weise dieser Modifikation. Deren Veranlassung liegt in der Interaktion, in der das Urteil artikuliert wird und auf die es sich – neue Perspektiven berücksichtigend und seine Stimmigkeit rechtfertigend – bezieht. Auf diese Berücksichtigung des Lern*prozesses* neben der Bezugnahme auf das Gelernte (als Ausdruck eines Zustands) im Zuge der Beurteilung musikbezogener Leistung wird – in Kapitel 3.3. – zurückzukommen sein. Sie ist eine Konsequenz aus der Akzentuierung bzw. Hochschätzung der musikbezogenen Interaktion, letztlich aus dem vorgestellten Begriff musikalischer Bildung (als einer sozialen Kategorie).

---

[114] ROLLE 2008, S. 55.
[115] Vgl. SEEL 1996, S. 126ff. Der Zusammenhang von Austausch über musikalische bzw. musikalisch-ästhetische Erfahrung mit musikbezogenen Bedeutungszuweisungen bereits bei ROLLE 1999, S. 80 und 124f.

3.2. »Künstlerische Kreativität«

Es kann im gegebenen Zusammenhang nicht darum gehen, einen bestimmten Kreativitätsbegriff auf systematisch elaborierte Weise einzuführen. Die Leserinnen und Leser werden dazu eingeladen, die Bedeutung dieses Begriffs seiner kontextgebundenen Verwendung durch den zitierten Autor zu entnehmen.

Im Rahmen seiner Überlegungen zur Frage »*Was ist künstlerisch an der Kunst?*« kommt Stefan Lausch zu dem Ergebnis, nicht der Grad des Scheiterns sollte den Kern der Begriffsbestimmung von ›Leistung‹ ausmachen, sondern der Grad des Gelingens; nicht ein zuvor festgelegtes Ergebnis, sondern ein Raum von möglichen und adäquaten »Lösungen« sollte als Maß der Leistungsbeurteilung fungieren, und dieser Raum werde »durch eine Aufgabe definiert«.[116] Lausch führt aus:

> »Die große Stärke künstlerischer Kreativität ist, dass mit den Fragen nach Qualitäten und Beziehungen Dinge in vielen Dimensionen untersucht werden können. Das Experiment trägt auch deshalb weiter, weil die Identifikation mit Aufgabe und Ergebnis sehr hoch ist, denn die Lösungen sind eigene, selbst gemachte Erfindungen.
> Das ist der Raum der Kreativität und der Raum des Unwägbaren, denn für die Aufgabe, Qualitäten und Beziehungen zunächst zu beobachten und dann neu zu formulieren, kann es kein vorher definiertes Ergebnis geben. Das vorher festgelegte Ergebnis wird ersetzt durch einen Raum von möglichen und adäquaten Lösungen, und dieser Raum wird durch eine Aufgabe definiert.
> Wenn man Aufgaben so begreift, ist klar, dass die Definition von Leistung nicht mehr der Grad des Scheiterns ist, sondern der Grad des Gelingens, und wird man staunen, dass Kindern sehr viel und immer etwas gelingt, denn sie haben ein natürliches Bedürfnis, selbstständig zu denken.«[117]

An dieser Beschreibung der Tätigkeiten, auf die sich Leistungsbeurteilung in künstlerischen Dingen beziehen sollte, fällt der hohe Grad der Abstraktion auf: Je größer der Spielraum ausfällt, der den zu beurteilenden Individuen für »Lösungen« von »Aufgaben« gewährt wird, desto vager verbleiben mit Notwendigkeit die antizipierenden Beschreibungen dieser »Lösungen«, mithin die Angaben zum so genannten ›Erwartungshorizont‹. Sie werden sich bestenfalls auf Methodisches beziehen können. Im Anschluss an die oben erwähnte Luhmann-Kritik stellt sich die Frage, ob nicht Vorstellungen vom mehr oder weniger Gelungenen, wie sie Lausch favorisiert, den binären Gut / Schlecht-Code als Maß

---
[116] Lausch S. 41.
[117] Ebd., S. 40f.

der Beurteilung ersetzen könnten. Bereits aufgrund flüchtiger Reflexion zeigt sich allerdings, dass der Grad des Gelingens sich nur graduell, nicht prinzipiell von den Differenzierungen Gut/Schlecht bzw. Richtig/Falsch unterscheidet: Auch im Rahmen der interaktiven Beurteilung einer »Lösung«, an der die Lernenden wie auch die Lehrerin bzw. der Lehrer beteiligt sind – nichts anderes ließe sich vor dem Hintergrund der Maßgabe »rationale Lebensführung« rechtfertigen (s. o.) – wird Besseres von Schlechterem unterschieden. Die Differenz zum Gut/Schlecht-Code besteht aber darin, dass die Kriterien für die jeweilige Beurteilung a) von den genannten Beteiligten ermittelt und als angemessen eingeschätzt werden und b) variabel sind. Die Grenzen dieser Variabilität sind identisch mit dem in der konkreten Interaktion Nachvollziehbaren, das aufgrund des situativ genutzten Zusammenhangs von Zeigen und Argumentieren (oder – wie Günter Abel sagen würde – von Sagen und Zeigen)[118] selbst eine Bedeutungszuweisung auf der Ebene der Beobachtung von Beobachtungen darstellt.

Daran zeigt sich gleichzeitig, dass sich die *Frage nach der Vergleichbarkeit* von Leistungen im Vollzug musikbezogener Interaktionen auf nicht-triviale, mit Interpretation (mit situiertem Fragen) zusammenhängende Tätigkeiten beziehen kann, während sie außerhalb dieser Interaktionen entweder nur mit Blick auf Triviales oder nur hinsichtlich methodischer ›Standards‹ (z. B. Formen der Argumentation, reflektierte – selbstreflexive – Bezugnahme auf ästhetische Kriterien, Wissen um unterschiedliche methodische Operationen und deren adäquate Anwendung) sinnvoll erscheint: Ausschließlich die an einer Interaktion Beteiligten können ihre individuellen Ansichten, die *auch* mit der jeweils eigenen Lebens- und Lerngeschichte zusammenhängen (zu der die schulisch-unterrichtliche Lebens- und Lerngeschichte nur als einer ihrer Teile gehört), auf das zu Deutende beziehen. ›Erwartungshorizonte‹, die diese Hinsichten berücksichtigen, lassen sich lediglich seitens der an dieser Interaktion Beteiligten, z. B. seitens der Lehrenden, formulieren, nicht aber durch ›dritte‹ Personen, z. B. durch Ministeriale, vorhersehen oder gar verordnen.

Musikbezogene Zuweisungen von Bedeutung und Bedeutsamkeit erfahren in Interaktionen ihren ›sozialen Test‹[119] bzw. ihre Überprüfung hinsichtlich ihrer Nachvollziehbarkeit und Stimmigkeit; dies erscheint im Falle trivialer Sachverhalte überflüssig. An einem Beispiel erläutert: Immer und überall sind e-Moll und a-Moll – innerhalb des dur-moll-tonalen Idioms – quintverwandte Tonarten. Im 2. Prélude aus Chopins op. 28 sind sie so aufeinander bezogen, dass

---

[118] ABEL S. 169–208.
[119] ORGASS 2007, S. 29, 54f. und 113.

das Stück fast vollständig in e-Moll steht, wo es im Sinne der – allerdings im zweiten von 24 Stücken erst im Entstehen begriffenen – Tonarten-Systematik des Zyklus doch in a-Moll stehen müsste; das stellt sich erst ganz am Schluss durch die a-Moll-Kadenz heraus. Aus der Wahrnehmung und Deutung dieser ›Unstimmigkeit‹ können Fragen entstehen, die ein Feld von Möglichkeiten der Zuweisung von Bedeutung und Bedeutsamkeit zulassen: Soll die Logik der Tonartenfolge (Durtonarten, gefolgt von ihren parallelen Molltonarten im Quintenzirkel aufwärts mit dem Wechsel zwischen Kreuz- und b-Tonarten im Paar Fis-Dur / es-Moll) zunächst offen bleiben und gleichsam die harmonikale ›Verunsicherung‹ des 2. Prélude auf die Erwartung bezüglich des gesamten Zyklus übertragen werden? Soll die abschließende a-Moll-Kadenz (T. 22 / 2 – T. 23) musikalisch als das ›ganz Andere‹ erscheinen und auf diese Weise die Trostlosigkeit der vorhergehenden Musik (mit der ›falschen‹ E-Dur-Kadenz T. 21 / 2 – T. 22 / 1) noch verstärken? Etc. (Die Situiertheit und Motivation solcher Fragen kann selbstverständlich nicht in einem wissenschaftlichen Aufsatz antizipiert werden – ebenso wenig, wie dies Ministeriale könnten; daher der Potentialis.) Das genannte Feld kann in Interaktionen mit der Perspektive der – interpretatorischen ›Mehrwert‹ zeitigenden – Modifikation individueller Bedeutungs- und Bedeutsamkeitszuweisungen ›bestellt‹ werden. (Dabei werden sicherlich auch ganz andere Eigenschaften des merkwürdigen Tonsatzes zu berücksichtigen sein, wie bereits oben – unter 3. – angedeutet.) Jedwede Deutung des beschriebenen harmonikalen Sachverhalts könnte wiederum nicht als Lösung eines Problems – mit der für sie charakteristischen Eigenschaft der Übertragbarkeit auf andere ›kompositorische Probleme‹ – begriffen werden.

3.3. »Hervorbringung des musikalisch oder musikbezogen Neuen in Interaktionen«

Wie bereits erläutert, handelt es sich bei der Hervorbringung des musikalisch oder musikbezogen Neuen in Interaktionen um den Kern der Begriffsbestimmung von musikalischer Bildung im Sinne der Kommunikativen Musikdidaktik. Das ›musikalisch Neue‹ realisiert sich dabei in Kognitionen des musikalischen Denkens, des Denkens in Tönen, während sich das ›musikbezogen Neue‹ in Medien zeigt, die auf Musik bezogen sind, selbst aber nicht als Beziehungen zwischen Tönen, Klängen, Geräuschen und / oder Stille beschreibbar sind, also im Sprechen von Musik, in Bewegung zur Musik (Tanz) oder auch in anderen, z. B. bildlichen Medien. Das ›Neue‹ verweist auf die binäre Unterscheidung alt / neu bzw. bekannt / bislang unbekannt. Das erscheint trivial, hat aber für die

Bestimmung des Tätigkeitsfeldes, auf das sich Leistungsbeurteilung beziehen soll, weitreichende Konsequenzen. Der durch die Rede vom ›Neuen‹ notwendige Vergleich zuvor / jetzt bzw. bislang / gegenwärtig verweist nämlich auf die Verzeitlichung des Zeigens von Leistung sowie von dessen Beurteilung. Es ist vor diesem Hintergrund – unter Berücksichtigung bzw. sogar Akzentuierung der genannten Tätigkeit der Hervorbringung – weniger die eine Performanz, die als ›Gegenstand‹ der Beurteilung fungiert, als vielmehr die Qualität der Veränderung bzw. des Lernens, genauer noch die durch das zu beurteilende und lernende Individuum selbst als neu bzw. besser bzw. differenzierter bzw. angemessener etc. wahrgenommene und als solche gedeutete Qualität der Veränderung. Es ist dies – weit ab von anderen, hier und da auch ›gutmenschlichen‹ Rechtfertigungen der Individualisierung von Leistungsbeurteilung im Allgemeinen und der Leistungsbeurteilung im Musikunterricht im Besonderen – die zentrale Begründung für das Führen von Portfolios.[120] In sie finden – wie eingangs erläutert – »kriteriumsorientierte Bezugsnormen« mit Notwendigkeit Eingang, da das lernende Individuum die intraindividuelle Bezugsnorm *in der schulischen bzw. unterrichtlichen Situation* auf die ›Kultur‹ des jeweiligen Musikunterrichts – und damit zugleich auf die interindividuelle Dimension der Leistungsbeurteilung – bezieht.

Freilich sind auch für die Hervorbringung des musikalischen oder musikbezogen Neuen in Interaktionen Fähigkeiten und Fertigkeiten erforderlich, deren Entwicklung im Kontext von Richtig / Falsch-Unterscheidungen angesiedelt sein dürfte. Um das Chopin-Beispiel ein letztes Mal zu bemühen: Die Fähigkeit des Notenlesens dürfte als Kulturtechnik für das Vorhaben der Erweiterung, Differenzierung oder ggf. Korrektur erster Bedeutungszuweisungen zum Prélude op. 28 Nr. 2 sehr hilfreich sein. (Dass selbst diese auf den ersten Blick triviale Tätigkeit im Sinne eines ganzen Feldes von – wie man heute sagen würde – ›Kompetenzstufen‹ gedeutet werden sollte, ist seit Dankmar Venus' einschlägiger Arbeit hinreichend bekannt;[121] darauf kann hier nicht näher eingegangen werden.) Um aber den *Sinn* der Aneignung von eher trivialen Kenntnissen und Fähigkeiten im Blick zu behalten (womit wiederum die wertbezogene Entscheidung zusammenhängt; menschliche Tätigkeiten wie das Lernen, auch das Musiklernen, sollten nicht als ›entfremdet‹ empfunden werden), bietet sich die pädagogische

---

[120] Vgl. hierzu GEUEN / ORGASS 2007, S. 51ff. und 68ff. Vgl. aus der inzwischen umfangreichen Literatur HÄCKER, GLÄSER-ZIKUDA / HASCHER, BRUNNER et al. Und (eher anwendungsorientiert:) WIEDENHORN (für den Deutschunterricht, aber mit einem guten allgemeindidaktischen ersten Kapitel S. 9–31).

[121] VENUS S. 74–145.

Entscheidung an, triviale Tätigkeiten, in denen sich geringerwertige Leistungen zeigen können, in Kontexte von nicht-trivialen Tätigkeiten – als ›Gegenständen‹ höherwertiger Leistungsbeurteilung – zu stellen, damit triviale Tätigkeiten von den Lernenden auch im Sinne dieser Bezogenheit auf Höherwertiges verstanden und die Notwendigkeit ihrer Verrichtung eingesehen werden kann.[122]

4. Fazit mit Blick auf Aufgaben und Erwartungshorizonte im Rahmen von Leistungsbeurteilung im Musikunterricht

Für die inhaltlich sinnvolle Füllung des Begriffs der ›Kompetenzentwicklung‹ bedeutet die Möglichkeit und Gewünschtheit sehr unterschiedlicher ästhetischer Urteile zu ein und derselben Musik, dass hohe Anforderungen an Aufgabenstellungen zu richten sind: Sie müssen zu komplexen und nicht-trivialen Lösungen auffordern, also im Sinne Christian Rolles zur Entfaltung »ästhetischer Argumentationskompetenz« Anlass geben, im Sinne Stefan Lauschs »künstlerische Kreativität« musikbezogen herausfordern, im Sinne des Autors vorliegender Arbeit zur »Hervorbringung des musikalisch oder musikbezogen Neuen in Interaktionen« auffordern.

Mit Blick auf die höherwertigen, auf die Differenzierung musikbezogener Bedeutung und Bedeutsamkeit bezogenen Tätigkeiten als den zentralen ›Gegenständen‹ der Leistungsbeurteilung im Musikunterricht heißt dies, dass – jeweils, also bezogen auf die jeweilige musikbezogene Tätigkeit – Räume von möglichen und adäquaten Lösungen zu entsprechend komplexen Aufgaben bedacht bzw. angegeben werden müssen. Diese Angabe darf im Sinne der nun mehrfach angesprochenen Unwägbarkeit musikbezogener Interaktionen auf keinen Fall mit dem Ziel erfolgen, diese Räume zu schließen. Im Gegenteil: Die Beschreibung möglicher und adäquater Lösungen muss einen derart hohen Grad von Abstraktheit aufweisen, dass sehr unterschiedliche und vor allem unvorhersehbare Lösungen einer Aufgabe möglich sind. Die üblichen Zum-Beispiel-Formulierungen, in denen Lösungen konkretisiert werden, sind – aus psychologischen Gründen – zumindest mit Vorsicht zu genießen: Sie tendieren dazu, als nachzulesende Angaben eine gewisse ›normative Kraft des Faktischen‹ zu entfalten und dann – ungeachtet besserer Absichten – als Maßstäbe der Beurteilung zu fungieren.

---

[122] Diese Argumentation ist im Großen und Ganzen kompatibel mit Dietrich Benners Unterscheidung zwischen »didaktischen Aufgaben« und »Testaufgaben«. Auch Benner fordert, beide Aufgabentypen in Beziehung zueinander zu setzen. Die (PISA-kritische) Akzentuierung des Didaktischen und die Hochschätzung des Lernens im Unterricht werden deutlich. Vgl. BENNER S. 229–242.

Vor dem Hintergrund der bisherigen Erörterungen im allgemeinen und der Ausführungen unter 3.2. im besonderen bedeutet dies mit Blick auf Vorgaben für Leistungsbeurteilung im Musikunterricht, die in Form von Verordnungen oder Erlassen die Lehrenden erreichen und für sie verbindlich sind: Vergleichbarkeit der Aufgaben und der zu erwartenden Lösungen wird nur im Formalen und / oder im Methodischen zu gewährleisten sein. So kann die Beurteilung *ästhetischer Argumentationen* nicht auf inhaltlichen Maßstäben beruhen, etwa dergestalt, dass die Äußerung eines bestimmten ästhetischen Urteils mit ebenso bestimmten Begründungen erwartet wird, also als Standard gilt. Vielmehr wird auf die Einhaltung bestimmter formaler Standards des Argumentierens Wert zu legen sein (historische Stichhaltigkeit, Reflexivität der in Anschlag gebrachten ästhetischen Kriterien, logische Stimmigkeit, sprachliche Differenzierung und Genauigkeit u. Ä.).

Hinsichtlich der *Entfaltung künstlerischer Kreativität* wird die Beurteilung
a) auf das Verhältnis zwischen dem individuellen Verständnis der Aufgabe, das eine Aufgabe zu einer selbst gestellten Aufgabe werden lässt und einen Horizont situierten Fragens öffnet, zur ›Lösung‹ rekurrieren (Differenziertheit – und damit Schwierigkeit – des eigenen Verständnisses der Aufgabe) und
b) die Adäquatheit der ›Lösung‹ – der Komposition, Improvisation oder Interpretation einer Musik – im Sinne der Bezogenheit dieser Lösung auf das eigene Verständnis der Aufgabe berücksichtigen.

Mit Blick auf die *Hervorbringung des musikalisch oder musikbezogen Neuen in Interaktionen* wird

(a) der Grad der Reflexivität der Bezugnahme auf Bekanntes ebenso als Kriterium für die Leistungsbeurteilung fungieren wie
(b1) die Stimmigkeit der Faktur der hervorgebrachten (in der Lerngruppe komponierten oder improvisierten) Musik vor dem Hintergrund der in Geltung gesetzten Ästhetik bzw. Poetik oder

(b2) die Stichhaltigkeit der – ein ästhetisches Urteil oder wichtige kompositorische bzw. improvisatorische Entscheidungen begründenden – ästhetischen Argumentation vor dem Hintergrund der ›Originalität‹ bzw. Neuigkeit der berücksichtigten Kontexte.

Musiklehrerinnen und Musiklehrer ›vor Ort‹ können Aufgaben mit der – aus der bildungstheoretischen Perspektive Kommunikativer Musikdidaktik – erforderlichen Offenheit nach Maßgabe ihres Wissens um den bisherigen Lernstand ihrer Schülerinnen und Schüler modellieren. Dabei gehen sie sehr wohl von ›Erwartungshorizonten‹ aus, die sich gleichsam als sprachlich geronnene Vorstellungen zur jeweils individuell auszugestaltenden ›virtuellen‹ Zukunft des interaktiven Lehr-/Lernprozesses begreifen lassen, den sie selbst in der Vergangenheit mitgestaltet haben. Dass sie an ihnen teilhatten, verleiht solchen notwendigen Vorhersagen eine gewisse Legitimität, die im Falle von inhaltlichen, auf bestimmte Gegenstände bezogenen Reglementierungen von außen (durch Menschen, die am jeweiligen interaktiven Lehr-/Lernprozess nicht beteiligt waren) gar nicht gegeben sein kann.

5. Weitere Konsequenzen für Leistungsbeurteilung im Musikunterricht und für die empirische Erforschung von ›Kompetenzmodellen‹

Für die empirische Erforschung von Kompetenzmodellen im Fach Musik haben die Überlegungen vorliegender Arbeit mehrere Konsequenzen, die in der vorgestellten Reihenfolge der Kapitel gezogen werden sollten.

(a) Wenn es plausibel erscheint, das Musiklernen, zu dem Interpretation fundamental (und nicht bloß als eine von mehreren ›Umgangsweisen mit Musik‹) gehört,[123] als eine nicht-triviale Tätigkeit zu begreifen, wird das Setzen von Standards zum Zwecke ›gerechterer‹ Leistungsbeurteilung durch verantwortliche Bildungspolitiker zum ›Blindflug‹: Man kann Menschen vorschreiben, wie sie zu deuten haben; nachhaltiges Interesse am – auf diese Weise – Gedeuteten oder gar dessen Relevanz wird man bei einer solchen Vorgehensweise nicht erwarten dürfen. Die Beschreibung von Leistungsstufen für das Deuten von Musik – wenn man denn ein solches Unterfangen für sinnvoll oder zumindest in der gegenwärtigen bildungspolitischen Situation für notwendig (Not wendend) hält – wird im Formalen bzw. Methodischen verbleiben müssen.

Die ersten Versuche in diese Richtung in der Bremer Arbeitsgruppe um Andreas Lehmann-Wermser scheinen die erwähnte Grundentscheidung für die Beurteilung des Nicht-Trivialen in der Auseinandersetzung mit Musik allerdings nicht zu teilen. Die Beschreibung dreier Niveaus im Rahmen des Entwurfs eines Kompetenzmodells »Musik wahrnehmen und kontextualisieren« trivialisiert den oben (unter 1.2.) bedeutungstheoretisch dimensionierten Zusammenhang indi-

---

[123] ORGASS 2007 und 2007a (= kürzere Fassung der zuerst genannten Veröffentlichung ohne deren situationstheoretischen Teil).

vidueller musikbezogener Kognitionen mit deren Erwerb in Interaktionen (auch in unterrichtlichen Interaktionen) durch den starren Blick auf Eigenschaften der Gegenstände (»Erkennen komplexer musikalischer Beziehungen«).[124] Es liegt dies selbstverständlich in der Logik der Arbeit an »kriteriumsorientierten Bezugsnormen« (Eiko Jürgens); die Frage ist nur, ob nicht – vor der Setzung von Gegenständen – Eigenschaften der interaktiven Gegenstandskonstitution selbst auf zu unterscheidende Qualitäten untersucht und dann in Kompetenzmodelle integriert werden müssten. So könnte vermieden werden, dass der zweite Schritt (die hierarchisierte Nennung von Eigenschaften musikalischer Phänomene) vor dem ersten Schritt (Beantwortung der Frage, von welchem Gegenstand überhaupt die Rede ist) getan würde. Kurz: Qualitäten der musikbezogenen Interaktion müssten zumindest berücksichtigt, wenn sie schon nicht ins Zentrum von Leistungsbeurteilung im Musikunterricht gestellt werden (letzteres entspräche den Entscheidungen Kommunikativer Musikdidaktik). Die Komplexität von Kompetenzmodellen würde damit natürlich vergrößert. Ob die für diese Modelle vorgesehene Hierarchisierung von Stufen – beispielsweise vor dem Hintergrund, dass Musiklernen (auch) ›in Sprüngen‹ erfolgt – überhaupt plausibel zu machen ist, darf bezweifelt werden. Wahrscheinlicher ist, dass solche Modelle eher zu heuristischen Zwecken eingesetzt werden können, also gleichsam als idealtypische Konstrukte,[125] die bei der Beschreibung einer komplexen Wirklichkeit im Sinne von Vergleichsinstrumenten einzusetzen wären.

(b) *Der Kompetenzbegriff müsste von seiner einseitigen Ausrichtung auf das Problemlösen befreit und durch einen Bezug auf situiertes und motiviertes Fragen ergänzt werden*, es sei denn, man bestimmte den Problembegriff völlig anders[126] als dies insbesondere Bernhard Waldenfels und Hans-Georg Gadamer getan haben. Es ist allerdings fraglich, ob die für den bildungspolitischen Diskurs zu diagnostizierende Fixierung des Problembegriffs (als wesentliche Bestimmungsgröße des Kompetenzbegriffs) aufs Naturwissenschaftlich-Technische durch eine simple Erweiterung der Begriffsbestimmung – durch Erinnerung an ältere musikbezogene Weisen der Verwendung dieses Begriffs (Kapitel 2.4.) oder auch an den Problembegriff eines John Dewey[127] – relativiert bzw. korrigiert wer-

---

[124] NIESSEN et al., S. 20.
[125] WEBER 1982, S. 191f. Vgl. auch die Rede vom »heuristischen Aspekt« von Inhalten im Kaiser-Zitat in Anmerkung 131 vorliegender Arbeit.
[126] Wie oben in den Kapiteln 2.3. bis 2.5. angedeutet.
[127] Vgl. Anmerkung 53 vorliegender Arbeit.

den kann. Empirische Forschung hätte Modi der Anwendung von ›Deutungswissen‹, zu dem das Wissen um das Zustandekommen bzw. die Generierung einer musikbezogenen Deutung gehört, auf neue musikbezogene Deutungsaufgaben zu untersuchen. Wenn der Transfer von Gelerntem nicht im Sinne der Anwendung einer ›Problemlösungstechnik‹ erklärt (oder gedeutet) werden kann (vgl. 2.), worin besteht er denn dann? Es ist dies eine forschungsmethodisch sehr schwierige Frage, richtet sie sich doch eigentlich auf die Entstehung von ›Einfällen‹, von denen Max Weber aus guten Gründen sagte, es gebe keine Möglichkeit ihrer methodischen Herbeiführung bzw. Erzwingung.[128] Ist damit gleichzeitig gesagt, dass die Entstehung solcher ›Einfälle‹ der empirischen Erforschung nicht zugänglich ist?

(c) Eine weitere Forschungsfrage müsste die Wahrnehmung des Verhältnisses von trivialen und nicht-trivialen Aufgaben ebenso wie von Testaufgaben und didaktischen Aufgaben (Benner) aus Sicht von Lernenden thematisieren. Es wäre dies im weiteren Sinne eine Frage der Erforschung musikbezogener Relevanz. Diese wiederum – so darf angenommen werden – hat Konsequenzen für Leistungsbereitschaft und Leistungsmotivation. Überhaupt wäre *die Frage nach der Leistungsmotivation*, die nach Ansicht des Autors direkt mit den Möglichkeiten der Lernenden zu tun hat, an den didaktischen Entscheidungen zu partizipieren,[129] *als zentrale Frage empirischer Forschung zur Leistungsbeurteilung* erst (wieder) zu etablieren. Sie wird jedenfalls im Zuge der (insgesamt übereilten, wenn nicht gar kopflosen) Reaktionen auf die PISA-Studien zu wenig gestellt.

Daran zeigt sich, dass die Fremdbestimmung des Lernens in zunehmendem Maße als Normalfall des Lernens, auch des Musiklernens schlechthin aufgefasst wird. Wenn dies auf einer politischen und/oder pädagogischen Entscheidung beruhen würde, so müsste man an der grundsätzlichen Geltung europäischer Werte für die gesamte PISA-Diskussion zweifeln. Wenn dem keine solche Entscheidung zugrunde läge und die Voraussetzung der erwähnten Fremdbestimmung des Lernens hätte sich als unreflektierte ›eingeschlichen‹, so wäre zeitlich vor der Durchführung empirischer Forschung zu Kompetenzmodellen die politische bzw. pädagogische Rahmung solcher Forschung zu diskutieren bzw. überhaupt ein entsprechender Diskurs erst zu eröffnen.[130] Freilich zöge beispielsweise ein Standard, der die Befähigung zur sachkundigen und sprachlich

---

[128] WEBER 1982, S. 589f.
[129] ORGASS 2007, S. 413ff. *(Partizipation und Relevanz (...))* und GEUEN/ORGASS 2007.
[130] BOENICKE/GERSTNER/TSCHIRA und LIESSMANN bilden da eine rühmliche Ausnahme.

angemessenen Teilhabe an Prozessen der Themenfindung im Musikunterricht in den Blick nimmt, Probleme hinsichtlich der *inhaltlichen Vergleichbarkeit* von Leistungen nach sich. Das wirft aber eher ein Licht auf die Unsinnigkeit eines Festhaltens an dieser Art von Vergleichbarkeit, als dass durch letztere die Unsinnigkeit des genannten Standards erwiesen würde.

Im Grunde geht die Hochschätzung inhaltlicher Vergleichbarkeit mit der Geringschätzung der pädagogischen Verantwortung für Leistungsbeurteilung, die – wie unter 3.2. und 4. gezeigt – durch Lehrende übernommen werden muss, Hand in Hand. Vor dem Hintergrund der Argumentation vorliegender Arbeit lässt sich dazu nur sagen, dass im Falle der Diagnose von Defiziten bei der Ausübung dieser Verantwortung Lehrerfort- und -weiterbildung fällig wäre, nicht aber eine Trivialisierung des Gegenstands der Leistungsbeurteilung, die eben aufgrund dieser Trivialisierung ›ihr Thema‹ verfehlt und damit sinnlos wird.

(d) *Die Zeitlichkeit bzw. Prozesshaftigkeit des Lernens im Allgemeinen*[131] *und im Speziellen des Musik lernens muss konsequent als Gegenstand von Leistungsbeurteilung begriffen werden, zumindest die Performanzen im Rahmen von Prüfungen oder Tests als übliche Gegenstände von Beurteilung ergänzen.* Es würde damit auch der Lernfähigkeit und – dem noch vorgelagert – der Bereitschaft zur Umstrukturierung bisheriger musikbezogener Bedeutungszuweisungen Rechnung getragen. Leistungsbeurteilung auf ›Momentaufnahmen‹ zu beschränken bedeutet, ein fatalistisches Moment in der Beurteilung in Kauf zu nehmen bzw. gar einzukalkulieren: Unbeantwortbar bleiben in diesem Fall die Fragen, (1) ob es sich bei der gezeigten Performanz um einen Zufall oder Glücksfall handelt und (2) wie hoch das Ausgangsniveau des Lernprozesses war, der zur Erreichung der gezeigten Fähigkeit oder Fertigkeit erforderlich war. Das Hauptargument für die Berücksichtigung der Prozesshaftigkeit des Musik lernens im Rahmen von Leistungsbeurteilung besteht aber in dem Zusammenhang wechselseitiger Konstitution von bedeutungstheoretisch, interaktionstheoretisch und situationstheoretisch zu dimensionierenden Aspekten des Musik

---

[131] Es handelt sich keineswegs bei diesem Hinweis um eine neue Erkenntnis. Vgl. beispielsweise bereits KAISER 1972, S. 141f. (hier die kursiven Hervorhebungen): »Wenn Lernen ein Prozess ist, wenn ferner Denken prozessual zu fassen ist, dann gibt es keine Inhalte im Sinne eines aggregathaften, von der Methode des Inhaltsgewinns losgelösten Seins. Inhalte sind immer nur als gerade gedachte Inhalte möglich, d. h. der *Weg* des Lernens und der Vermittlung, der *Prozess* des Denkens strukturiert eben diese Inhalte. Ein Nachdenken über Inhalte ist nicht möglich ohne ein Nach-Denken des Weges ihrer Konstituierung. Inhalte können daher immer nur unter *heuristischem* Aspekt betrachtet werden, sofern sie als von der Methode ihres Gewinns *losgelöst* angesehen werden.« – Vgl. auch die obigen Ausführungen unter a) des vorliegenden Kapitels.

lernens: Wenn musikbezogene Zuweisungen von ästhetischer Bedeutung und nicht-ästhetischer Bedeutsamkeit in Interaktionen – zumindest in symbolischen Interaktionen – generiert werden und die individuelle Wahrnehmung dieser Interaktionen nur eines von mehreren Ingredienzien der ebenfalls individuellen Situationswahrnehmung ist (neben Kognitionen, die aus der eigenen, auch außerschulischen Lern- und Erfahrungsgeschichte hervorgegangen sind),[132] dann sollte die Qualität der Differenzierung, Erweiterung oder Korrektur dieser Zuweisungen als der eigentliche Gegenstand von Leistungsbeurteilung im Musikunterricht (und – tentativ – nicht ausschließlich hier, sondern auch in anderen Fächern) aufgefasst werden. Erst durch die Fokussierung auf diese Qualität würden gleichzeitig die Fähigkeiten zur ›kompetenten‹ Teilhabe an musikbezogenen Interaktionen mitbeurteilt.

Es ist evident, dass diese Sicht auf Leistungsbeurteilung eine direkte Konsequenz aus dem Begriff musikalischer Bildung darstellt, wie er – im Sinne einer sozialen Kategorie (Klaus Schaller) in der Kommunikativen Musikdidaktik entwickelt wurde. Aber vielleicht kann man auch in einer etwas weiteren Perspektive von einer pädagogischen Korrektur eines besitzindividualistischen bzw. eigentumsmarktgesellschaftlichen Denkens[133] sprechen, als das die Beschränkung der Leistungsbeurteilung auf eine Beurteilung des momentan bzw. schlaglichtartig – in Prüfungen und Tests – in den Blick kommenden Wissens-, Kenntnis- und Fähigkeitsbesitzes gedeutet werden kann.[134] Eine Methode, um eine Grundlage für die Beurteilung und Selbstbeurteilung musikbezogener Lernprozesse zu schaffen, sind – wie längst bekannt – Portfolios.[135] Eine auf diese – im Musikunterricht noch wenig genutzte – Möglichkeit bezogene, nicht uninteressante Forschungsfrage könnte sich auf die Beurteilung unterschiedlicher Beurteilungsverfahren (Portfolio und Prüfung) durch die zu beurteilenden Schülerinnen und Schüler sowie durch die beurteilenden Lehrerinnen und Lehrer bestehen. Dabei würde es in entsprechenden vergleichenden Untersuchungen nicht nur um die Ermittlung der ›Zufriedenheit‹ der Probanden mit den jeweiligen Medien der Beurteilung gehen, sondern auch um die vergleichende Evaluation des Lernens,

---

[132] Vgl. (im Anschluss an Erving Goffman und Jürgen Markowitz) die Untersuchung von »Vorbehalten«, die das lernende Individuum der unterrichtlichen Interaktion gegenüber hegen kann, ORGASS 2007, S. 80 und 86–93.

[133] Vgl. MACPHERSON S. 68–76 und 184.

[134] Eine strukturelle Entsprechung zum gleichsam ideologiekritischen Impetus der Thematisierung freier Improvisation im schulischen Unterricht wird hier erkennbar. Vgl. ORGASS 2007, S. 753–759. Vgl. ferner CARDEW und GOLDSTEIN.

[135] Vgl. Anmerkung 119.

auf die sich solche Medien beziehen, und zwar aus Sicht der Lernenden wie auch der Lehrenden.

Wenn Leistungsbeurteilung neben der Allokations- und Klassifikationsfunktion auch eine curriculare Funktion bzw. die Funktion curricularer Kontrolle hat, also – wie seinerzeit (1970) der Deutsche Bildungsrat formulierte – als »Anlass und Hilfe zur Korrektur der Lehr- und Lernplanung gesehen« werden kann,[136] dann kommt Verfahren der Leistungsbeurteilung, die Lernprozesse dokumentieren, eine besondere Bedeutung zu. Bezeichnenderweise deuten Lehrende, die sich – wie bislang leider zumeist üblich – auf Prüfungen, Klausuren und Tests verlassen, deren Abfolge quasi wie ein Portfolio, nämlich als ›Stationen‹ auf einem als kontinuierlich konstruierten Lernweg. Im Grunde verweist dieser Vorgang ex negativo auf jene Prozessvergessenheit, die sich bei der Wahrnehmung und Deutung fertiger, in sich geschlossener Texte im Allgemeinen einstellen kann.[137] Musikpädagogen sollten Leistungsbeurteilung im Musikunterricht dadurch verbessern, dass sie diese Prozessvergessenheit *zu kompensieren* bzw. *zu reduzieren* versuchen.

---

[136] Deutscher Bildungsrat (Hg.) 1970, S. 88; vgl. auch Jürgens S. 57.
[137] Vgl. Anmerkung 37.

Literatur

ABEL, GÜNTER (1999): *Sagen und Zeigen,* in: DERS.: *Sprache, Zeichen, Interpretation.* Frankfurt a. M.

ADORNO, THEODOR W. (1973): *Ästhetische Theorie.* Hg. von GRETEL ADORNO und ROLF TIEDEMANN. Frankfurt a. M.

ANTHOLZ, HEINZ (1992): *»Unterricht in Musik« – Zur selbst- und fremdkritischen Vergegenwärtigung einer fachdidaktischen Konzeption,* in: DERS.: *Musiklehren und Musiklernen. Vorlesungen und Abhandlungen zur Musikpädagogik aus drei Jahrzehnten.* Mainz u. a., S. 154–255

BECKERMANN, ANSGAR (2001): *Vorwort,* in: DERS.: *Analytische Einführung in die Philosophie des Geistes.* 2., überarbeitete Auflage, Berlin / New York

BENNER, DIETRICH (2008): *Bildungstheorie und Bildungsforschung. Grundlagenreflexion und Anwendungsfelder.* Paderborn

DERS.: *Unterricht – Wissen – Kompetenz. Zur Differenz zwischen didaktischen Aufgaben und Testaufgaben,* in: DERS. (2008), S. 229–242

BILSTEIN, JOHANNES / DORNBERG, BETTINA / KNEIP, WINFRIED (Hg.) (2007): *Curriculum des Unwägbaren. Bd. 1: Ästhetische Bildung im Kontext von Schule und Kultur* (= Pädagogik: Perspektiven und Theorien, hg. von Johannes Bilstein, Bd. 8). Oberhausen

BOENICKE, ROSE (2004): *Systemtheoretische Argumente,* in: BOENICKE / GERSTNER / TSCHIRA (2004), S. 79–84

BOENICKE, ROSE / GERSTNER, HANS-PETER / TSCHIRA, ANTJE (2004): *Lernen und Leistung. Vom Sinn und Unsinn heutiger Schulsysteme.* Darmstadt

BOENICKE, ROSE / GERSTNER, HANS–PETER / WETZ, MARTIN (2004): *Abschied von der selektiven Schule,* in: BOENICKE / GERSTNER / TSCHIRA (2004), S. 168–179

BOURNIQUEL, CAMILLE (1959): *Frédéric Chopin in Selbstzeugnissen und Bilddokumenten* (= rowohlts monographien, hg. von KURT KUSENBERG). Hamburg

BREIG, WERNER / BRINKMANN, REINHOLD / BUDDE, ELMAR (Hg.) (1984): *Vorwort,* in: DIES. (Hg.), *Analysen. Beiträge zu einer Problemgeschichte des Komponierens. Festschrift für Hans Heinrich Eggebrecht zum 65. Geburtstag* (= Beihefte zum Archiv für Musikwissenschaft, Bd. XXIII), Stuttgart (ohne Paginierung)

BRUNNER, ILSE / HÄCKER, THOMAS / WINTER, FELIX (Hg.) (2008): *Das Handbuch Portfolioarbeit. Konzepte, Anregungen, Erfahrungen aus Schule und Lehrerbildung.* Seelze

CARDEW, CORNELIUS (1971): *Treatise Handbook including BUN No. 2 FOR ORCHESTRA & VOLO SOLO.* London u. a.

COLLINGWOOD, ROBIN GEORGE (1994): *The Idea Of History.* Revised Edition With Lectures 1926–1928, edited with an introduction by Jan van der Dussen. Oxford / New York (Oxford 1. Auflage 1946, edited by T. M. Knox)

DAHLHAUS, CARL (1984): *Eine wenig beachtete Formidee. Zur Interpretation einiger Beethoven-Sonaten,* in: BREIG / BRINKMANN / BUDDE (Hg.) (1984), S. 248–256

DEUTSCHER BILDUNGSRAT (Hg.) (1970): *Empfehlungen der Bildungskommission. Strukturplan für das Bildungswesen.* Stuttgart

DONIG, SIMON / MEYER, TOBIAS / WINKLER, CHRISTIANE (Hg.) (2005): *Europäische Identitäten – Eine europäische Identität?* Baden-Baden

ECO, UMBERTO (1995): *Die Grenzen der Interpretation.* Aus dem Italienischen von Günter Memmert. München. (Italienische Originalausgabe: *I limiti dell'interpretazione.* Mailand 1990)

FALKE, GUSTAV (1998): *O ehre, was du nicht verstehst. Bernhard Waldenfels beweist Routine im Umgang mit dem Fremden,* in: Frankfurter Allgemeine Zeitung vom 7. Mai 1998

FEURICH, HANS–JÜRGEN (1999): *Werte & Normen in der Musik. Theoretische Grundlagen und Unterrichtsbeispiele* (= Taschenbücher zur Musikwissenschaft, hg. von Richard Schaal, Bd. 134). Wilhelmshaven

FISCHER, FRANZ (1965): *Proflexion und Reflexion. Philosophische Übungen zur Eingewöhnung der von sich reinen Gesellschaft.* Düsseldorf

FISCHER, HANS RUDI / SCHMIDT, SIEGFRIED J. (Hg.) (2000): *Wirklichkeit und Welterzeugung. In memoriam Nelson Goodman.* Heidelberg

FLÄMIG, MATTHIAS (2001): *Der Begriff des Musik lernens zwischen Handeln und kausalen Ereignissen,* in: MECHTHILD VON SCHOENEBECK (Hg.) (2001): *Vom Umgang des Faches Musikpädagogik mit seiner Geschichte* (= Musikpädagogische Forschung, hg. vom Arbeitskreis Musikpädagogische Forschung, Bd. 22). Essen, S. 261–276

VON FOERSTER, HEINZ (1972): *Zukunft der Wahrnehmung: Wahrnehmung der Zukunft,* in: DERS. (1993): *Wissen und Gewissen. Versuch einer Brücke.* Autorisierte Übersetzung aus dem Amerikanischen von Wolfram K. Köck, hg. von SIEGFRIED J. SCHMIDT. Frankfurt am Main, S. 194–210

GADAMER, HANS–GEORG (1986): *Wahrheit und Methode. Grundzüge einer philosophischen Hermeneutik* (= DERS.: *Gesammelte Werke,* Bd. 1: Hermeneutik I), 5., durchgesehene und erweiterte Auflage (1. Auflage 1960). Tübingen

DERS (1970): *Begriffsgeschichte als Philosophie* (1970), in: DERS., *Wahrheit und Methode. Ergänzungen, Register* (= DERS.: *Gesammelte Werke,* Bd. 2: Hermeneutik II). Tübingen 1986, S. 77–91

DERS. (1983): *Text und Interpretation* (1983), in: DERS.: *Wahrheit und Methode. Ergänzungen, Register* (= DERS.: *Gesammelte Werke,* Bd. 2: Hermeneutik II), Tübingen 1986, S. 330–360

GEHLEN, ARNOLD (1975): *Ende der Geschichte?,* in: DERS.: *Einblicke.* Frankfurt a. M., S. 115–133

Ders. (1997): *Der Mensch. Seine Natur und seine Stellung in der Welt.* 13. Auflage. Wiesbaden (1. Auflage Bonn 1940)

GELDSETZER, LUTZ (1989): *Art. Problemgeschichte. Teil I,* in: RITTER / GRÜNDER (Hg.) (1989): *Historisches Wörterbuch der Philosophie,* Bd. 7. Darmstadt, Spalten 1410–1414

GETHMANN-SIEFERT, ANNEMARIE (1995): *Einführung in die Ästhetik.* München

GEUEN, HEINZ / ORGASS, STEFAN (2007): *Partizipation – Relevanz – Kontinuität. Musikalische Bildung und Kompetenzentwicklung in musikdidaktischer Perspektive.* Aachen

DIES. (2008): *Replik auf die Rezension von Heinz Geuen & Stefan Orgass: Partizipation – Relevanz – Kontinuität (Aachen 2007) durch Anne Niessen* (http://www.zfkm.org/08-niessen.pdf), http://www.zfkm.org/08-geuenorgass.pdf, S. 42–44 (zuletzt geprüft am 02.08.2008)

GIESELER, WALTER (1987): *Bildung und Musik*, in: GRUHN (1987), S. 77–92

GLÄSER-ZIKUDA, MICHAELA / HASCHER, TINA (Hg.) (2007): *Lernprozesse dokumentieren, reflektieren und beurteilen. Lerntagebuch und Portfolio in Bildungsforschung und Bildungspraxis.* Bad Heilbrunn

GOLDSTEIN, MALCOLM (1989): *Die Regeln der Improvisation*, in: *MusikTexte. Zeitschrift für Neue Musik* 28/29. Köln, S. 9–15.

GRÜNEWALD, Dietrich / LEGLER, WOLFGANG / PAZZINI, KARL-JOSEF (Hg.) (1997): *Ästhetische Erfahrung. Perspektiven ästhetischer Rationalität.* Hg. im Auftrag von *Kunst und Unterricht.* Velber

GRUHN, WILFRIED (Hg.) (1987): *Musikalische Bildung und Kultur. Sieben Vorträge zu Bildungsidee, Schule und Informationsgesellschaft.* Mit Beiträgen von Lars Ulrich Abraham u. a. Regensburg

HABERMAS, JÜRGEN (1985): *Theorie des kommunikativen Handelns. Bd. 1: Handlungsrationalität und gesellschaftliche Rationalisierung.* 3., durchgesehene Auflage. Frankfurt a. M.

HÄCKER, THOMAS (2007): *Portfolio: ein Entwicklungsinstrument für selbstbestimmtes Lernen: Eine explorative Studie zur Arbeit mit Portfolios in der Sekundarstufe I.* 2., überarbeitete Auflage. Baltmannsweiler

HARTIG, JÜRGEN / KLIEME, ECKHARD (2007): *Möglichkeiten und Voraussetzungen technologiebasierter Kompetenzdiagnostik. Eine Expertise im Auftrag des Bundesministeriums für Bildung und Forschung* (= Bildungsforschung, Bd. 20). Bonn/Berlin

HARTMANN, NICOLAI (1936): *Der philosophische Gedanke und seine Geschichte* (= Abhandlungen der preussischen Akademie der Wissenschaften. Philosophisch–Historische Klasse, Nr. 5). Berlin

HOLZHEY, HELMUTH (1989): *Art. Problem*, in: RITTER / GRÜNDER (Hg.) (1989): *Historisches Wörterbuch der Philosophie*, Bd. 7. Darmstadt, Spalten 1397–1408

HÜBENER, WOLFGANG (1989): *Art. Problemgeschichte. Teil II*, in: RITTER / GRÜNDER (Hg.) (1989): *Historisches Wörterbuch der Philosophie*, Bd. 7. Darmstadt, Spalten 1414–1416

JACOB, ANDREAS (Hg.) (2007): *Musik – Bildung – Textualität.* (= Erlanger Forschungen, Serie A: Geisteswissenschaften, Nr. 114). Erlangen

JAEGER, FRIEDRICH / JOAS, HANS (Hg.) (2008): *Europa im Spiegel der Kulturwissenschaften* (= Denkart Europa. Schriften zur europäischen Politik, Wirtschaft und Kultur, Bd. 7, hg. von der ASKO EUROPA-STIFTUNG Saarbrücken). Baden-Baden

JOAS, HANS (1996): *Die Kreativität des Handelns.* Frankfurt a. M.

JÜRGENS, EIKO (2005): *Leistung und Beurteilung in der Schule. Eine Einführung in Leis-*

tungs– und Bewertungsfragen aus pädagogischer Sicht. 6., aktualisierte und stark erweiterte Auflage (1. Auflage 1992). Sankt Augustin

KAISER, HERMANN J. (1972): *Erkenntnistheoretische Grundlagen pädagogischer Methodenbegriffe*, in: MENCK/THOMA (1972), S. 129–144

DERS. (1996): *Über ›Musikalische Rationalität‹*, in: OTT/VON LOESCH (Hg.) (1996), S. 17–39

DERS. (1997): *Operative Grundlagen ästhetischer Rationalität. Suchbewegungen*, in: GRÜNEWALD/LEGLER/PAZZINI (Hg.) (1997), S. 29–39

DERS. (1996): *Zur Bedeutung von Musik und Musikalischer Bildung*, in: DERS. (Hg.) (1998), S. 98–114

DERS. (Hg.) (1998): *Ästhetische Theorie und musikpädagogische Theoriebildung. Sitzungsbericht 1994/1995 der Wissenschaftlichen Sozietät Musikpädagogik* (= Musikpädagogik. Forschung und Lehre, Beiheft 8). Mainz

KAPP, REINHARD (1986): *23 Thesen. Musikalische Analyse und Interpretation betreffend*, in: Österreichische Musikzeitschrift 41, S. 499–505

KEMPER, MATTHIAS (2006): *Geltung und Problem. Theorie und Geschichte im Kontext des Bildungsgedankens bei Wilhelm Windelband*. Würzburg (zugl.: Duisburg-Essen, Univ., Diss. [revidierte Fassung], 2005)

KIESERLING, ANDRÉ (1999): *Kommunikation unter Anwesenden. Studien über Interaktionssysteme*. Frankfurt am Main (zugl.: Bielefeld, Univ., Diss. [revidierte Fassung], 1997)

KLAFKI, WOLFGANG (1973): *Sinn und Unsinn des Leistungsprinzips in der Erziehung*, in: *Sinn und Unsinn des Leistungsprinzips. Ein Symposion. Mit Beiträgen von Arnold Gehlen u. a.*, 4. Auflage. München 1976 (1. Auflage 1974), S. 73–110

KLUGE, FRIEDRICH (1995): *Etymologisches Wörterbuch der deutschen Sprache*. Bearbeitet von Elmar Seebold. 23., erweiterte Auflage. Berlin/New York

KNIGGE, JENS/LEHMANN-WERMSER, ANDREAS (2008): *Bildungsstandards für das Fach Musik – Eine Zwischenbilanz*, in: Zeitschrift für Kritische Musikpädagogik, Sonderedition: *Bildungsstandards und Kompetenzmodelle für das Fach Musik?* http://www.zfkm.org/sonder2008.html, S. 60–98 (zuletzt geprüft am 02.08.2008)

KURT, RONALD (2008): *Komposition und Improvisation als Grundbegriffe einer allgemeinen Handlungstheorie*, in: DERS./NÄUMANN (Hg.) (2008), S. 17–46.

DERS./NÄUMANN, KLAUS (Hg.) (2008): *Menschliches Handeln als Improvisation. Sozial- und musikwissenschaftliche Perspektiven*. Bielefeld

LACHENMANN, HELMUT (1986): *Über das Komponieren* (1986), in: DERS.: *Musik als existentielle Erfahrung. Schriften 1966 – 1995*. Hg. und mit einem Vorwort versehen von JOSEF HÄUSLER. 2., aktualisierte Auflage. Wiesbaden u. a. 2004, S. 73–82

LANGER, ARMIN/PREYER, CHRISTINE/WALDAUF, MARTIN (2006): *»Na, weil's Spaß macht!« Eine empirische Studie zu musikbezogenen Erinnerungen*. (= Musikpädagogische Forschung Österreich. Eine Publikationsreihe der Universität Mozarteum Salzburg, Sonderband 1, hg. von ARMIN LANGER und MONIKA OEBELSBERGER). Wien

LAUSCH, STEFAN (2007): *Was ist künstlerisch an der Kunst?*, in: BILSTEIN/DORNBERG/KNEIP (Hg.), S. 29–44

Lehrpläne Musik NRW (1999): *Richtlinien und Lehrpläne für die Sekundarstufe II Gymnasium / Gesamtschule in Nordrhein-Westfalen: Musik.* Frechen

Lenk, Hans (1998): *Einführung in die Erkenntnistheorie. Interpretation – Interaktion – Intervention.* München

Liessmann, Konrad Paul (2006): *Theorie der Unbildung. Die Irrtümer der Wissensgesellschaft.* Wien

Lüdeking, Karlheinz (1998): *Analytische Philosophie der Kunst.* Eine Einführung. München

Luhmann, Niklas (1987): *Soziale Systeme. Grundriss einer allgemeinen Theorie.* Frankfurt a. M.

Ders. (1993): *Zeichen als Form,* in: Baecker, Dirk (Hg.) (1993): *Probleme der Form.* Frankfurt a. M., S. 45–69

Ders. (1997): *Die Kunst der Gesellschaft.* Frankfurt a. M.

Macpherson, Crawford Brough (1967): *Die politische Theorie des Besitzindividualismus. Von Hobbes bis Locke.* Aus dem Englischen von Arno Wittekind. Frankfurt a. M. (englisches Original: *The Political Theory of Possessive Individualism. Hobbes to Locke.* London 1962)

Markowitz, Jürgen (1979): *Die soziale Situation. Entwurf eines Modells zur Analyse des Verhältnisses zwischen personalen Systemen und ihrer Umwelt.* Frankfurt a. M.

Menck, Peter / Thoma, Gösta (Hg.) (1972): *Unterrichtsmethode. Intuition, Reflexion, Organisation.* München

Niessen, Anne / Lehmann-Wermser, Andreas / Knigge, Jens / Lehmann, Andreas C. (2008): *Entwurf eines Kompetenzmodells »Musik wahrnehmen und kontextualisieren«,* in: Zeitschrift für Kritische Musikpädagogik, Sonderedition »Bildungsstandards und Kompetenzmodelle für das Fach Musik?«, S. 3–33. Online verfügbar unter http://www.zfkm.org/sonder08-niessenetal.pdf (zuletzt geprüft am 02.08.2008)

Niethammer, Lutz (unter Mitarbeit von Dirk van Laak) (1989): *Posthistoire. Ist die Geschichte zu Ende?* Reinbek bei Hamburg

Orgass, Stefan (1995): *Vermittlung kategorialer Bildung durch Formanalyse im Musikunterricht der Sekundarstufe II? Zur musikdidaktischen Relevanz der bildungstheoretischen Konzeption Wolfgang Klafkis,* in: Schatt (Hg.) (1995), S. 119–178

Ders. (1999): *Musikalische Bildung als soziale Kategorie – Musikunterricht als bildungsrelevante Praxis. Überlegungen aus der Sicht Kommunikativer Musikdidaktik,* in: Musik & Bildung 31 (90), Heft 6 – November / Dezember 1999: Grundlagen 2: Musikalische Bildung, S. 10–15.

Ders. (2007): *Musikalische Bildung in europäischer Perspektive. Entwurf einer Kommunikativen Musikdidaktik.* Hildesheim u. a. (abgekürzt: »Orgass 2007«)

Ders.: *Musikalische Bildung aus bedeutungs-, interaktions- und situationstheoretischer Sicht,* in: Orgass 2007, S. 9–123

Ders.: *Bestimmung eines Musikbegriffs in musikdidaktischer Absicht,* in: Orgass 2007, S. 159–188

DERS.: *Kulturen der Musik – Musik in Kulturen: Themenkreise einer kulturwissenschaftlich konzipierten Musikwissenschaft*, in: ORGASS 2007, S. 189–238

DERS.: *Partizipation und Relevanz (sowie Kontinuität) als wünschenswerte Eigenschaften des Musiklernens*, in: ORGASS 2007, S. 413–481

DERS.: *Musik lernen und Musiklehren. Didaktische Konsequenzen aus einer bedeutungstheoretisch fundierten und kulturwissenschaftlich orientierten Musikpädagogik*, in: ORGASS 2007, S. 483–570

DERS.: *»Musik hat geschichtlich sich verändernden Gehalt.« Anforderungen an die Auseinandersetzung mit Musikgeschichten im Unterricht*, in: ORGASS 2007, S. 571–603

DERS.: *Musikalische Analyse aus Sicht Kommunikativer Musikdidaktik. Analysieren im Musikunterricht als Differenzierung, Relativierung oder Korrektur musikbezogener Bedeutungszuweisungen*, in: ORGASS 2007, S. 605–706

DERS.: *Improvisation als Merkmal und Gegenstand des Musikunterrichts*, in: ORGASS 2007, S. 707–770

DERS. (2007a): *Musikalische Bildung aus bedeutungs- und interaktionstheoretischer Sicht*, in: JACOB (Hg.) 2007, S. 37–110

DERS. (2007b): *Unwägbarkeit als Bedingung musikalischer Bildung*, in: BILSTEIN / DORNBERG / KNEIP (Hg.) (2007), S. 45–65

DERS. / STRIEGEL, LUDWIG: *Thema Musik – die Bedeutung der Kontexte. Unterscheidungstheoretische Überlegungen*, in: ORGASS 2007, S. 125–158

DERS.: *Auseinandersetzung mit musikalischer Vielfalt als Idealtypus einer kulturellen Praxis in Europa*, in: JAEGER / JOAS (Hg.) (2008), S. 245–273

DERS.: *Improvisation als Merkmal und Gegenstand des Musikunterrichts*, in: KURT / NÄUMANN (2008), S. 183–213

OTT, THOMAS / VON LOESCH, HEINZ (Hg.) (1996): *Musik befragt – Musik vermittelt. Peter Rummenhöller zum 60. Geburtstag.* Augsburg

PEEZ, GEORG (2005): *Evaluation ästhetischer Erfahrungs- und Bildungsprozesse. Beispiele zu ihrer empirischen Erforschung.* München

DERS. (Hg.) (2008): *Beurteilen und Bewerten im Kunstunterricht. Modelle und Unterrichtsbeispiele zur Leistungsmessung und Selbstbewertung.* Seelze

DERS.: *Beurteilen und Bewerten im Kunstunterricht*, in: DERS. (Hg.) (2008), S. 10–21

DERS.: *Bewertungsmethoden und Beurteilungsnormen gestern und heute*, in: DERS. (Hg.) (2008), S. 182–190

POPPER, KARL R. (1991): *Alles Leben ist Problemlösen*, in: DERS.: *Alles Leben ist Problemlösen. Über Erkenntnis, Geschichte und Politik.* 2. Auflage München / Zürich 2005 (der Sonderausgabe 2003; München 1. Auflage 1994), S. 255–263

PFEFFER, MARTIN / VOGT, JÜRGEN / ECKART-BÄCKER, URSULA / NOLTE, ECKHARD (Hg.) (1998): *Systematische Musikpädagogik oder: Die Lust am musikpädagogisch geleiteten Nachdenken. Eine Festgabe für Hermann J. Kaiser zum 60. Geburtstag* (= Forum Musikpädagogik, Bd. 34, hg. von RUDOLF-DIETER KRAEMER). Augsburg

RITTER, JOACHIM / GRÜNDER, KARLFRIED (Hg.) (1989): *Historisches Wörterbuch der Philosophie*, Bd. 7: P – Q. Darmstadt

ROLLE, CHRISTIAN (1999): *Musikalisch-ästhetische Bildung. Über die Bedeutung ästhetischer Erfahrung für musikalische Bildungsprozesse.* (= Perspektiven zur Musikpädagogik und Musikwissenschaft, hg. von WALTER GIESELER, SIEGMUND HELMS und REINHARD SCHNEIDER, Bd. 24). Kassel (zugl.: Hamburg, Univ., Diss., 1998)

DERS. (2008): *Musikalische Bildung durch Kompetenzerwerb? Überlegungen im Anschluss an den Entwurf eines Kompetenzmodells »Musik wahrnehmen und kontextualisieren«*, in: Zeitschrift für Kritische Musikpädagogik, Sonderedition: *Bildungsstandards und Kompetenzmodelle für das Fach Musik?*, S. 42–59. Online verfügbar unter: http://www.zfkm.org/sonder2008.html (zuletzt geprüft am 02.08.2008)

ROTH, GERHARD (1996): *Das Gehirn und seine Wirklichkeit. Kognitive Neurobiologie und ihre philosophischen Konsequenzen.* 5., überarbeitete Auflage 1996 (1. Auflage 1994). Frankfurt a. M.

RÜSEN, JÖRN (1986): *Rekonstruktion der Vergangenheit. Grundzüge einer Historik II: Die Prinzipien der historischen Forschung.* Göttingen

RUSCH, GEBHARD (1992): *Auffassen, Begreifen und Verstehen. Neue Überlegungen zu einer konstruktivistischen Theorie des Verstehens*, in: SCHMIDT (1992), S. 214–256

DERS. (Hg.) (1999): *Wissen und Wirklichkeit. Beiträge zum Konstruktivismus. Eine Hommage an Ernst von Glasersfeld* (= Reihe Konstruktivismus und systemisches Denken, hg. von HANS RUDI FISCHER). Heidelberg

DERS.: *Konstruktivistische Theorien des Verstehens*, in: DERS. (Hg.) (1999), S. 127–160

DERS.: *Verstehen. Zum Verhältnis von Konstruktivismus und Hermeneutik*, in: FISCHER / SCHMIDT (Hg.) (2000), S. 350–363

SACHER, WERNER (2004): *Leistungen entwickeln, überprüfen und beurteilen. Bewährte und neue Wege für die Primar- und Sekundarstufe.* 4., überarbeitete und erweiterte Auflage. Bad Heilbrunn

SCHALLER, KLAUS (1997): *Pädagogik der Kommunikation. Annäherungen – Erprobungen.* Sankt Augustin

SCHATT, PETER W. (Hg.) (1995): *Form und Kultur. Studien zur musikalischen Bildung.* Mit Beiträgen von Jörg Lemberg u. a. Essen

SIEGFRIED J. SCHMIDT (Hg.) (1992): *Kognition und Gesellschaft. Der Diskurs des Radikalen Konstruktivismus 2.* Frankfurt a. M.

DERS. (1996): *Kognitive Autonomie und soziale Orientierung. Konstruktivistische Bemerkungen zum Zusammenhang von Kognition, Kommunikation, Medien und Kultur.* 2. Auflage 1996. Frankfurt a. M.

DERS. (2005): *Lernen, Wissen, Kompetenz, Kultur. Vorschläge zur Bestimmung von vier Unbekannten.* Heidelberg

SCHNÄDELBACH, HERBERT (1987): *Über Rationalität und Begründung*, in: *Philosophie und Begründung*, hg. vom Forum für Philosophie Bad Homburg (Wolfgang R. Köhler, Wolfgang Kuhlmann und Peter Rohs). Frankfurt a. M., S. 67–83

DERS. (1992): *Zur Rehabilitierung des animal rationale.* Frankfurt a. M., S. 61–78 (Wiederabdruck von Schnädelbach 1987)

Schulministerium NRW: Pressemitteilung Christa Thoben/Barbara Sommer. Online verfügbar unter: http://www.schulministerium.nrw.de/BP/Presse/Meldungen/PM_2008/pm_11_07_2008_1.html (zuletzt geprüft am 02.08.2008).

Schulministerium NRW: Runderlass vom 10.03.06 zur Standardsicherung und alle Fächer. Online verfügbar unter: http://www.standardsicherung.schulministerium.nrw.de/abitur/abitur-gymnasiale-oberstufe (zuletzt geprüft am 02.08.2008).

Schulministerium NRW: Zentralabitur. Online verfügbar unter: http://www.schulministerium.nrw-de/BP/Schulrecht/FAQ/FAQ_APO/APOGOSt/Zentralabitur2007/Allgemeines/Ziel/index.html (zuletzt geprüft am 02.08.2008).

SEEL, MARTIN (1985): *Die Kunst der Entzweiung. Zum Begriff der ästhetischen Rationalität.* Frankfurt a. M.

DERS. (1996): *Zur ästhetischen Praxis der Kunst,* in: DERS.: *Ethisch-ästhetische Studien.* Frankfurt a. M., S. 126–144

SPENCER-BROWN, GEORGE (1997): *Laws of Form. Gesetze der Form.* Übersetzung: Thomas Wolf, Lübeck. 2. Auflage 1999 (1. Auflage 1997) (englische Erstausgabe: *Laws of Form.* London 1969)

STURMA, DIETER (2005): *Menschenrechte. Über europäische Werte,* in: DONIG u. a. (Hg.) (2005), S. 184–197

VENUS, DANKMAR (1969): *Unterweisung im Musikhören.* Verbesserte Neuausgabe, Wilhelmshaven 1984 (1. Auflage Wilhelmshaven u. a. 1969)

VOGT, JÜRGEN (1998): *Nötigung (Herbart) – Frage (Gadamer) – Antwort (Waldenfels). Von der »Ästhetischen Darstellung der Welt« zur »pädagogischen Responsivität«,* in: PFEFFER u. a. (Hg.) (1998), S. 83–103

DERS. (2008): *Musikbezogene Bildungskompetenz – ein hölzernes Eisen? Anmerkungen zu den Theoretischen Überlegungen zu einem Kompetenzmodell für das Fach Musik,* in: Zeitschrift für Kritische Musikpädagogik, Sonderedition: *Bildungsstandards und Kompetenzmodelle für das Fach Musik?,* S. 34–41. Online verfügbar unter: http://www.zfkm.org/sonder2008.html (zuletzt geprüft am 02.08.2008)

WAGNER, HANS-JOSEF (1997): *Handlung,* in: CHRISTOPH WULF (Hg.): *Vom Menschen. Handbuch Historische Anthropologie,* Weinheim/Basel, S. 708-718

WALDENFELS, BERNHARD (1987): *Ordnung im Zwielicht.* Frankfurt a. M.

DERS. (1994): *Antwortregister.* Frankfurt a. M.

DERS. (1998): *Grenzen der Normalisierung. Studien zur Phänomenologie des Fremden,* Bd. 2. Frankfurt a. M.

WEBER, MAX (1904): *Die ›Objektivität‹ sozialwissenschaftlicher und sozialpolitischer Erkenntnis,* in: DERS. (5. Auflage 1982), S. 146–214

DERS. (1919): *Wissenschaft als Beruf,* in: DERS. (5. Auflage 1982), S. 582–613

DERS. (1920): *Soziologische Kategorienlehre,* in: DERS. (1922): *Wirtschaft und Gesell-*

schaft. Grundriss der verstehenden Soziologie. 5., revidierte Auflage, besorgt von Johannes Winckelmann. Studienausgabe. Tübingen 1980 (1. Auflage 1922), S. 1–180

DERS. (1982): *Gesammelte Aufsätze zur Wissenschaftslehre.* 5., erneut durchgesehene Auflage hg. von JOHANNES WINCKELMANN. Tübingen 1982 (1. Auflage 1922)

WEINERT, FRANZ E. (2002): *Vergleichende Leistungsmessung in der Schule – eine umstrittene Selbstverständlichkeit,* in: DERS. (Hg.): *Leistungsmessungen in Schulen,* 2. Auflage Weinheim/Basel 2002 (1. Auflage 2001), S. 17–31

WIEDENHORN, THOMAS (2006): *Das Portfolio-Konzept in der Sekundarstufe. Individualisiertes Lernen organisieren.* Mülheim an der Ruhr

WINDELBAND, WILHELM (1919): *Geschichte und Naturwissenschaft* (Straßburger Rektoratsrede. 1894), in: DERS.: *Präludien. Aufsätze und Reden zur Philosophie und ihrer Geschichte.* 6., unveränderte Auflage, Bd. 2. Tübingen 1919, S. 136–160

WITTGENSTEIN, LUDWIG: *Philosophische Untersuchungen* (1936–1946). Kritisch-genetische Edition, hg. von JOACHIM SCHULTE, in Zusammenarbeit mit Heikki Nyman u. a. Frankfurt a. M. 2001

WÖLL, GERHARD (1998): *Handeln: Lernen durch Erfahrung. Handlungsorientierung und Projektunterricht.* Hohengehren

Hinweise zu den Autorinnen und Autoren

- DR. HEINZ GEUEN: Studium Schulmusik, Politik, Soziologie und Romanistik in Hannover, 13 Jahre Gymnasiallehrer, 1988 zunächst Pädagogischer Mitarbeiter, dann Akademischer Rat an der Universität Kassel, seit 2002 Professor für Musikpädagogik an der Hochschule für Musik Köln, seit 2007 Dekan des Fachbereichs Musikpädagogik / Musikwissenschaft.
- DR. ANDREAS LEHMANN-WERMSER arbeitete nach dem Studium als Musik- und Deutschlehrer an Gymnasien und Gesamtschulen sowie als wissenschaftlicher Assistent an der Hochschule für Musik und Theater in Hannover, bevor er 2004 eine Professur für Musikpädagogik an der Universität Bremen übernahm.
- DR. BRIGITTE LION studierte Musikpädagogik, Geschichte und Instrumentalmusik; langjährige Berufserfahrung an einer allgemein- und an einer berufsbildenden Schule; Supervisorin; seit 1997 wissenschaftliche Mitarbeiterin am Institut für Musikpädagogik an der Universität für Musik und Darstellende Kunst Wien.
- DR. FRANZ NIERMANN: Studium Musikpädagogik, Geschichte, Erziehungswissenschaft; Gymnasiallehrer (Berlin-Wedding), Wissenschaftlicher Assistent (Hochschule der Künste Berlin). Seit 1988 Professor an der Universität für Musik und darstellende Kunst Wien.
- DR. ANNE NIESSEN studierte Schulmusik und Germanistik in Köln, arbeitete als Lehrerin an verschiedenen Gymnasien, bevor sie eine Stelle als wissenschaftliche Assistentin an der Universität Siegen antrat. Dort habilitierte sie sich und wechselte 2003 auf eine Stelle als Studienrätin im Hochschuldienst am Institut für Musikpädagogik der Universität zu Köln.
- DR. STEFAN ORGASS studierte Musik und Geschichte in Essen und Bochum, lehrte an zwei Gymnasien (1990 bis 1997), Promotion mit einer Arbeit über J. S. Bach, seit 1998 Professor für Musikpädagogik / Musikdidaktik an der Folkwang Hochschule in Essen.
- DR. CHRISTIAN ROLLE ist Professor für Musikpädagogik / Musikdidaktik an der Hochschule für Musik Saar und leitet dort den Studienbereich Schulmusik. Vor seinem Ruf nach Saarbrücken war Christian Rolle 5 Jahre als Musiklehrer an einem Hamburger Gymnasium sowie als Lehrbeauftragter an der

Universität der Hansestadt tätig, wo er mit einer Dissertation zur Bedeutung ästhetischer Erfahrung für musikalische Bildungsprozesse promovierte.
- Dr. CHRISTINE STÖGER: Studium des Lehramtes Musik, verschiedener Instrumentalstudien an der Hochschule für Musik in Wien. Zwischen 1985 und 2002 Assistentin an der Universität für Musik und darstellende Kunst in Wien, parallel dazu Tätigkeit als Musiklehrerin an einem Gymnasium. Seit 2003 Professur für Musikpädagogik an der Hochschule für Musik Köln sowie Leitung des Studiengangs Lehramt Musik.
- Dr. CHRISTOPHER WALLBAUM: nach Abitur und Studium in Hamburg dort von 1986 bis 2002 als Musiklehrer und -fortbilder sowie als Lehrbeauftragter an der Universität tätig, seitdem Professor für Musikpädagogik/-didaktik an der Hochschule für Musik und Theater »Felix Mendelssohn Bartholdy«, Leipzig.